水资源税改革
“河北模式”及效果评价

刘淼 左其亭 王静 吴滨滨 郭中磊 等 编著

内 容 提 要

河北省于2016年在全国率先开展水资源税改革试点工作。本书在全面调查和系统梳理水资源税改革相关内容特别是河北省水资源税改革实践的基础上，对河北省水资源税改革工作的典型经验和工作亮点进行挖掘和总结，提出水资源税改革“河北模式”，全面阐述“河北模式”的内涵和工作经验，将“河北模式”概括表述为“水利核准—纳税申报—税务征收—联合监管—信息共享”，并对“河北模式”未来发展提出改进建议；经过对水资源税改革实地调查，运用相关理论方法，全面评价水资源税改革的整体效果，分析指出改革实施中存在的问题，并提出有针对性的解决方案；通过对水资源税改革“河北模式”在河南、广东及新疆等省（自治区）的示范效应评价，系统分析了该模式在全国推广的可能性和途径，包括推广经验、推广条件和推广途径等。河北省水资源税改革经验形成了可资借鉴、复制的模式，对水资源税改革在全国推广及未来的发展具有重要的指导意义。

本书可供水资源管理、资源税改革、税收制度研究以及与此内容相关的社会、经济、资源、环境等专业的科技工作者、管理者参考。

图书在版编目（CIP）数据

水资源税改革“河北模式”及效果评价 / 刘淼等编著. -- 北京 : 中国水利水电出版社, 2020.8
ISBN 978-7-5170-8741-0

Ⅰ. ①水… Ⅱ. ①刘… Ⅲ. ①水资源－资源税－税收改革－研究－河北 Ⅳ. ①F812.722.424

中国版本图书馆CIP数据核字(2020)第145669号

书　名	水资源税改革“河北模式”及效果评价 SHUIZIYUAN SHUI GAIGE “HEBEI MOSHI” JI XIAOGUO PINGJIA
作　者	刘淼　左其亭　王静　吴滨滨　郭中磊　等　编著
出版发行	中国水利水电出版社 （北京市海淀区玉渊潭南路1号D座　100038） 网址：www.waterpub.com.cn E-mail：sales@waterpub.com.cn 电话：（010）68367658（营销中心）
经　售	北京科水图书销售中心（零售） 电话：（010）88383994、63202643、68545874 全国各地新华书店和相关出版物销售网点
排　版	中国水利水电出版社微机排版中心
印　刷	天津嘉恒印务有限公司
规　格	184mm×260mm　16开本　15.5印张　253千字
版　次	2020年8月第1版　2020年8月第1次印刷
印　数	0001—1000册
定　价	**128.00元**

前言

FOREWORD

水资源税改革是我国在水资源短缺、供需不平衡、地下水超采严重的大背景下提出的重要战略举措，是贯彻落实党的十八届三中全会深化财税体制改革决策部署的重要环节，是完善税制结构、优化资源配置的重要尝试。2014年河北省水资源费税改革被列为落实中央关于保障水安全重要部署的任务之一，2016年印发《关于全面推进资源税改革的通知》，决定自2016年7月起在河北省开展水资源税改革试点。至此，开启了我国水资源税改革的新征程。水资源税改革的首要目标是落实最严格水资源管理制度、加强生态环境保护，在既保障人民群众合理用水又不增加其经济负担的基础上，通过引入强有力的税收管理体制，强化水资源管理领域经济调节杠杆的有效性和调控力度，通过建立规范公平、调控合理、征管高效的水资源税制度，用税收杠杆调节用水需求，引导和鼓励节约水资源、抑制地下水超采，促进水资源可持续利用，最终形成促进经济社会发展模式转型的良性和持续动力。

水资源税改革是一项系统工程，涉及许多方面的工作，需要一系列的相关政策文件作保障。2016年7月，河北省分别发布了《河北省水资源税改革试点工作指导意见》《河北省水资源税征收管理办法（试行）》，对改革的各项工作进行细化，明确了水资源税的征收对象、计税依据和税率、征管原则。相继出台的政策法规也分别从建立信息共享平台、规范农业用水管理制度、完善在线监控计量设施等方面对水资源税改革作了更为详细的说明。随着河北省水资源税改革的不断推进，在总结大量工作特色的基础上，不断摸索经验，补充完善做法。2017年11月，财政部、国家税务总局、水利部发布《扩大水资源税改革试点实施办法》，决定自2017年12月1日起在北京、天津、河南等9个省（直辖市）扩大水资源税改革试点。随后，山东、河南等多省纷纷到河北调研，深入学习河北省水资源税改革经验。

为了系统总结河北省水资源税改革经验和典型案例，从2019年1月开始，河北省水利和税务部门开始总结之前的试点经验，慢慢总结出一套具有自身特色的水资源税征收经验，并在多次会议和来访调研中宣讲。为了进一步提炼和总结河北省水资源税改革经验，郑州大学等单位学者参与，共同开展了“水资源税改革试点经验总结”专题研究，2019年5月首次提出水资源税改革“河北模式”的论述，2019年10月在《中国水利》期刊上发表《水资源税改革“河北模式”的形成及内涵》一文。这是第一篇在公开刊物上关于“河北模式”的详细论述。

本书以河北省水资源税改革政策体系文件为基础，以水资源税改革政策运行调查情况为依据，采用摸底调查、典型案例深入调研、试点实地问卷调查等方式，全面分析河北省水资源税改革政策的实施情况，研究分析其在执行中遇到的问题，提出切实可行的解决办法；研究分析河北省水资源税改革典型模式，归纳总结试点工作中的亮点，得出河北特色的水资源税改革经验；从水资源管理能力、水资源管理强度、水资源管理态势等方面，分析评价改革示范效应，为全国推广提供借鉴和参考。

本书包含十章内容。第一章系统介绍水资源税改革的研究背景及意义、国内外研究进展、研究内容及思路。第二章介绍水资源税相关概念，包括水价、水权、水市场、水资源费、水资源税等。第三章概述河北省自然地理和经济社会、水资源情况，简要介绍了本书的基础资料收集与整理情况。第四章阐述水资源税改革依据及河北省水资源税改革阶段。第五章在水资源税改革实施情况调查的基础上，深入剖析典型案例，对河北省水资源税改革实施效果进行评价。第六章对河北省水资源税改革实施中存在的问题进行归纳总结，提出分类解决方案。第七章详细阐述水资源税改革“河北模式”的内涵和经验，并根据实际调查情况给出针对“河北模式”的改进建议，总结改革试点宝贵经验。第八章介绍水资源税改革“河北模式”示范效应评价指标和评价方法，并分析“河北模式”在河南、广东、新疆的示范效应结果。第九章介绍“河北模式”的推广条件、推广途径，阐述水资源税改革未来的发展前景。第十章对研究内容进行系统总结，并提出建议。

本书主要由刘淼、左其亭、王静、吴滨滨、郭中磊等执笔撰写，王华亮、胡海军、李丽玮、侯爽、韩志璇、孙佳玮、张高峰、王森昊等参与了本书的编写工作，河北省水利厅崔志清副厅长、张宝全副厅长、苏建平处长、王英虎处长、彭俊岭处长、石锦丽副处长、王浩副处长等领导对本书编写给予了宝贵意见和大力支持。本书是本研究课题全体成员工作成果的总结，也是河北省水资源税改革试点所有参与者工作成果的总结。在整个研究过程中，得到了河北省、市、县的水利、税务、财政等单位以及众多供水企业、工商业、用水户、科研和高校专家的大力支持和热忱指导，因为无法一一列出所有参与者的名单，在此向支持和关心作者研究工作的所有单位和个人一并表示衷心的感谢！感谢中国水利水电出版社同仁为本书出版付出的辛勤劳动！

由于本次的研究涉及范围广，水资源税改革问题十分复杂且尚处于探索阶段，需要探索的内容很多，书中还存在不当之处，欢迎广大读者批评指正！

作者

2020年8月

目录
CONTENTS

第一章 绪 论

水资源税改革是我国经过长期研究、顺应时代发展需要的重要决定。河北省作为水资源税改革的第一个试点省份，先试先行，效果明显，为水资源税改革的推广积累了宝贵的实践经验。本章阐述了水资源税改革的研究背景及意义，在大量文献资料的基础上总结目前研究存在的问题，并明确指出水资源税改革的研究内容与思路，为整个研究奠定基础。

第一节 水资源税改革的研究背景及意义

按照国家整体部署，在全国实施水资源税改革，以扩大水资源税征收范围。河北省水资源短缺，地下水超采严重，急需一套强有力的措施以调节用水需求；另外，原有的水资源费制度存在一些难以突破的问题，需要“改头换面”，在原有基础上进行制度创新。在这样的大背景下，水资源税改革应运而生，并逐步发挥着越来越大的作用。

水资源税改革的意义表现为：①通过征收水资源税，鼓励使用地表水，抑制使用地下水，促进节水，调节用水结构，确保水资源可持续开发利用；②政府通过征收水资源税，参与国有水资源开发收益的分配，还可以调节资源占用者与非资源占用者之间的利益分配关系，促进各用水企业的平等竞争；③有利于理顺税费关系，完善资源税制，规范财税秩序。

一、研究背景

虽然我国水资源总量丰富，但由于水资源分布不均、人口众多等原因，被列为全球13个人均水资源量最贫乏的国家之一。如何做好水资源管理，利用有限的水资源支撑我国经济社会良好、快速发展，是现今水利工作的重要内容。纵观我国各省份，均面临不同的水资源问题。其中，河北省属于严重的资源型缺水省份之一，其水资源禀赋差，同时水污染严重，水生态十分脆弱，在水资源方面存在许多典型问题。河北省降水量少且时空分布不均，全省多年平均降水量532mm，仅为全国平均降水量的80%，且人均水资源量为307m^3，仅为全国平均水平的1/7，远低于国际公认的人均500m^3的极度缺水标准；另外，由于水资源匮乏，存在严重的地下水超采现象，目前河北省平原超采区面积已达到6.7万km^2，年均超采地下水50亿m^3以上，超采区面积和超采量均为全国的1/3，是全国最大的地下水漏斗区，并由此逐渐引发了地面沉降、湿地萎缩等一系列地质环境灾害；而且，虽然河北省地处华北平原，地跨海河、辽河两大流域，但却是全国唯一没有大江大河过境的省份，水资源优势明显不足。

为应对由于社会发展而不断提高的水资源需求问题，河北省政府在水资源管理工作上做了很多努力。1988年7月，河北省政府印发《河北省县城及以下地区征收水资源费暂行规定》，正式实施水资源有偿使用制度。20多年来，水资源费制度不断规范完善，构建了完整的政策体系，也形成了稳定的征管队伍，征收额度逐年增长。但在执行过程中，发现水资源费制度存在一些难以解决的问题，如征收难度大、积极性不高、使用不规范、执法风险加大。主要原因是依法征收水资源费的刚性不强、取水户履行缴纳水资源费义务的意识不强、多部门之间联系不够密切导致管理不到位等。早在2014年，习近平总书记曾提出征收水资源税的想法，表示要研究征收水资源税，可以试点先行，在地下水严重超采地区先行探索；如果征收水资源税，一些使用地下水的高耗水企业就会自行调整转移甚至关闭。近年来，绿色发展及资源节约意识逐渐普及，全社会的节水意识相比过去有了极大提高，政府不断出台新的政策，鼓励企业与个人节约资源、保护环境，新的税制改革方向倾向于构建绿色税制体系，因此在政策与思想上均为水资源税改革工作的开展提供了良好契机。综合以上情况，河北省水资源税改革的条件已基本形成，因此，2016年3月，党中央、国务院确定开展水资源税改革试点工作，确定河北先行先试，为全国提供可复制、可推广的经验。2016年5月，财政部、国家税务总局、水利部印发《水资源税改革试点暂行办法》，明确指出自2016年7月1日起河北省实施水资源税改革试点工作。

作为全国第一个实施水资源税改革的试点省份，河北省根据国家印发的文件制定《河北省水资源税改革试点实施办法》，取消水资源费征收，改征水资源税。按照鼓励使用再生水，合理使用地表水，抑制使用地下水的原则设定税额标准，同时对不同行业、不同水用途实行差别税率。加强水资源监控，进行水量核定并与税务部门做好信息交接，全面规范取水许可。自 2016 年 7 月 1 日实施水资源税改革后，河北省绿色税收杠杆作用持续发力，对抑制全省地下水超采起到了日益明显的调节作用。以水定产、适水发展的理念不断加强，高效节水工程和技术措施得到广泛应用，社会节水意识普遍增强，实现了从“要我节水”到“我要节水”的转变，水资源税改革工作取得了初步成效。按照国家的统一部署，河北省需对近年来的税改工作进行总结，对典型经验和工作亮点进行提炼和挖掘，形成具有河北特色的水资源税改革经验，为水资源税改革工作的全国实施提供可借鉴、可复制的成功经验。

二、研究目的和意义

河北省的水资源税改革试点是在多年水资源费征收管理实践的基础上进行的，具体由省政府细化分类征收范围或提出征收标准建议，由税务机关征缴水资源税，由水行政主管部门承担取用水管理基础工作。通过借力部门联合协作及税收的强制性，更好地推动水资源有偿使用制度的完善和落实，进一步体现国有资源有偿使用原则，促进水资源可持续利用。水资源税改革可以有效发挥税收杠杆作用合理调节用水需求，进而提高用水效率，促进水资源集约循环利用和生态环境保护，推动形成绿色发展方式。水资源税改革是资源税改革的重要组成部分，是完善税制结构的重要一步。河北省水资源税改革已实施三年，在这三年里河北省各级政府及相关部门不断探索，虽然遇到了各种各样的问题，但针对典型问题也出现了很多较好的解决方案。总的来讲，对水资源税改革进行深入研究与高度总结，分析税改的良好效果，有利于引导人们积极参与到税改的过程中；有利于鼓励使用地表水，缓解地下水严重超采的问题；政府部门通过征收水资源税参与国有水资源开发收益的分配，有利于调节资源占用者与非资源占用者之间的利益分配关系。对河北省三年来的水资源税改革情况进行详细总结，可以推进水资源税改革工作，通过清费立税、理顺税费关系，建立完善规范公平、调控合理、征管高效的税收管理制度，为水资源的节约利用和有效保护提供体制保障。

自2017年12月1日起，我国扩大了水资源税改革试点范围，增加北京、天津、山西、内蒙古、河南、山东、四川、陕西、宁夏9个省（区、市）。为调动试点省份参与改革试点的积极性，比照河北省试点政策，在试点期间将水资源税收入全部留归地方。河北省水资源税改革是改革中的一项伟大创举，通过近几年的不断努力，成效显著。为使水资源税改革能够在全国范围内发挥重要作用，有必要系统总结河北省水资源税改革试点典型模式并分析评价其示范效应，将河北省水资源税改革作为起点，推广至其他省份，以提高全国的水资源管理水平，对推动河北省乃至全国经济社会发展与水资源科学管理具有重要的意义。

第二节 水资源税改革的国内外研究进展

近年来，随着经济社会的快速发展，水多、水少、水脏等问题突出，世界各国粗放发展模式使水质性缺水、地下水超采等问题加剧，影响了水资源的持续利用和经济社会的可持续发展。而水资源税（费）作为一种调节用水需求、促进水资源精细化管理的经济工具，已为世界上许多国家所采用。

一、国内相关研究进展

人多水少、水资源时空分布不均，是我国的基本国情、水情；然而，我国又是世界上用水量最多的国家。近年来，城市人口剧增，生态环境恶化，工农业用水技术落后，水资源浪费严重，水源污染使原本贫乏的水“雪上加霜”，成为国家经济建设发展的瓶颈。水资源是一种宝贵的战略性资源，水资源问题是攸关国家经济社会可持续发展和长治久安的重大战略问题。对于水资源管理的研究至关重要，其中制度创新是核心，也是关键。针对水资源税改革的相关研究可简要分为两个阶段，即河北省水资源税改革的试点阶段和之后的水资源税改革扩围阶段。

从目前的研究现状来看，国内关于水资源税改革的研究较多，主要是最近几年的成果。邱峰（2013）提出将水资源全面纳入资源税征收范围的建议，通过价格杠杆促进水资源的节约、保护和合理利用，实现国家“三条红线”的目

标[1]。左其亭（2015）提出针对水资源使用权可选择多种制度进行试点，对于不同区域和用水条件，确定更加合适的水权制度，合理开发利用本地区的水资源[2]。耿香利（2016）分析了河北省水资源税改革试点面临的从量计征落实难的问题，以及如何平衡水资源税的节水调节功能和企业的承受力等难题[3]。李晶等（2016）提出对水资源征税符合权力依据，具有理论依据，满足现实依据，有助于贯彻创新、协调、绿色、开放、共享的发展理念[4]。黄燕芬等（2016）结合当前经济社会情况，以水资源为例提出资源税扩围改革的原则，对扩围后的资源税进行税制设计，为完善我国的资源税制提供了改革蓝图[5]。李晶等（2016）深入研究了水资源征税的理论依据和国际经验，并进行了制度设计和影响预测[6]。黄沁（2016）通过考察对比我国水资源费和水资源税的征收办法，对水资源费征收管理方面存在的问题进行了分析与梳理，并总结了水资源费改税的重大意义[7]。王冠军等（2016）指出水资源税改革是一项重要制度创新，并从多个角度对《水资源税改革试点暂行办法》进行了深入解读[8]。张珂（2017）从河北省的试点来谈我国水资源费改税的基本构想[9]。王晓洁等（2017）分析了河北省水资源费改税取得的成效和存在的问题，提出了加大对水资源计量基础设施的投入、加强对水资源费改税实施效果的效应评价等政策建议[10]。虞玉诚等（2018）对我国水资源税改革取得的成效和存在的问题进行了分析和总结，并针对下一步水资源税改革提出了相应的对策建议[11]。胡词敏（2018）针对个别学者认为水资源税采取从价计征法存在很大困难的问题，通过对我国资源税改革实践的研究和国外水资源税费制度的考察，指出对水资源税或费实行从量计征简便易操作，是世界很多国家的现实选择[12]。孙悦（2019）以水资源税改革第一试点省份——河北省为例，在概述河北省水资源税改革相关内容的基础上，简要分析了水资源税改革的绿色效应[13]。戴向前等（2019）阐述了水资源税改革对水资源管理的有关要求，分析了水资源税改革试点地区水资源管理面临的问题，并针对这些问题提出了对策建议[14]。

河北省水资源税改革试点工作效果明显，因此对水资源税改革的全方位总结及试点地区的具体实践情况进行研究至关重要。李新东等（2017）针对水资源税改革新形势，分析了山西省水资源管理现状问题，探讨了水资源税改革在试点地区——河北省的试行效果[15]。邢伟（2018）从用户视角对水资源税推广面临的问题进行了深入分析，提出了推进水资源税改革的政策建议[16]。彭羽

(2018) 基于西部地区特有的经济社会发展状况，对西部地区水资源税的调控目标、纳税人、税率、税收优惠等进行了讨论[17]。张宁 (2018) 根据河北省水资源税政策，分析了河北省试点取得的成效，指出河北省水资源税试点存在的问题，并基于河北省水资源税试点经验，设计了水资源税全国扩围时的税制要素[18]。陈依囡 (2018) 通过对扩大水资源税改革试点的影响进行探析，以期为提升我国水资源综合利用率奠定基础[19]。高亢 (2018) 对山西省水资源税改革试点工作开展的主要情况进行了阐述，剖析了水资源税收入与水利建设发展需求矛盾、基层水利和税务部门对政策宣传和解读不到位等问题，并指出水资源税改革试点工作已初见成效[20]。解惠尧等 (2019) 介绍了山东省临沂市水资源税改革试点工作的主要做法，指出目前存在的一些问题，并对下一步水资源税改革试点提出建议[21]。宁夏回族自治区各部门通力协作，出台了适合宁夏区情的水资源税征缴制度、政策，并取得了较好的效果，李淑霞等 (2019) 重点分析了这些政策的合理性和有效性，为水资源税后续征收提供参考[22]。除了河北省，水资源税改革试点省份已扩大至九个省（自治区、直辖市），郭月梅等 (2019) 对“1＋9”试点地区水资源税改革的成效进行了评价，分析了试点地区水资源税改革中发现的问题，力图为全面实施水资源税厘清发展脉络[23]。倪娟等 (2019) 分析了水资源税试点地区的特征与改革成效，然后总结试点地区的实践经验以及水资源税全面推广面临的问题，并针对性地提出了对策建议[24]。作为欠发达地区，贵州省水资源税改革工作虽尚未开始，但难度和面临的挑战均应予以重视，董延军等 (2019) 基于贵州经济社会发展状况，对贵州水资源税改革的必要性和存在的问题进行了深入分析，并在此基础上提出了改革的目标、原则及征税建议[25]。赵阳 (2019) 对水资源税推广面临的问题进行了解析，并提出了水资源税推广问题的处理对策[26]。

二、国外相关研究进展

国外关于水资源税的研究较早，成果也较为丰富。例如，M. Dinesh Kumar (2018) 指出印度水资源管理改革中缺少承认个人和用户群体水权的法律，应使有关机构合法化，并授权他们在部门和用户之间分配水权并征收水税和污染税[27]。Nicholas Kilimani 等 (2015) 通过分析水税在发展中国家的实施情况，以乌干达为例研究并阐明水税政策的影响[28]。Abraham Mehari 等 (2009) 通过正式的水权和水费制度以及相关机构，研究水权制度促进水的分配，而对于水费制度中水资源管理服务的费用，从现代法律与传统法律并置的预期价值和后果出发，分析了这些制度的有效性，从而改善了村级水资源管理服务，减少了方案内部冲突[29]。Jon Stern 等（2012）通过研究影响水资源有效利用的问题，并结合水的价值，制定了一个合理的水价评估框架，主要侧重于对水和污水处理行业的竞争和创新进行评价[30]。Charles S. Sokile 等（2004）指出水权与水税相关联，两者合在一起表示为水的使用费，这样就可以提高水资源高效利用的意识，避免浪费水资源，并且水用户协会接管了从前分配给个人和政府的大部分水权，管理用户之间的用水，效果显著[31]。Andrea Guerrini 等（2018）利用公共事业财务数据，评估了最新的水务行业监管改革的影响，通过分析意大利 136 家水务公司的业绩，指出有必要鼓励节约成本和提高生产力，以及吸引更多的投资，以促进水务行业的不断发展[32]。Claudia Granados 等（2014）试图研究 1994 年哥伦比亚政府发布的法律文件中第 142 号污水处理服务改革对儿童死亡率和服务覆盖率的市级影响，结果表明与没有改革的城市相比，改革后的城市儿童死亡率下降速度较快，水服务覆盖率上升幅度较大[33]。Antonio Massarutto 等（2013）指出意大利在 1994 年改革了供水和卫生服务，但近 20 年过去改革未能奏效，其原因与监管设计不佳以及所选择的管理模式有关[34]。

综上所述，虽然国内外在水资源税改革以及成效分析方面已经开展了许多研究工作，但相比水资源面临的严峻挑战和未来发展需求的复杂性，仍然需要进一步的探索和研究。

三、目前研究存在的问题

针对水资源税改革试点典型模式及其示范效应的评价，虽然国内外已经做了一些基础研究工作，积累了丰富的实践经验，但仍然存在许多亟待解决的问题，总结如下：

（1）对水资源税改革的成效及存在问题研究仍不足。从开始实施水资源税改革以来，全国水资源管理面临着新一轮的挑战和机遇，如何使水资源税改革能够更好地促进经济社会发展、实现水资源可持续利用，需要从改革的实践出发，从长远角度考虑，分析水资源税改革的成效及存在的问题，并针对问题提出切实可行的解决方案。河北省是水资源税改革的首个省份，其水资源税改革

工作成效初显，且所面临的问题很新，还未来得及进行总结与分析。从目前的研究来看，现有研究普遍以对水资源税改革的政策解读为主，对改革的实际情况深入调查和客观评价还不足。

（2）对水资源税改革的典型模式和相关经验总结仍不足。目前，对水资源税改革的研究总结较少，在水资源税改革的典型模式和经验总结方面比较欠缺。我国水资源税改革从2016年河北省开始，改革范围逐渐扩展到其他省（自治区、直辖市），通过近几年的不断实践与探索，逐步形成了一定的成功模式；同时，在解决问题中不断总结经验，有助于改革持久发挥作用，推动社会发展。因此，要对水资源税改革的成功案例从不同角度进行详细总结，发挥其示范效应。

（3）水资源税改革的广泛推广途径还需进一步研究。水资源税改革是一项明智之举，在河北省已取得了显著的成效。如何能够将河北省的水资源税改革工作中取得的丰富经验分享至其他省（自治区、直辖市），并使水资源税改革在全国范围内生根发芽，使全民共享改革成果，还需进一步研究。

第三节 水资源税改革的研究内容与思路

一、研究目标与研究内容

（一）研究目标

研究目标为：在全面调查河北省水资源税改革实施进展的基础上，结合河北省地方特点，综合评价水资源税改革中存在的问题；在水资源税改革的相关政策体系文件指导下，总结河北省水资源税改革典型模式并评价改革整体效果，通过对河北省水资源税改革三年来的典型经验和模式进行提炼和探索，形成可复制、可推广的具有河北特色的水资源税改革经验，为全国水资源税改革工作提供经验和模式。

（二）研究内容

针对研究目标，在深入理解水资源税改革相关内容的基础上，着眼于河北省水资源税改革政策实施情况，研究政策执行时遇到的阻力，以及行政管理时的主要问题，并总结出具有河北省特色的水资源税改革经验，以达到全国推广的目的，主要内容如下：

1. 全面调查，评价效果

对河北省水资源税改革试点实施以来的政策运行情况开展全面调查研究，深入分析水资源税改革试点的整体效果。立足于河北省水资源税改革政策体系，利用摸底调查、典型点深入调研、试点实地问卷调查等手段，收集水资源税改革政策运行情况、水资源税改革成果、居民满意程度等第一手实测资料；借助于网络技术，从政府网站、地方统计网站、学术期刊网站等收集整理有助于研究开展的相关资料。以水资源税改革的预期目标为依据，围绕工作成效对已做工作进行全面检查与评价。

2. 查找问题，提出方案

对水资源税改革政策执行情况进行评价，进一步分析研究水资源税征收、管理过程中存在的矛盾和问题，提出切实可行的解决方案。以现有资料为基础，结合当地实际情况，分析水资源税改革中存在的问题，包括在水资源税改革过程中遇到的各种难题，并总结出普遍适用的解决办法，促进水资源税改革的良性发展，为在全国推广奠定理论基础，以期为其他地区遇到类似的问题提供解决思路；同时，对于一些难以解决的问题、容易出错的地方，也如实详细地指出，这对其他地区的水资源税改革具有一定的借鉴意义，可以避免出现同样的错误。

3. 总结具有河北特色的水资源税改革经验

提炼和挖掘河北省水资源税改革试点中的工作亮点、典型经验和成功案例，使其具有示范效应，依据已经初步形成的“元氏模式”和“围场模式”，对河北其他地区的水资源税改革进行详细分析，全面总结，在此基础上提炼挖掘，形成具有河北特色、简洁明了、普遍适用的水资源税改革经验。

4. 评价示范效应，研究全国推广途径

针对水资源税改革这一具有深远影响的国家政策，在试点实施三年后是否具有显著的效果，是否能够在全国推开，这都值得深入思考与研究，因此在评价效果的基础上应进行示范效应的评价。评价的目的在于明确水资源税改革是否具有可推广的价值、在推广时可能会面临哪些问题和困难，以及思考相应的解决方案。总的来说，应按照多指标、多目标全方位地分析总结水资源税改革的示范效应。在推广河北经验时，可采用专题研讨、专著出版、会议交流、推广培训以及网络宣传等多方式进行推广；并根据实际情况，考虑推广成效优势和亮点，指出推广条件，促进水资源税改革的广泛推广和顺利实施。

二、研究框架与总体思路

（一）研究框架

研究主要内容可分为三个部分。首先，采用摸底调查、典型点深入调研、试点实地问卷调查等方式，全面分析河北省水资源税改革政策的实施情况，研究分析其在执行中遇到的问题，提出切实可行的解决方法；其次，研究分析河北省水资源税改革典型模式，归纳总结出试点工作中的亮点，得出河北特色的水资源税改革经验；最后，从水资源管理能力、水资源管理强度、水资源管理态势等方面，分析评价改革示范效应。

本书主要进行水资源税改革试点典型模式及效果和示范效应分析评价，研究成果将为水资源税改革问题研究、模式推广等方面提供理论支撑。

（二）总体思路与技术路线

研究思路为：以河北省水资源税改革政策体系文件为基础，以水资源税改革政策运行调查情况为依据，研究河北省水资源税改革典型模式，针对改革中出现的问题，提出具体的解决方案，总结其工作亮点，为将河北省水资源税改革经验推广至全国提供理论基础。主要思路与技术路线如下。

1. 调查与评价

立足于河北省水资源税改革政策体系，利用摸底调查、典型点深入调研、试点实地问卷调查等手段，收集水资源税改革政策运行情况、水资源税改革成果、居民满意程度等第一手实测资料；借助于网络技术，从政府网站、地方统计网站、学术期刊网站等收集整理有助于研究开展的相关资料。以现有资料为基础，结合当地实际情况，发现水资源税改革中存在的问题，提出解决方案。

2. 模式与推广

在河北省水资源税改革典型模式的基础上，以河北省水资源税改革试点总体研究框架为前提，正确认识改革初期的目的和刚性要求，总结出特色性、创新性的工作和改革成效，形成河北特色的水资源税改革经验。在现行的水资源税改革政策基础上，从水资源管理强度、水资源管理能力、水资源管理态势等方面，分析研究河北省水资源税改革试点的示范效应，提出优化水资源税管理的相关建议，以达到全国推广的目的。

总体研究框架与技术路线如图 1.1 所示。

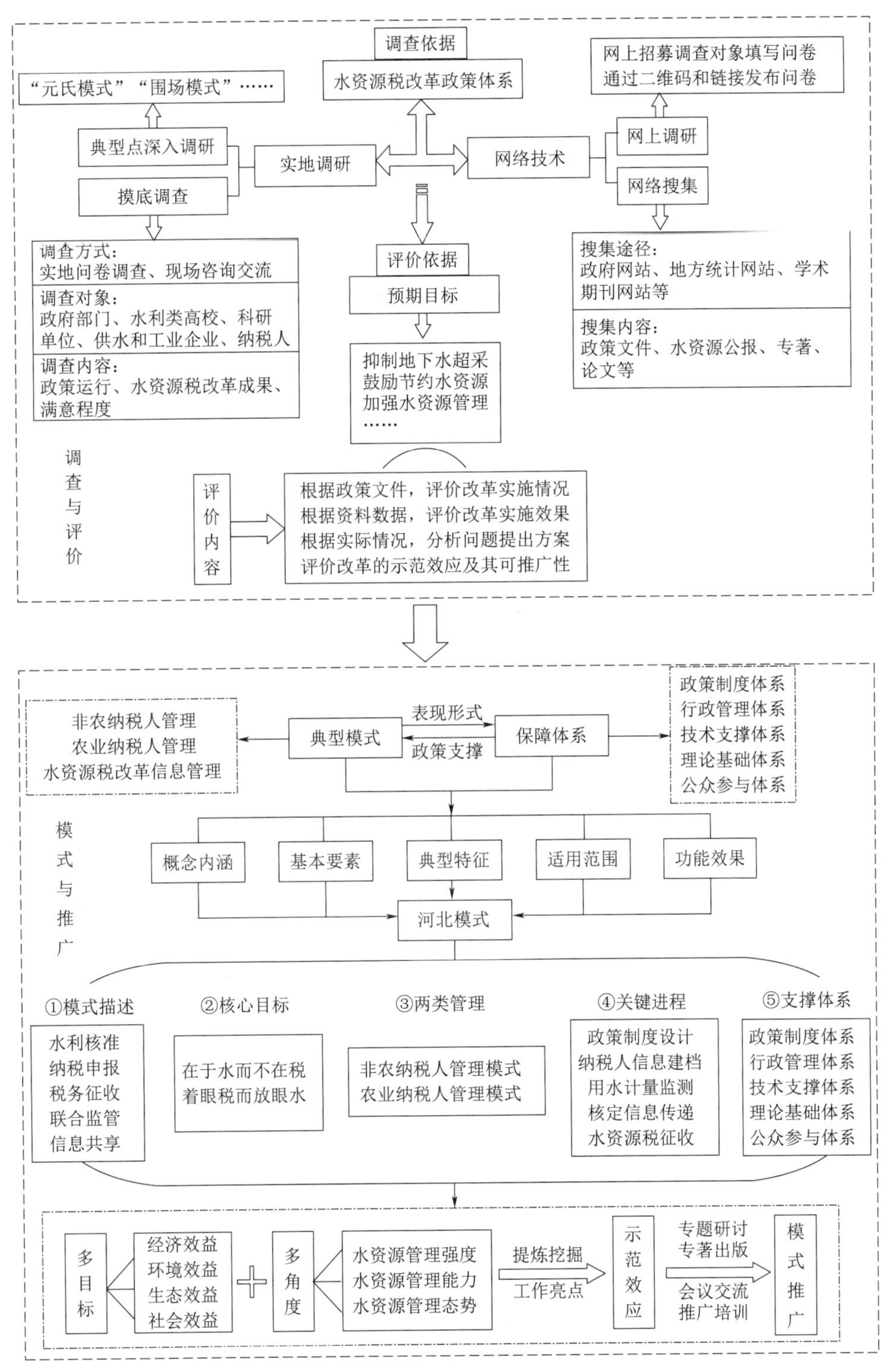

图 1.1　总体研究框架与技术路线

第二章

水资源税相关概念

伴随着用水冲突的增多和水资源管理的不断深入，出现了水权、水价、水市场、水资源费等概念以及相应的水经济杠杆调节措施，并在水资源管理实际工作中占据越来越重要的地位。最近几年施行的水资源税与水价、水权、水市场、水资源费等密不可分，体现了水资源管理的不断规范化、精细化。本章将简要总结水资源税相关的基础理论知识，介绍水价与水资源价值理论，包括水价的内涵与构成、水价的制定以及水资源价值的解读；介绍水权与水市场的基础知识；最后阐述了水资源费与水资源税的概念，以及水资源税与其他相关概念的区别。

第一节　水价与水资源价值理论

一、水价的内涵及其制定

（一）水价的内涵及构成[35]

1. 水价的内涵

水价即水的价格，是指水资源使用者使用单位水资源所付出的价格。水价的基础是水资源价值，因此在制定水价时，首先要结合水资源价值，还要考虑工程投入、污水处理、获取利润等各方面的因素，也就是说水价要比水资源价值高。通常情况下，研究更多的是整体的水价，其价格高低与我们的日常生活息息相关。

2. 水价的构成

按照水资源经济属性的分类，水价制定通常采用三重水价理论，即水价分为资源水价、工程水价和环境水价三个组成部分。当前多数发达国家都在实行

这种机制。

(1) 资源水价。资源水价即水资源价值或水资源费，是水资源稀缺性的体现。资源水价是水资源使用权的初次分配价格，是水价体系构成的第一层，直接关系水权的初始分配。资源水价的制定要能充分反映出与水资源使用有关的责、权、利以及一系列相关因素，诸如水资源的占用、管理、供需状况调节、取水对原有生态系统和自然环境的综合影响、调水工程中水源地与受水地区的利益均衡，以及不同行业用水的收益差别等，从而体现出水资源使用的有偿性和补偿机制。

(2) 工程水价。工程水价是指水资源从其天然状态经工程措施加工后成为经济物品的加工成本水价，工程水价一般要考虑工程投资的偿还、工程投资的回报收益、工程运营、管理、维护成本及利润等，它直接关系水利工程建设与管理资金的筹措，并影响到水资源开发利用的可持续性，因而应该科学核算、合理计费。

(3) 环境水价。环境水价是指经过使用后的水体排出用户范围后污染了他人或公共的水环境，为污染治理和水环境保护所需要付出的代价，其具体体现为污水处理费。在国外这部分费用一般均采用谁污染谁付费的原则予以征收。在考虑这部分费用时应将直接污染和间接污染等各类污染形式均考虑在内，还应考虑排污费、污水处理费和水质监测费，以便促进水资源保护和水污染防治，推动节水和污水资源化的实施。

在三重水价模式中，工程水价和环境水价主要受取水工程和治污工程的成本影响，通常变化不大；而资源水价作为取得水权的机会成本，受到需水结构和数量、供水结构和数量、用水效率和效益等因素的影响，在时间和空间上不断变化。不同的用水户，在不同地区、不同时间、使用不同水源的不同数量的水，其资源水价是不同的。国家根据水资源和经济社会发展情况主动调整资源水价，就能引导人们自觉调整用水结构和数量，实现水资源的优化配置。

从可持续发展的角度看，三重水价模式反映了水资源的稀缺性，也体现了水资源保护的必要性。三重水价模式是我国新时期制定水价的主要参考依据。

(二) 水价的制定

1. 水价体系介绍

水价的科学制定是水资源合理开发利用的关键一步，选择一个适合国情的水价体系是各国制定水价政策的目的，对水资源的日常使用具有重要的影响。为了鼓励每个人节约用水，满足人们日常基本需求，促进水资源的高效利用，并保证供水企业的正常运行和社会的稳定发展，需要有一套系统的水价体系，以规范水资源的使用。目前，国际上较流行的水价体系主要有：①与用水量无关，边际成本（是指增加单位水量所引起的总供水成本增加的金额）为零的统一水价；②单位水价不变的单一计量水价；③由基本水费和计量水费构成的两部制水价；④水价随用水量多少而变化的累进水价和累退水价；⑤随水资源丰枯变化的季节性水价。

2. 水价制定的原则与方法

水价的制定是一个涉及经济社会发展方方面面的重大问题，它与国家宏观发展计划、地方水资源条件、社会承受能力以及居民的收入状况等因素有关。制定科学可行的水价是建立合理的水权制度的重要基础，并直接关系一个合理的水价体系能否得以实现，因此，在制定水价时应注意公平性原则、效率原则、成本回收原则、可持续发展原则。

一般来讲，水价的制定方法有边际成本定价方法、计划定价方法、成本核算方法三种。

二、水资源价值理论[35]

（一）水资源价值的理论基础

水资源价值，即水资源本身的价值，是指水资源使用者为了获得水资源使用权需要支付给水资源所有者（包括国家或集体）的一定货币额。它体现了水资源所有者与使用者之间的经济利益关系。水资源价值是水资源有偿使用的具体表现，是对水资源所有者因水资源资产付出的一种补偿，是维持水资源持续供给的最基本前提，是所有权在经济上得以体现的具体结果。水资源价值理论是水资源经济调控和管理制度建立的理论依据，主要研究水资源是否有价值，其价值形态如何，水资源价值是如何流动、变化的以及如何确立正确的水资源价值观等所有与经济制度有关的理论问题。

虽然水资源对人类经济生产活动具有十分重要的意义，但是人类在从事生产活动和计算生产效益时，往往只考虑投入的劳动力、相关设备以及其他原材料的成本，而很少将水资源本身的价值考虑进去。因此，经常会出现“水资源

是无价的、可以任意使用”的错误认识，这便导致了对水资源的无节制开发和随意浪费，其后果就是目前要面对的水资源短缺、水环境恶化以及由此造成的威胁人类生存的各种危机，如环境危机、粮食危机等。随着经济社会的不断发展以及人类认识水平的不断提高，水资源成为非常珍贵的资源，并逐步认识到水资源本身也具有价值，在使用水资源进行生产活动的过程中必须考虑水资源自身的成本——水资源价值。

关于水资源是否具有价值，学术界有不同的解释，其代表性的观点有劳动价值论和效用价值论。劳动价值论即价值与使用价值共处于同一商品内，相互依存，使用价值是商品的自然属性，它是由具体劳动创造的；价值是商品的社会属性，它是由抽象劳动创造的。效用价值论是从物品满足人的欲望能力或人对物品效用的主观评价角度来解释价值及其形成过程的经济理论。

运用效用价值论很容易得出水资源具有价值的结论。因为水资源是人类生活不可缺少的自然资源，无疑对人类具有巨大的效用。此外，自 20 世纪 70 年代以来，水资源供给需求之间产生了尖锐的矛盾，水资源短缺已成为全球性问题，水资源满足既短缺又有用的条件，因此，水资源具有价值。

（二）水资源价值的内涵

我国对水资源价值的研究，主要是基于劳动价值论中的土地（自然资源）价值观，并在研究中对其不足之处进行了补充和扩展，使其更适合实际情况。水资源价值的内涵主要体现在稀缺性、资源产权和劳动价值。

1. 稀缺性

稀缺性是资源价值的基础，也是市场形成的根本条件，只有稀缺的东西才会具有经济学意义上的价值，才会在市场上有价格。空气、阳光等虽然也是人类生存所必需的要素之一，但由于其容易获取且不受限制，故不列在资源之内。而水资源等自然资源之所以具有价值，是因为其在经济社会发展过程中的稀缺性，可以说稀缺性是水资源价值存在的充分条件。

需要说明的是，资源的稀缺性又是一个在时空上相对的概念，特别是对于水资源更是如此。在某一地区或某一时期水资源紧缺，而在另一地区或另一时期可能并不缺少，这样就可能导致水资源的价值量有所不同。可以说，水资源价值的大小是其在不同地区不同时段的水资源稀缺性的体现。

2. 资源产权

要体现水资源的价值，一个很重要的方面就是对其产权的界定。如果没有资源产权，任何人均可以以任何方式使用水资源，而且不用支付报酬，这样只有在水资源无限的情况下，才不会稀缺。产权体现了所有者对其所拥有资源的一种权利，是规定使用权的一种法律手段。

我国宪法第一章第九条明确规定：水流（即水资源）等自然资源属于国家所有，禁止任何组织或者个人用任何手段侵占或者破坏自然资源。《中华人民共和国水法》第三条明确规定：水资源属于国家所有。国家保护依法开发利用水资源的单位和个人的合法权益。以上规定表明，国家所有即国家对水资源拥有产权，这是国家对水资源所有权的体现：任何单位和个人的开发利用只是使用权的转让，支付一定的费用，这些费用也正是水资源开发利用过程中所有权及其所包含的其他一些权利（使用权等）的转让的体现。

3. 劳动价值

水资源价值中的劳动价值是劳动价值论的具体体现，它主要是指水资源所有者为了在开发利用和交易获益中处于有利地位，需要通过水文监测、水资源保护、水资源规划等一系列手段对其所拥有的水资源数量和质量进行调查、管理，这些工作所消耗的劳动和资金则使得水资源价值中有一部分劳动价值是区别天然水资源价值和已开发利用水资源价值的重要性质。若资源价值中包含了人类的劳动和资金的投入，则其为已开发的自然资源；若没有人类劳动的投入，则其为未开发的自然资源。但未开发的自然资源同样具有价值，即由于资源稀缺性和产权所形成的价值。

以上介绍了水资源价值内涵的三个方面。对于不同的水资源类型来讲，它们的价值内涵会有所不同。如对于未经开发利用的水资源，其价值有可能仅仅是资源产权或极少一部分劳动价值；对于水资源丰富的地区，其稀缺性不明显，由稀缺性体现的价值就可能较小；对于水资源紧缺的地区，其价值就包括稀缺性、资源产权和劳动价值；在洪水季节，水不仅不会表现出资源的稀缺性，反而给人类带来灾害，因而洪水不是资源，但经人类的调蓄可以成为资源；在枯水季节，水资源的稀缺性可能较高，其稀缺性所体现的价值量也可能很大。因此，对于不同的水资源及其价值的认识，应根据具体情况具体分析，只有这样才能正确认识水资源的价值。

第二节　水权与水市场

一、水权的基础知识[35]

（一）水权的概念

水权即水资源产权，是产权理论在水资源配置领域的具体体现，是以水资源作为载体的各种权利的总和，它反映了由于水资源的存在和对水资源的使用而形成的人们之间的权利和责任关系。从概念分析，水权包含以下含义：

（1）水权是以水资源作为载体的一种行为权利，它规定了人们面对稀缺的水资源可以做什么、不可以做什么，并通过这种行为界定了人们之间的损益关系，以及如何向受损者进行补偿和向受益者进行索取。

（2）水权的行使需要通过社会强制来实施。随着水资源的日益稀缺和用水矛盾的加剧，因为法律、法规等制度具有权威性和强制性，所以成为水权行使的主要保障，能够有效地降低不确定性，提供明确的行为规范，从而提高水权在水资源配置上的效率。

（3）同产权一样，水权也是由一组权利所构成的集合体，而不仅仅是某一项单独权利。目前，需要深入研究的是应该怎样对水权的权利集合进行细致划分、水权具体包括哪些权利。由于研究者的研究目的和需求不同，因此形成了不同的水权学说，其中比较有代表性的是“一权说”“二权说”“多权说”。

（二）水权转让

水权转让，是在初始水权明晰的基础上，按照国家有关水权交易的法律法规和市场规则进行的转让行为，是促进水资源合理配置和高效利用的一个重要手段。初始水权是一种静态的产权，而水权转让则是在初始水权界定的基础上，让其进入水市场，再次进行水权的二次分配，通过市场的交易使其权属关系发生转变，使水权不断流向需求方。

水权转让是水权管理的目标之一。水权管理的总体思路就是首先实现水资源产权化，即成为水权，接着再实现水权的资本化，让水权进入市场进行流通。水权转让是水权资本化的体现，水权像资本一样按价值规律流动，从而保证水资源有序高效地配置。水权转让可以通过政府的行政行为来进行，如水权的征购、征用和行政调配等，但通常意义下的水权转让指的是通过市场机制进行的水权交易等市场行为。

水权转让最重要的作用就是大幅提高了水权管理的灵活性和高效配置水资源的能力，这也是近年来可转让的水权制度在各国得以迅速发展的原因。

（三）水权制度

水权制度是界定、划分、配置、实施、保护、管理和监督水权，确认和处理各个水权主体责、权、利关系的规则，是从法制、体制、机制等方面对水权进行规范和保障的一系列制度的总称。

通常，水权制度应包含以下内容：对构成水权的各项权利的权益、责任和义务进行规范，对水权的内容、取得方式、转让条件、转让程序等一般原则做出规定；建立水权转让机制，规范水权转让的内容，特别是对于水权的归属、权限范围和取得水权的条件在程序规范、组织规范、实施规范等方面建立完整的制度，即对各种水权的获取和转让行为均制定出严格的程序，对各种水权的获取和转让的执行者也应有严格规定，并制定出明确的法律规范进行约束和保障；对水权的转让价格也应有一定的管制，在价格不合理上涨时应采取必要的措施进行调控。

由于不同国家和地区在水资源条件和政治文化背景等方面存在着一定的差异，从而在开发利用水资源时形成了不同的水权划分和管理模式，并由此形成了不同的水权制度。从法学角度来看，可将水权制度划分为依靠法律约束的水权制度和依靠传统约束的水权制度两类；从权利主体来看，可将水权制度划分为私有水权制度和共有水权制度两类；从水权制度的历史演变和发展趋势来看，正经历着从私有水权制度向共有水权制度的转变。

二、水市场[35]

（一）水市场的定义及分类

水市场，又称为水权交易市场，是为了实现水权平等交易，并利用价格机制来实现水权流转的交易方式。从理论上讲，水市场可以建立在各个水权交易层次上，如用户之间的私人水权交易、水资源开发社团之间的集体水权交易，以及政府或国家之间的公共水权交易。但事实上，越是高层次的水权

交易，由于涉及更多的社会、政治因素，其执行起来越困难。因此，目前比较活跃的主要是由用户之间、用户和社团之间进行水权转让而形成的水市场机制。

从水市场的交易形式来看，水市场包括地下水市场、地表水市场、水拍卖和水银行。地下水市场和地表水市场分别以地下水和地表水作为交换商品。水拍卖是指没有配置的或新的水权通过市场拍卖的形式进行分配，用户通过拍卖竞价而获取水权。水银行是一种通过水资源交易中介的有效调控，将多余的水资源存储起来，在需要的时候再提取出来使用，从而有效降低交易成本的市场形式。水资源由于流动性强、水文时空变化明显，因此在供给和需求之间常常存在较大的差距，使用“一对一”式的现货交易形式成本很高，通过建立水银行可大幅降低交易成本。目前，在西方国家的水市场实践中，水银行是一种常用的水市场形式。如1991—1992年，美国加利福尼亚州遭遇大旱，出现了严重的水资源紧缺，当地政府建立了水银行，作为唯一的买主收购用户节约的水量，用以调节水资源的供求平衡。

（二）水权、水价和水市场之间的关系

在水权初始分配完成以后，则出现了水权交易问题，而进行水权交易必须建立水市场。水市场是运用经济杠杆来调节水的供需关系，促进水资源合理配置和高效利用的有效手段。通过水市场来进行水权交易，可使买方和卖方分别获取自己需要的资源和财富，减少水资源浪费，促进社会发展水平的提高。此外，水资源是一种自然资源，它要进入市场进行交换，必须具备能反映其自身价值的贸易价格，水价则是水权交易的桥梁和纽带，它赋予水资源一定的价格并通过水市场来实现交易。

从经济学角度来看，水权、水价和水市场使水权交易具备了商品市场的一般经济特征，但是由于水资源是一种特殊的商品，这又使水权交易不同于商品市场中的商品等价交换。水权的界定、水价的制定、水市场的监督和管理都要依靠政府的宏观指导，需要政府的政策扶持和法制保护，因此，水权交易又不具备完整意义上的商品交易属性特征。

从水权、水价和水市场三者的关系看，水权是水权制度建立的基础，是深化水价改革、完善水市场的必要前提，因此，要建立和发展水市场，首先要明晰水权，明确规定水权是可以交易和转让的，而且是有偿的。“有偿水权的提出

是建立水市场的理论基础”，而建立完善的水市场则是水资源优化配置的目的。水价是水权转让的有效形式，是水市场发挥作用的杠杆和手段，水价的调整对于水权交易和水市场的日益完善至关重要。

第三节 水资源费与水资源税

一、水资源费

（一）水资源费的概念及性质

水资源费是指水资源所有者（国家）为了实现自己的所有权和对水资源的有效保护、监测、勘测、规划和管理，使其处于永久的平衡和稳定状态，而对直接取用地下水和江河、湖泊等地表水的单位和个人征收的一定货币额。水资源费体现了水资源所有者与使用者之间的经济关系，是水资源所有权的价格，是水资源有偿使用的具体表现。水资源费的产生虽然与水资源变得日益稀缺有着密切关系，但最根本的仍然是水资源国家所有权的实现，即稀缺与所有权的实现是水资源所有权价格即水资源费形成的必要条件。作为国家对水资源合理开发利用与保护的导向性、前置性手段，水资源费的征收有利于加强国家对水资源的保护和科学管理。

国家征收水资源费，主要目的有两方面：一是维护国家所有权；二是促进和提高水资源的合理利用程度。水资源费是水资源用户为了使用水资源向资源的所有者交纳的费用，它的本质是水资源价格，包括水资源所有权价格和水资源价值价格。其中，主要依据马克思的地租论确定自然资源的所有权价格，经过人类劳动的自然资源价值的确定，主要根据马克思的劳动价值论确定。因此，水资源费的性质就是水资源价格，水资源的收费依据是水资源的稀缺性、水资源的国家所有权和凝结在水资源中的劳动价值。

（二）水资源费的构成及确定原则

从我国实行水资源费制度的目的和水资源费的收费依据可以看出，我国水资源费的构成应包括[36]水资源所有权价格和水资源价值（劳动价值）价格两部分。所有权价格包括绝对地租和级差地租；价值价格包括投入到水资源中的投资（也有人把这部分费用称为水资源补偿费）和投入的投资应取得的

合理利润。其中的绝对地租是由国家对水资源的所有权决定的，即凡是使用国家水资源的均应交纳绝对地租；级差地租应随水资源的质量以及用户使用程度和使用效益的不同而定。此外，由于水资源具有时空分布不均的特点，水资源费征收标准应体现水资源地区分布特点。在丰水季节、水资源丰富的地区，水资源级差地租低；在枯水季节、水资源紧缺的地区，水资源级差地租高。

从水资源费的性质、构成及征收水资源费的目的来看，确定水资源费征收标准时，必须遵循以下原则[36]：

(1) 有利于水资源合理开发利用，促进节约用水和科学用水。确定征费标准必须首先进行测算，地表水与地下水综合分析，既要使地表水资源优先得以利用，地下水资源不至过量超采，又不能使得利用两种类型水源成本悬殊过大，同时能促进各种水源的节约使用。

(2) 按水的利用方式分别确定。不同方式的用水对水资源占用和消耗的程度相差很大。一般是：水体资源使用费最高，水能资源使用费最低，水运及养殖水面使用费居中。

(3) 按用水效益大小分别确定。制定水资源费标准时，除了要考虑不同方式用水的特性外，还应考虑用水过程的经济属性。企业生产用水是生产过程的一个生产要素，水资源的使用可以为企业带来利润。水资源费具有一定的利润再分配功能，确定水资源费时，应规定企业生产用水比生活用水更高的征费标准。水体资源使用费中，工商企业用水最高，农业用水最低，生活用水居中。对采取节水措施的用水户可征收低标准的水资源费。

(4) 要有利于稳定物价，促进社会主义市场经济顺利发展。应充分考虑不同行业的特点，以及各种用水户的经济承受能力和心理承受能力。只有水资源费征收标准既能为用水户接受又能真正起到经济杠杆的作用才能达到促进水资源合理开发利用的目的。

(5) 分期浮动，按期调整。我国降水量年内变化大，时空分布不均衡。为了调节水资源不同季节的供求矛盾，充分利用汛期水资源，在确定水资源费标准时，应按各地情况划分汛期、非汛期的时间范围，制定不同时期的水资源费标准，在汛期和非汛期分别按不同标准征收水资源费。

(6) 地区差别宜相对统一。由于各地地理位置、气候类型等自然因素的不同，水资源状况差别很大，所以水资源费的标准允许有一定的差别，但对于水资源状况基本一致的地区又要求有相对统一的征收标准以便于管理。

（三）水资源费的特征及征收主体

水资源费属于资源补偿类收费，是对于开发、利用水资源而收取的资源类费用，其特征如下：

（1）具有补偿性。水资源费是对水资源宏观管理费用的补偿，是对水资源开发利用的长期基础费用（也称用前费用）和用后费用（如地下水资源超采而引起不良后果的补偿费用）的等价补偿。

（2）权属明确。水资源为国家所有，国家具有收益权。水资源费是由水资源的稀缺性和由法律规定的水资源属于国家的所有权形成的。

（3）作为经济杠杆。水资源费作为经济杠杆，起到调节水资源合理开发利用和优化配置的作用。

水资源费由县级以上的地方水行政主管部门按照取水审批权限负责征收。其中，由流域管理机构审批取水的，水资源费由取水口所在地省（自治区、直辖市）水行政主管部门代为征收。按照国务院或其授权部门批准的跨省（自治区、直辖市）水量分配方案调度的水资源，由调入区域水行政主管部门按照取水审批权限负责征收水资源费。

其他跨省（自治区、直辖市）实施的调水，水资源费的征收机关和资金分配，由相关省（自治区、直辖市）人民政府协商确定，并报财政部、国家发展改革委、水利部审核同意后执行。相关省（自治区、直辖市）不能协商一致的，由流域管理机构提出意见，报财政部、国家发展改革委、水利部审批确定。

（四）水资源费与水费的区别

在把握水资源费概念的基础上，还应厘清水资源费与水费的关系。水资源费与水费是两个不同的概念。水资源费是指取水单位和个人因消耗了水资源而向国家缴纳的资源费用，主要用于对水资源的恢复与管理。通常说的水费是指商品水的费用，即自来水的到户价格。它由多种费用组成，包括水资源费、水利工程水费、污水处理费和自来水制水成本等。因此，水资源费是水费的构成要素之一。

水资源费主要指对直接从江河、湖泊或地下取用水的单位或个人征收的费用。这项费用，按照取之于水和用之于水的原则，纳入地方财政，作为开发利用水资源和水管理的专项资金。我国在20世纪80年代初期开始对工矿企业的自备水资源征收水资源费。《中华人民共和国水法》规定，对城市中直接从地下取水的单位，征收水资源费；其他直接从地下或江河、湖泊取水的，可以由省（自治区、直辖市）人民政府决定征收水资源费。征收水资源费的目的是运用经济手段促进节约用水，特别是控制城市地下水的开采量。

水费由用水基本水费、城市附加费、水资源费、污水处理费、南水北调基金、水厂建设费、省专项费构成（根据省市收费不同，构成不同）。

二、水资源税

（一）水资源税的概念及性质

水资源税是国家对使用水资源征收的税种，即利用取水工程或者设施直接从江河、湖泊（含水库）和地下取用地表水、地下水的单位和个人依法向税务机关缴纳的税款[37]。征收水资源税主要体现对资源价值的重视。无论是使用者还是开采者，都应该征水资源税。使用者涵盖的范围包括工业、居民、农业等。

水资源税的性质与水资源税的具体定位息息相关，通常所说的税收性质主要包括财政收入和相应的社会经济有效调节。前者着重体现税收本质性质，而后者往往代表一种社会化的性质。对水资源进行征税，是“在于水而不在于税”，其主要目的是作为一种经济调节杠杆，能够有效调节用水需求，促进节水，是加强人们对于水资源重视程度的表现，具有强制性。除此之外，还要注意要想能够更好地发挥水资源税的调节作用，就要使水资源税的税额标准恰到好处，税负过低或过高都将会严重阻碍当下水资源税征收目标的达成。

（二）水资源税的特征及征收主体

水资源税为资源税的一种，属于政府税收，其征收、使用和管理按照我国现行税收征管办法实行。根据水资源费的特征，归纳总结水资源税的特征如下：

（1）具有强制性。水资源税是按照《中华人民共和国宪法》及国家税收有关规定，以实现国家公共财政职能为目的，凭借公共权力，由政府专门机构向纳税人实施强制、非罚与不直接偿还的新税种。

(2) 具有无偿性。水资源税是国家凭借政治权力，无偿地向水资源纳税人取得财政收入的一种手段，税收是无偿的。

(3) 权属明确。水资源为国家所有，水资源税是由水资源的稀缺性和由法律规定的水资源属于国家的所有权形成的。

(4) 作为经济杠杆。水资源税同样作为经济杠杆，起到调节水资源合理开发利用和优化配置的作用。

水资源税不同于其他资源税，对于水资源税的理解应注意以下三方面[42]：第一，水资源税往往称为资源税的一种，更是代表着生态税的具体含义。具体的定义一定要根据所开发的利用程度并遵循收益者负担的主要原则，通过税的强制性，对水资源进行有效的开发利用，同时还要约束水资源的使用者，一定要进行一定的节约。通常我们所指的矿产品资源税主要是通过相应的资金来实现自身资源的有效价值，然而水资源往往是通过税的一种强制约束力来实现水资源的良好生态价值，这应该是水资源区别于其他矿产资源的一个主要特征。第二，水资源税往往被称为自然资源保护税的一种，而不是被定义为环保税。水资源税的提出只是对相关纳税人进行水资源的有效利用，而达到节约的目的，但是对于具体的污水排放起不到任何的控制行为。其中污水约束排放，要对污染排放征收一定的环保税，才能够更好地杜绝此现象的再次发生。第三，水资源税也被称为是专项税的一种。水资源税具体实行的目的要与国家的相关政策实施一致，水资源税的专款专项只能用于水生态的发展建设以及相关的水资源保护方面，以此能够更好地实现水资源的生态价值应用。所以说水资源所产生的税款不能够用于地方的其他一般化服务，只能专项利用于相关的水资源服务方面，这样才能够更好地提高公共服务水平。

水资源税由税务机关依照《中华人民共和国税收征收管理法》和《扩大水资源税改革试点实施办法》有关规定征收管理。纳税人应当向生产经营地所在地的税务机关申报缴纳水资源税。按照国务院或其授权部门批准的跨省、自治区、直辖市水量分配方案调度的水资源，水资源税由调入区域取水审批部门所在地的主管税务机关征收。

（三）水资源税的目标定位

对水资源税进行准确定位，首先就要厘清水资源费与资源税的关系，要对

"税"予以准确界定。所谓"税"是国家按照法律预先规定的标准，向企业或集体、个人强制性无偿征收的实物或货币，是国家凭借政治权力参与经济收入分配和再分配的一种方式，其作为一个调节生产、消费和收入的经济杠杆，具有无偿性、强制性和固定性等特点。

从水资源费以及资源税的角度来看水资源税。由于水资源具有的不同于矿产、土地等资源的不可替代性、垄断性、无竞争性、可再生性以及供应的区域性等特点，使征收水资源费以调节资源级差收入的效果不显著，无法发挥应有的作用。在我国，征收资源税体现了资源有偿使用和调节资源级差收入的原则，将水资源全面纳入资源税征收范围，符合财税体制，而水资源税作为资源税的一类税目，其目标定位应与资源税一致，定位于筹集财政资金、调节资源级差收入、保护水资源。需要明确的是，征收水资源税的主要目的不是为了获取大量财政收入，更大的意义在于发挥税收杠杆对水资源优化配置和合理使用的作用。因此，开征水资源税不是涨价的借口，更不该将创收作为征税的直接意图，增加消费者负担。通过水资源税，使得资源价格能够充分反映资源稀缺性和不可替代性，抑制人类对于水资源（特别是地下水）的过度开采、浪费，从而实现经济社会的可持续发展。

从水资源税发挥的作用来看，水资源税只是一种经济杠杆，具有调节作用。水资源税是我国于 2016 年 7 月首次在河北省开征的一种资源税，征收水资源税的一个重要作用便是促进节约用水，有效抑制地下水超采，实现水资源优化配置。当然达到这个效果并不能仅仅依靠水资源税，实施水资源税改革能够在一定程度上促进整个社会向这个良好方向发展；反过来，征收水资源税并不能解决所有的水资源问题，我国的农业覆盖范围大，发展水平较低，计量设施比较落后，在征收水资源税时会遇到各种障碍，导致征收困难；另外，相关法律法规的制定需跟上开征水资源税的步伐，如果没有完备的法律依据，对各种具体情况作详细的规定，征收水资源税这一工作就无法顺利推进。

（四）水资源税改革内容界定

根据《河北省水资源税改革试点实施办法》和《河北省水资源税改革试点工作指导意见》等相关水资源税改革法律法规，深入理解各项政策，明确水资源税改革相关细节，现归纳如下：

1. 水资源税改革的作用

征收水资源税与水资源费相比具有明显的不同，可以充分发挥税的优势。

(1) 有利于促进水资源的合理利用，节约水资源，保护水资源。通过征收水资源税，根据目标导向制定恰当的税额标准，鼓励使用地表水，抑制地下水的过度开采，以确保水资源的可持续开发利用。

(2) 有利于合理调节国家与水资源开采者之间的分配关系。政府通过征收资源税，参与国有水资源开发收益的分配，还可以调节资源占用者与非资源占用者之间的利益分配关系，促进各用水企业的平等竞争。

(3) 有利于理顺税费关系，完善税制结构，规范财税秩序，提高水资源管理水平。

2. 水资源税改革应遵循的基本原则

(1) 有序衔接。以现行水资源费制度为基础，结合国家试点办法和各地区征管实际情况进行适当调整，实现收费制度向征税制度的平稳转换。

(2) 税费平移。以现行水资源费负担水平为基础，基本实现税费平移，不增加居民和一般工商业的正常生产生活用水负担。

(3) 注重调控。在国家规定幅度内适当提高超采区适用税额标准，对超计划（定额）取用水量在原税额基础上加倍征收，抑制地下水超采和不合理用水需求。

3. 水资源税的纳税人

利用取水工程或设施直接从河流、湖泊（含水库）和地下取用水资源的单位和个人，为水资源税纳税人。纳税人应按照《中华人民共和国水法》《取水许可和水资源费征收管理条例》等规定申领取水许可证。应依法取得取水许可证而未取得的单位和个人，由水行政主管部门按照《中华人民共和国水法》的规定处理并核定取水量，主管税务机关根据水行政主管部门处理结果和核定的取水量，按规定加倍征收水资源税。

4. 水资源税的征收对象

水资源税的征收对象包括地表水和地下水。地表水是陆地表面上动态水和静态水的总称，包括河流、湖泊（含水库）等水资源；地下水是埋藏在地表以下各种形式的水资源。目前地热水、矿泉水不征收水资源税，从量征收矿产资源税。

5. 水资源税的计税依据

结合国家试点办法和现行的水资源费制度，一般情况下水资源税按照实际取用水量实行从量计征。此外，对城镇公共用水企业、农村人口生活用水的集中式饮水工程按照实际售水量计征，对水力发电（含抽水蓄能发电）取用水和火力发电贯流式冷却取用水应按照实际发电量计征，对采矿和工程建设疏干排水按照排水量计征。

6. 水资源税的税收优惠

（1）下列情形不缴纳水资源税：

1）农村集体经济组织及其成员从本集体经济组织的水塘、水库中取用水的。

2）家庭生活和零星散养、圈养畜禽饮用等少量取用水的。

3）为保障矿井等地下工程施工安全和生产安全必须进行临时应急取（排）用水的。

4）为消除对公共安全或者公共利益的危害临时应急取用水的。

5）为农业抗旱和维护生态与环境须临时应急取用水的。

6）水源热泵系统利用封闭型回灌技术回灌的水；油田生产中开采的原油混合液经分离净化后回注的水。

（2）下列情形免征水资源税：

1）规定限额内的农业生产取用水。

2）取用污水处理回用水、再生水、雨水、地下咸水、微咸水、淡化海水等非常规水源。

3）财政部、国家税务总局规定的其他减税和免税情形。

7. 水资源税的税额标准

按现行水资源费征收标准平移的原则，根据各地区实际情况确定相应的税额标准。水资源税分别按照地表水和地下水分行业确定税额标准。在地下水超采区取用地下水、特种行业取用水，适用较高的税额标准；农业生产超限额取用水和主要供农村人口生活用水的集中式饮水工程取用水、企业回收利用的采矿排水（疏干排水）和水源热泵回用水，适用较低的税额标准。

取用水行业可分为农业、工商业、城镇公共供水、特种行业、其他。农业生产取用水包括种植业、畜牧业、水产养殖业、林业取用水。特种行业取用水包括洗车、洗浴、高尔夫球场、滑雪场取用水。

8. 水资源税的征收管理模式

为加强税收征管，提高征管效率，按照国家试点办法基本遵循“水利核准、纳税申报、税务征收、联合监管、信息共享”的水资源税征管模式，各地区根据实际情况可进行适当调整。即由水利部门进行用水量核定，然后将达成一致意见的核定书交由税务部门，由税务部门督促用水户缴税，其中涉及水利部门和税务部门等多部门的联合监管以及大数据下的信息共享，以确保实时准确地完成水资源税缴纳工作。

9. 水资源税的纳税地点

水资源税由地方税务机关负责征收。纳税人向其生产经营所在地主管税务机关申报缴纳水资源税。跨省辖市、省直管县（市）调度的水资源，由调入区域所在地主管税务机关征收水资源税。

10. 水资源税的纳税义务发生时间

（1）城镇公共供水企业、农村人口生活用水的集中式饮水工程的纳税义务发生时间为纳税人销售水的当日。

（2）除城镇公共供水企业、农村人口生活用水的集中式饮水工程外，水资源税的纳税义务发生时间为纳税人取用水资源的当日。

11. 水资源税的纳税期限

水资源税按月计算，按季征收。不能按固定期限计算纳税的，可以按次申报纳税。农业生产取用水水资源税可按年征收。纳税人应当自纳税期满或者纳税义务发生之日起15日内申报纳税。

（五）水资源税与水资源费的对比

基于费与税，资源补偿类收费与资源税的分析，水资源费与水资源税比较分析表见表2.1。

表2.1　水资源费与水资源税比较分析表[37]

实现形式	水资源费	水资源税	比较分析
法律依据	《中华人民共和国水法》及部门规章和水利部门、地方规章	《中华人民共和国宪法》及全国人大出台的其他正式法律条文	两者一致

续表

实现形式	水资源费	水资源税	比较分析
惩罚力度	处以罚款	处以罚款并量刑	水资源税惩罚力度大，水资源费相对较轻
内涵和特征	强制性低	强制性高	水资源费征收刚性约束差，水资源税征收刚性约束强
	权属明确，水资源为国家所有	权属明确，水资源为国家所有	相同
	可作为经济杠杆，起约束和调节作用	作为经济杠杆，起约束和调节作用	相同
	具有有偿性	具有无偿性	不同
征收主体	各级水行政主管部门	税务机关	征收单位不同

在法律依据方面，水资源费是以《中华人民共和国水法》和水利部门、地方规章为依据，水资源税是按照税收制度执行的，是以《中华人民共和国宪法》和全国人大出台的其他法律条文为依据，在法律层级上两者一致。

在处罚力度方面，对于水资源费，取水单位和个人违反规定，拒不缴纳、拖延缴纳或者拖欠水资源费的，依照《中华人民共和国水法》第七十条规定处罚。（拒不缴纳、拖延缴纳或者拖欠水资源费的，由县级以上人民政府水行政主管部门或者流域管理机构依据职权，责令限期缴纳；逾期不缴纳的，从滞纳之日起按日加收滞纳部分千分之二的滞纳金，并处应缴或者补缴水资源费一倍以上五倍以下的罚款。）水资源税按照税收有关规定执行，未办理税务登记证件的，根据情节处以不同程度的罚款，不依法纳税的，视为偷税，根据情节严重程度，分别处以罚款并量刑（偷税数额占应纳税额的百分之十以上不满百分之三十并且偷税数额在一万元以上不满十万元的，或者因偷税被税务机关给予二次行政处罚又偷税的，处三年以下有期徒刑或者拘役，并处偷税数额一倍以上五倍以下罚金；偷税数额占应纳税额的百分之三十以上并且偷税数额在十万元以上的，处三年以上七年以下有期徒刑，并处偷税数额一倍以上五倍以下罚金）。

在内涵和特征方面，水资源费与水资源税均权属明确，水资源由国家所有，通过有偿使用，可作为经济杠杆，起约束和调节作用，具有价格特征。水资源费与水资源税均具有强制性，但水资源税的刚性约束更强。此外，水资源费具有补偿性，用作水资源宏观管理补偿费用，而水资源税则全额纳入政府财政预算，不作为水资源节约、管理与保护专项资金使用。

在征收主体方面，水资源费的征收主体为各级水行政主管部门，而水资源税为税务机关。

总体上，水资源费与水资源税都是水资源有偿使用的实现形式，费与税两者最大的区别主要体现在强制性上，水资源税比水资源费的强制性更高，水资源税刚性约束更强，对于非法取水等行为的惩罚力度更大。

第三章 河北省概况与基础资料收集整理

河北省位于我国华北地区，是重要的粮棉产区和钢铁基地，但境内水资源禀赋差，降水量少且时空分布不均，属于严重的资源型缺水省份之一。河北省没有大江大河过境，地表水资源并不丰富，由于对地下水资源过度开采，是全国最大的地下水漏斗区。因此，河北省水资源条件明显不足，需发挥水资源税这一杠杆作用，调节用水需求，合理开发利用水资源。本章将系统梳理河北省的自然地理和经济社会、水资源概况，全面了解河北省实施水资源税改革的背景及条件，并根据研究内容进行基础资料的收集与整理。

第一节　自然地理和经济社会概况

一、自然地理概况[38]

（一）地理位置

截至2018年年底，河北省共辖11个地级市，分别是石家庄、唐山、秦皇岛、邯郸、邢台、保定、张家口、承德、沧州、廊坊、衡水。河北省环抱首都北京，地处东经113°27′～119°50′，北纬36°05′～42°40′，南北长约750km，东西宽约650km，海岸线长487km，横跨华北、东北两大地区，总面积18.88万km^2，历史上因地处黄河下游以北而得名，省会是石家庄市。距北京283km，东与天津市毗连并紧傍渤海，东南部、南部衔山东、河南两省，西倚太行山与山西省为邻，西北部、北部与内蒙古自治区交界，东北部与辽宁省接壤。

（二）地形地貌

河北省地势西北高、东南低，由西北向东南倾斜。地貌复杂多样，高原、山地、丘陵、盆地、平原类型齐全，有坝上高原、燕山和太行山山地、河北平原三大地貌单元。坝上高原属蒙古高原的一部分，地形南高北低，平均海拔1200～1500m，面积15954km²，占河北省总面积的8.5%。燕山和太行山山地，包括中山山地区、低山山地区、丘陵地区和山间盆地4种地貌类型，海拔多在2000m以下，高于2000m的孤峰类有10余座，其中小五台山海拔2882m，为河北省最高峰。山地面积90280km²，占河北省总面积的48.1%。

河北平原区是华北平原的一部分，按其成因可分为山前冲洪积平原、中部湖积平原区和滨海平原区3种地貌类型，全区面积81459km²，占河北省总面积的43.4%。

（三）气象水文

河北省处于暖温带和温带半湿润、半干旱大陆性季风气候区，大部分地区四季分明。春季气温回升快，降水少；夏季多东南风，气温比较暖湿，降水量大，且降水量变差很大，旱涝交替发生；秋季天高气爽，降水较少，气候差异性较大；冬季盛行偏北风，寒冷少雨雪。气温分布由北向南逐步增高，年平均气温7.8～13.7℃，年日照时数2400～3100h，年均降水量532mm，1月平均气温在3℃以下，7月平均气温18～27℃。降水量在地域上分布不均，总的趋势为由多雨的燕山、太行山迎风坡分别向西北和东南递减；降水量年内分布也不均，70%～80%的雨量集中在6—9月，多年平均蒸发量为900～1400mm，年内洪水多出现在7—8月。

二、经济社会概况

（一）经济社会发展现状[39]

统计显示，截至2018年年底，河北省常住总人口7556.30万人，比上年末增加36.78万人。其中，城镇常住人口4264.02万人，比上年末增加127.53万人，占总人口比重（常住人口城镇化率）为56.43%，比上年末提高1.42个百分点。

2018年，河北省生产总值实现36010.3亿元，比上年增长6.6%。其中，第一产业增加值3338.0亿元，增长3.0%；第二产业增加值16040.1亿元，增长 4.3%；第三产业增加值 16632.2 亿元，增长 9.8%。三大产业比例由上年的 9.2∶46.6∶44.2 调整为 9.3∶44.5∶46.2，第三产业比重首次超过第二产业。全省人均地区生产总值为 47772 元，比上年增长 6.0%。

2018 年，河北省居民消费价格比上年上涨 2.4%。其中，城市上涨 2.5%，农村上涨 2.4%。2018 年，河北省全部财政收入 5585.1 亿元，比上年增长 9.8%。其中，一般公共预算收入 3513.7 亿元，增长 8.7%；税收收入 2555.6 亿元，增长 16.2%；一般公共预算支出 7720.2 亿元，增长 16.7%。规模以上工业企业实现利润 2211.7 亿元，比上年增长 12%。分经济类型看，国有控股企业实现利润 374 亿元，比上年增长 19%；集体企业实现利润 3 亿元，下降 15.5%；股份制企业实现利润 1757.9 亿元，增长 14.2%；外商及港澳台商投资企业实现利润 432.6 亿元，增长 9.3%；私营企业实现利润 1120.8 亿元，增长 10.4%。分门类看，采矿业由上年亏损转为盈利；制造业实现利润 2031.1 亿元，增长 10.3%；电力、热力、燃气及水生产和供应业实现利润 141 亿元，增长 4.5%。规模以上工业企业主营业务收入利润率为 5.9%，比上年提高 0.3 个百分点。

（二）城市发展战略[40]

为提高河北省城市国际化建设水平，全面提升城市综合承载能力和竞争力，推动城市高质量发展，根据《中共河北省委河北省人民政府关于进一步推进新时代对外开放的意见》（冀发〔2018〕18 号）精神，制定了《关于提高城市国际化建设水平的实施方案》。

1. 城市发展目标

根据《关于提高城市国际化建设水平的实施方案》，城市发展目标是，到 2020 年，城市创新创业能力和产业国际竞争力明显增强，对国际要素资源的吸引力、承载力和国际化水平大幅提升，初步建成生态良好的宜居城市、特色鲜明的魅力城市、功能完善的品质城市，与京津共同构建国际化城市体系，为打造具有国际影响力的京津冀世界级城市群奠定坚实基础。

建设开放型城市经济，城市实际利用外资额占全省 GDP 比重达到 1.5%左右，进出口贸易总额占 GDP 比重达到 10%～12%，依托重要战略功能区，引进一批科技含量高、投资体量大的外资项目；创新活力实现重大突破，研究与试验发展（R&D）经费内部支出占全省 GDP 比重达到 1.7%左右，科技进步贡献率达到 60%左右，建设一批国家级创新平台和国际合作重点实验室、技术研发中心；国际交往合作逐步扩大，培育一批有影响力的高端学术会议和经济文化交流平台，全省国际性会展（会议）每年举办次数达到35次，国际友好城市数量达到100对，外籍常住人口占常住人口比例达到0.2%以上。

2. 发展保障措施

根据《关于提高城市国际化建设水平的实施方案》，发展保障措施主要有：加强组织领导，各市政府、雄安新区管委会是推进城市国际化建设的责任主体，要充分发挥各级对外开放工作领导小组的综合协调职能，坚持创新思维，细化政策举措，完善专家咨询机制；加大投入力度，省有关部门要全力支持城市国际化建设工作，在提升城市功能、经济发展、贸易便利化、服务设施、服务水准和交往平台国际化水平等方面，加大资金保障和政策扶持力度；强化督导考核，推进城市国际化建设是一项系统性工程和长期任务，必须坚持上下联动、分步实施，各市要加强督导检查和绩效考核，确保各项目标任务落实到位，建立定期报告制度；做好舆论宣传，各市要加强舆论引导，充分利用网络、报刊、电视等媒体，加大对提高城市国际化建设水平工作的宣传力度，提高全社会对此项工作重要性的认识，形成良好的舆论氛围和工作合力。

第二节 水资源概况[41]

一、河湖水系

河北省河流众多，长度在18km以上1000km以下者就达300多条。境内河流大多发源或流经燕山、冀北山地和太行山山区，其下游有的合流入海，有的单独入海，还有因地形流入湖泊不外流者，称为内陆河流，主要河流从南到北依次有漳卫南运河、子牙河、大清河、永定河、潮白河、蓟运河、滦河等，横跨海河和辽河两大流域。其中海河流域最大，辽河流域次之。

（一）海河流域

海河流域是河北省最大的流域，多年平均年径流量76亿m^3，流域面积达26万km^2，其中在河北省14万km^2。海河流域中还有华北地区最大的内陆淡水湖——白洋淀。

（二）滦河水系

滦河水系是流经河北省的较大水系，滦河是河北省国家级旅游城市承德和全省重要工业基地唐山的母亲河。水系多年平均年径流量 50.3 亿 m³，流域面积达 5 万多 km²，其中在河北省 4.58 万 km²。

二、水资源现状

参考 2018 年河北省水资源公报，2018 年全省平均降水量 507.6mm，比上年增多 28.8mm，比多年平均值少 24.1mm，属平水年份。全省地表水资源量 85.32 亿 m³，地下水资源量 124.41 亿 m³，扣除地表水和地下水资源的重复计算量，全省水资源总量 164.04 亿 m³，比上年增加 25.70 亿 m³，比多年平均值少 40.65 亿 m³。人均及亩均水资源量分别为 217.09m³ 和 233.40m³。全省平均产水系数为 0.17，产水模数为 8.74 万 m³/km²。

河北省的水资源禀赋较差，统计 2018 年河北省与全国水资源特征值，结果见表 3.1。

表 3.1　　2018 年河北省与全国水资源特征值统计

水资源特征值	河北省	全国
2018 年平均降水量/mm	507.60	682.5
2014—2018 年多年平均降水量/mm	500.30	672.1
2018 年地表水资源量/亿 m³	85.32	26323.2
2018 年地下水资源量/亿 m³	124.41	8246.5
2018 年水资源总量/亿 m³	164.04	27462.5
2014—2018 年多年平均水资源量/亿 m³	150.40	28783.9
2018 年人均水资源量/m³	217.09	1968.6
2018 年产水模数/（万 m³/km²）	8.74	29.0

三、水资源开发利用

参考 2018 年河北省水资源公报，2018 年全省总供水量 182.42 亿 m³，其中地表水源供水量 70.44 亿 m³，地下水源供水量 106.15 亿 m³，其他水源供水量 5.83 亿 m³。2018 年南水北调受水区总供水量 119.41 亿 m³。在供水量中，地表水源供水量 43.56 亿 m³；地下水源供水量 71.82 亿 m³；污水处理回用量、雨水利用量及海水淡化量为4.03亿m^3。

2018年全省总用水量为182.42亿m^3，其中农业灌溉用水量109.87亿m^3，林牧渔畜用水量11.21亿m^3，工业用水量19.08亿m^3，城镇公共用水量4.93亿m^3，居民生活用水量22.82亿m^3，生态环境用水量14.51亿m^3，分别占总用水量的60.2%、6.1%、10.5%、2.7%、12.5%、8.0%。全省人均用水量241m^3。南水北调受水区总用水量为119.41亿m^3。其中，农田灌溉用水量75.78亿m^3；林牧渔畜用水量6.13亿m^3；工业用水量8.75亿m^3；城镇公共用水量2.72亿m^3；居民生活用水量14.34亿m^3；生态环境用水量11.69亿m^3。

2018年全省净消耗水量136.67亿m^3，平均耗水率为74.9%。其中农田灌溉耗水量85.39亿m^3，平均耗水率77.7%；林牧渔畜耗水量9.98亿m^3，平均耗水率89%；工业耗水量11.99亿m^3，平均耗水率62.8%；生活耗水量29.32亿m^3，平均耗水率69.4%。

2018年河北省水资源开发利用基本情况如图3.1所示。

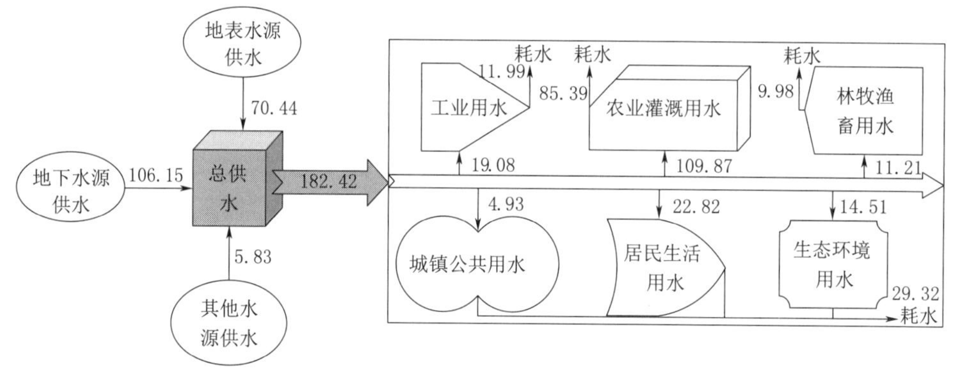

图3.1 2018年河北省水资源开发利用基本情况（单位：亿m^3）

第三节 基础资料收集与整理

一、基础资料

研究所需的基础资料如下：

（1）2014—2018年《河北省水资源公报》。

（2）2014—2018年《河北省统计年鉴》。

（3）河北省有关地下水治理的措施与成果。如2018年制定的《河北省地下

水超采综合治理五年实施计划（2018—2022 年）》《河北省实施地下水超采综合治理工作纪实》。

（4）河北省最严格水资源管理制度监督考核体系，如“三条红线”用水控制指标体系、河北省“四网一平台”水资源监控体系。

（5）河北省水资源综合规划等成果，如《河北省水资源保护规划（2016—2030 年）》《河北省水资源统筹利用保护规划》等。

（6）河北省水资源税改革成效佐证材料。如各地市 2014 年以来取水许可证发放量及 2016 年税改以来非法取水的减少量、污水处理设备数量及取水水源变化量等方面数据。

（7）“河北省水资源税取用水信息管理系统”的相关资料，包括：①系统发展历程（文字形式）；②系统功能，如“基础信息建档”“水量核定”“资料传递”等流程的具体内容和步骤。

（8）“河北省水资源税取用水信息管理系统”的 2016—2018 年数据库，包括纳税人种类及数量、取水水源类别及取水量、每种纳税人缴税金额等数据。

（9）在农业水资源税纳税中以电折水系数确定方法和步骤及相关资料，如以电折水系数典型测算成果报告、各行业用水限额（表）等。

（10）非农纳税水量及农业纳税水量核定方法和步骤，包括 2016—2018 年河北省各市、县水利部门核定取用水量。

（11）水利部门和税务部门合作基础，包括指导思想和技术支撑、合作过程，突出关键细节、难点问题等。

（12）河北省各地市 2014—2016 年水资源费征收数据和 2016—2018 年水资源税征收数据。

（13）“元氏模式”和“围场模式”的相关资料，包括模式形成过程、特色优势、水量核定方法和步骤。

（14）2017 年财政部门组织撰写的水资源税改革成效的第三方机构评价报告。

（15）2016 年 7 月水资源税改革实施以来，河北省水资源税改革相关政策文件资料，如《河北省水资源税政策实施评估和运行情况专报制度》等。

（16）河北省水利厅和税务部门、各地市对水资源税改革工作的总结，包括水资源税改革成果上报材料以及数据统计资料。

二、资料用途

基础资料的收集便于直观了解 2014—2018 年水资源税改革前后河北省水资源水量、水质、水源变化，以及了解 2014—2018 年水资源税改革前后河北省水资源和经济社会的变化，突出水资源税改革效果；通过收集相关规划报告的信息，分析水资源税改革对各种水资源利用保护等规划实施的正向促进效果；通过收集“河北省水资源税取用水信息管理系统”的相关资料，方便归纳总结“河北模式”中“取用水信息管理系统”的特色和优势，突出系统成效，体现系统在“河北模式”中的核心技术支撑作用；通过收集以电折水以及水量核定的资料，可突出“河北模式”水量核定方法的科学性和可行性，重点研究，并总结推广；收集“元氏模式”和“围场模式”的相关资料，可剖析典型案例，使研究落地；通过收集 2016 年 7 月水资源税改革实施以来河北省水资源税改革的相关政策文件资料，可作为本书研究评价的参考资料。

三、资料收集方式

收集资料的一般方式为实地调研、网上调研和网络搜集。

（1）实地调研。主要采用发放调查问卷和现场咨询交流的方式。针对调查问卷的设计，遵循一般性、明确性、简洁明了、便于整理和分析等设计原则，紧密围绕调查目的有逻辑性地设置问题，由简单到复杂，考虑调查对象的实际背景，有针对性地设置大约 12 个选择题。

（2）网上调研。一方面使用网络平台，有偿招募符合一定要求的网上真实用户，在线提交问卷、设置调查对象，招募用户进行答题，最后在线统计数据进行分析；另一方面设置网页版调查问卷，使用二维码或者网页链接在网上发布，供相应用户填写。

（3）网络搜集。一方面熟悉政策文件，查找与河北省水资源税改革相关的文件与实施办法，明确水资源税改革预期目标，并以此展开工作；另一方面搜集网上资料，从政府网站、统计网站和学术期刊网站等途径针对调查内容搜集水资源公报、统计年鉴和专著、论文等，便于深入了解与学习，为后续评价和分析提供材料支撑和依据。

第四章

河北省水资源税改革历程总结

2016 年 5 月 9 日起，国家连续印发了《关于全面推进资源税改革的通知》《水资源税改革试点暂行办法的通知》，决定于 7 月 1 日起全面推开资源税改革，水资源税改革步入全速前进的“快车道”。改革的主要内容之一就是逐步扩大征税范围，在河北开展水资源税改革试点，条件成熟后在全国推开。本章首先对水资源税改革的法律依据和政策支撑文件进行梳理，然后总结水价综合改革的主要进程及水资源费征收制度的演进，在此基础上介绍水资源税改革阶段，阐述河北省水资源改革历程。

第一节　水资源税改革依据

一、水资源税改革的法律依据

我国早期就已经有了开征水资源税的计划，并逐渐发布了多个相关政策性文件，为正式开征水资源税做了充足的准备。例如，2009 年就提出要加快推进财税体制改革，建立有利于科学发展的财税体制；2016 年 5 月印发《关于全面推进资源税改革的通知》，决定自 2016 年 7 月起在河北省开展水资源税改革试点。其中主要的法律文件及政策通知如下：

(1)《关于 2009 年深化经济体制改革工作的意见》(国发〔2009〕26 号)。

(2)《中华人民共和国税收征收管理法》(国发〔2001〕49 号)。

(3)《国务院办公厅关于推进农业水价综合改革的意见》(国办发〔2016〕2 号)。

(4)《关于全面推进资源税改革的通知》(财税〔2016〕53 号)。

(5)《水资源税改革试点暂行办法》(财税〔2016〕55 号)。

(6)《河北省水资源税改革试点实施办法》(冀政发〔2016〕34号)。

(7)《河北省水资源税改革试点工作指导意见》(冀政办字〔2016〕89号)。

(8)《河北省水资源税征收管理办法(试行)》(〔2016〕3号)。

(9)《河北省税收征管保障办法》(冀改发〔2015〕6号)。

(10)《关于规范取水许可做好水资源税征收管理的意见》(冀水资〔2016〕100号)。

(11)《河北省工业生活取用水量核定工作办法》(冀水资〔2016〕90号)。

(12)《河北省水资源税征管应急预案》(冀地税发〔2016〕91号)。

(13)《河北省水资源税征管信息共享利用规程》(冀地税发〔2016〕92号)。

(14)《河北省水资源税政策实施评估和运行情况专报制度》(冀财税〔2016〕93号)。

(15)《河北省南水北调受水区自备井关停工作方案》(冀水资〔2016〕112号)。

(16)《打击非法取水专项行动实施方案》(冀水资〔2016〕117号)。

(17)《河北省水资源监控系统运行维护管理办法》(冀水资〔2016〕122号)。

(18)《河北省农业用水限额及水量核定工作办法(试行)》(冀水资〔2017〕19号)。

(19)《扩大水资源税改革试点实施办法》(财税〔2017〕80号)。

(20)《取水许可和水资源费征收管理条例》(国务院令〔2006〕460号)。

(21)《关于共同做好水资源税纳税人取用水远程在线计量监控工作的通知》(冀水资〔2017〕84号)。

(22)《关于统筹做好水资源管理相关经费保障工作的通知》(冀财税〔2017〕9号)。

(23)《关于做好农业水资源税纳税人认定工作的通知》(冀水资〔2017〕50号)。

(24)《河北省农业用水以电折水计量实施细则(试行)》(冀水资〔2017〕19号)。

(25)《关于水资源有偿使用制度改革的意见》(水资源〔2018〕60号)。

(26)《关于实行农业水资源税纳税人水量核定工作周报制度的通知》(冀水资函〔2018〕5号)。

(27)《关于做好农业生产超限额用水水资源税征收工作的通知》(冀水资〔2018〕7号)。

（28）《关于水资源税改革试点有关政策的补充通知》（冀财税〔2018〕22号）。

二、水资源税改革的政策支撑[38]

我国在水资源税改革正式实施之前就已做了大量的前瞻性工作，包括深化经济体制改革、推进农业水价综合改革以及全面推进资源税改革，这为开展水资源税改革工作奠定了基础，是水资源改革政策支撑的前一部分；而在正式开征水资源税后，河北省按照国家要求，制定了大量的政策文件，逐步形成了以"1＋15"政策体系和56个规范性文件为主的政策制度体系，这是水资源税改革政策支撑的后一部分，两部分缺一不可。水资源税改革政策支撑体系框架如图4.1所示。

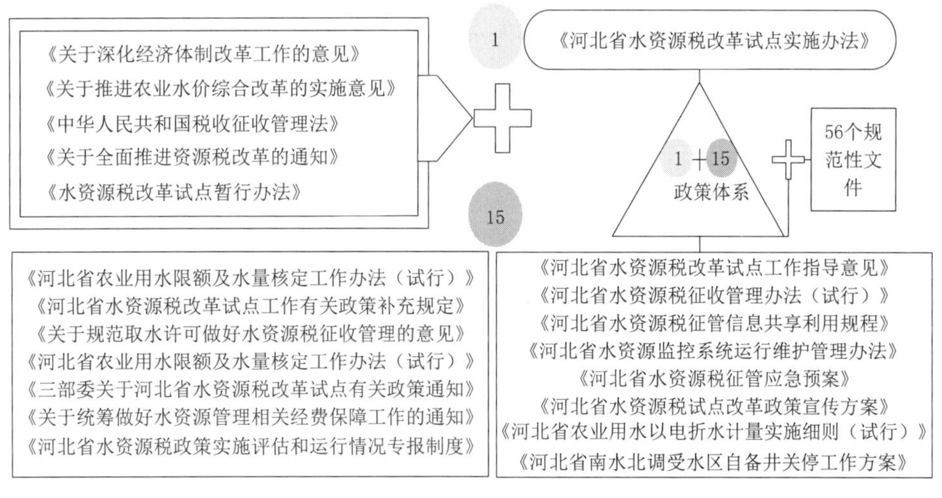

图4.1 水资源税改革政策支撑体系框架

（一）核心政策设计

2016年5月9日，财政部、国家税务总局联合对外发文《关于全面推进资源税改革的通知》，宣布自2016年7月1日起，我国将开展水资源税改革试点工作，并率先在河北试点，采取水资源费改税方式，将地表水和地下水纳入征税范围，实行从量定额计征，对高耗水行业、超计划用水以及在地下水超采地区取用地下水，适当提高税额标准，正常生产生活用水维持原有负担水平不变。在总结试点经验的基础上，财政部、国家税务总局将选择其他地区逐步扩大试点范围，条件成熟后在全国推开。

水资源税改革的基本原则为消费立税、合理负担、适度分权和循序渐进，着力解决当前存在的税费重叠、功能交叉问题，取缔违规、越权设立的各项收费基金，进一步理顺税费关系；兼顾企业经营的实际情况和承受能力，借鉴煤炭等其他资源税费改革经验，合理确定资源税计税依据和税率水平，增强税收弹性，总体上不增加企业税费负担；结合我国资源分布不均衡、地域差异较大等实际情况，在不影响全国统一市场秩序的前提下，赋予地方适当的税政管理权；积极创造条件，逐步对水、森林、草地等自然资源开征资源税。

做好水资源税改革工作的前提是及时制定全面可行的政策，政策是顶层设计的关键，也是整个工作顺利开展的保障。首先，确定好税制要素，如纳税人、征税对象和计税依据，明确纳税人应当按照相应法律法规申领取水许可证，征税对象为地表水和地下水，规定水资源税实行从量计征，依据计算公式得到应纳税额；另外，根据纳税目标区分税额标准，对超过规定限额的农业生产取用水，以及主要供农村人口生活用水的集中式饮水工程取用水，从低制定税额标准；而对同一类型取用水，地下水资源税税额标准要高于地表水，水资源紧缺地区地下水资源税税额标准要大幅高于地表水，超采地区的地下水资源税税额标准要高于非超采地区，严重超采地区的地下水资源税税额标准要大幅高于非超采地区；同时，为了使制定的政策促使社会向好的方向发展，确定一些减免情形，如对规定限额内的农业生产取用水免征水资源税，对取用污水处理回用水、再生水等非常规水源免征水资源税，也包括国家规定的其他免税情形。

（二）相关制度制定

为了完善征管制度体系，2016 年 7 月 1 日出台《河北省水资源税征收管理办法（试行）》，规范和加强水资源税征收管理，明确了水资源税的征收对象、纳税义务发生时间、计税依据、计税方法和征管流程，以及税源管理要求、税收优惠相关规定等内容，并规范部门间工作衔接的渠道与方式。为完善应急管理制度，2016 年 8 月 31 日出台《河北省水资源税征管应急预案》，这是水资源税改革试点顺利平稳推进的重要保障，对长期不缴税费的，纳税人发生抵制纳税、少缴税款、擅自超采和不办理取水许可等行为，分类制定应对预案措施，针对河北省自身情况，确立了“坚持统一领导、分级负责，依法规范、职责明确，快速反应、协同应对，整合资源、信息共享”的工作原则。

为了规范取水许可制度，2016 年 8 月 23 日出台《关于规范取水许可做好水

资源税征收管理的意见》，这是做好水资源税征收管理的重要基础工作，主要从“严格规范取水许可审批”“切实加强取水许可信息台账管理”“全面提升取水许可监管能力”三个方面对取水许可做出了重要规定。为了细化取用水量核定制度，2016 年 7 月 26 日，出台《河北省工业生活取用水量核定工作办法》（以下简称《办法》），在水资源税改革过程中，工业生活取用水量核定是关键，而该《办法》重点解决了水利部门在核定工业和生活用水量时存在的问题，具有重要的指导意义。

信息化建设是开征水资源税的技术支撑。为了建立信息共享制度，2016 年 8 月 31 日出台《河北省水资源税征管信息共享利用规程》（以下简称《规程》）。该《规程》分别从目的、适应范围、责任分工以及征管信息管理原则、纳税人信息交接管理、取水许可信息管理、年度取用水计划信息管理、取用水信息管理、纳税申报信息管理、信息比对与清查、信息传递平台管理和信息管理责任等方面，建立信息共享利用机制，实现了税收信息融合和共享共用，完善了各级税务、水利部门的涉税信息共享、监控预警和分析利用机制。

地方税务机关、水行政主管部门及其工作人员，有下列行为之一的，按照《河北省税收征管保障办法》的规定，由其上级行政机关或者监察机关责令改正；情节严重的，对直接负责的主管人员和其他直接责任人员依法给予行政处分；构成犯罪的，依法追究刑事责任：将获取的涉税信息和数据公开或用于与税收征管无关事项的；未按规定传递纳税申报、取水许可、实际取用水量、超计划取用水量、非法取水处罚等信息的。

为了完善评估运行制度，2016 年 9 月 1 日出台《河北省水资源税政策实施评估和运行情况专报制度》，建立水资源税政策实施评估和运行情况专报制度是确保河北省水资源税试点工作顺利实施、及时解决试点过程中出现的问题、准确评估政策实施效果的重要保障。为促进试点工作取得实效，为全国提供完整、精细、可复制的经验，推广水资源税改革，河北省财政厅、水利厅、税务局、发展改革委、住房和城乡建设厅、国土厅根据《河北省人民政府办公厅关于印发河北省水资源税改革试点工作指导意见的通知》要求，联合起草印发了《河北省水资源税政策实施评估和运行情况专报制度》（简称《评估报告制度》）。《评估报告制度》重点评估 8 项内容，分别是评估政策实施情况、评估征收管理情况、评估收入变化情况、评估税负变化状况、评估抑制地下水开采情况、评估城镇公共供水情况以及评估节约用水和水环境改善情况。《评估报告制度》中的运行情况专报形式，对试点过程中出现的先进做法、先进经验，发现的政策执行、征收管理、水量核定、税收优惠等方面的问题，及时报送省水资源税试点领导小组，便于国家和省委、省政府领导充分了解水资源税试点过程中出现的新情况、新问题，研究改进措施，完善试点办法。

为确保试点改革工作平稳顺利实施，营造良好的舆论环境，出台了《河北省水资源税试点改革政策宣传报道方案》。宣传的内容主要包括实施水资源税试点改革的重要意义、水资源税试点改革的合理性和必要性、实施水资源税试点改革的具体内容、实施水资源税试点改革的具体措施以及实施水资源税试点改革的实际成效，要求精心组织策划、积极改进创新、全面稳妥把握。

第二节 水资源税改革阶段

一、水价综合改革的主要进程

近年来，河北省水价综合改革通过不断的制度创新和成果凝练，在城镇公共供水，工业、生活以及农业用水水价形成机制和管理模式改革方面取得了一系列进展。

2014 年 6 月 25 日，河北省政府出台《关于创新水价形成机制利用价格杠杆促进节约用水的意见》，提出了依据“谁使用谁付费、多用水高水价、浪费水受惩罚”的基本原则，逐步将非农业供水价格调整到补偿成本费用、合理盈利的水平，农业供水全面实行终端水价制度的河北省水价改革总体目标。明确了要综合运用经济、法制、行政手段，充分发挥市场的决定性作用，通过理顺比价关系，实现外来水和本地水、地表水和地下水、新鲜水和再生水有机衔接、合理调配，切实管住工业用水、管好居民用水、促进农业节水，建立符合市场导向、有利节约用水、提高用水效率的水价形成机制和取用水监管体系。

2014 年 10 月 29 日，河北省水利厅、财政厅、农业厅和物价局等四部门联合印发《河北省地下水超采综合治理试点区农业水价改革的意见》，针对邯郸、邢台、沧州、衡水 4 市 49 个地下水超采综合治理首批试点县农业水价改革做出了总体部署，提出“加强用水定额管理、健全水价流转制度、完善计量收费体系、建立用水合作组织”4 项基本工作和“推行终端水价、理顺农业水价、实行超定额加价、加强供水成本控制、创新定价协商机制、严格水费征收管理”6项水价形成机制改革要点的总体改革思路，并初步提出衡水市桃城区“一提一补”、成安县“定额管理，超额征收”、张北县“总量控制、水权交易”和石津灌区“农业终端水价”等4种典型水价改革模式。

2015年10月19日，河北省水利厅、财政厅、物价局联合印发《农业水价改革及奖补办法》，在总结试点区农业水价改革经验的基础上，在全国率先对农业水价综合改革整体制度体系开展先行性探索，初步形成了具有河北特色的农业水价综合改革方案。

2016年年初，国务院办公厅下发《关于推进农业水价综合改革的意见》后，河北省立足全省农业水资源管理基础条件，将国家战略要求和河北省农业水价改革前期经验成果相整合，对国家提出的各项改革任务进行了细化。4月11日，河北省人民政府办公厅印发了《关于推进农业水价综合改革的实施意见》，河北省成为在全国率先落实国务院农业水价综合改革意见的省份，提出了“到2020年，地下水超采综合治理试点项目区115个县和农田水利工程设施完善的地区率先实现改革目标，到2025年全省完成改革任务”的总体目标。

2016年12月5日，河北省人民政府印发《关于建立健全水价调整补偿机制的意见》，并以“1+5”的形式配套印发了《关于进一步完善水价调整机制的实施意见》《关于建立调整期水价补偿机制的实施意见》《关于进一步调整和规划城市基础设施配套费管理的实施意见》《关于用足用好南水北调引江水的实施意见》《关于开展南水北调受水区自备井关停工作的实施意见》5个重要指导性文件，确定了科学规范开展城市公共供水价格调整的路径和模式，完善南水北调引江水和当地水比例关系，提出通过利用城市基础设施配套费提标后的增量部分专项用于水价调整期的引江水价补贴、供水管网改造和供水设施新建等补偿渠道，以及强化南水北调受水区引江水消纳的具体工作方案。

2014—2016年，河北省农业水价综合改革实施面积为851.7万亩，涉及石家庄、沧州、衡水、邢台、邯郸5个市的66个试点，共计395个乡镇，2790个村庄；河北省地下水超采综合治理试点区全部完成计划任务，计划完成率100%，已实施面积占2015年全省有效灌溉面积的13%，约占当年实际灌溉面积的16%。河北省农业水价综合改革实际下发中央级和省级财政奖补资金共计4.9647亿元，其中2014年下发2.2375亿元，2015年下发1.4952亿元，2016

年下发 1.2320 亿元。河北省农业水价改革工作共建立县级用水者协会 67 个、乡级协会 392 个，村级协会 2831 个，对用水进行了规范化管理。

2017 年度，河北省已完成石家庄、张家口、唐山、廊坊、保定、沧州、衡水、邢台、邯郸、辛集、定州 11 个设区市和直管县的 123 个试点单元（试点县 115 个、试点单位 8 个）的农业综合水价改革系统实施方案编制，规划到 2020 年，全省实施农业综合水价改革面积达到 2607.83 万亩，其中拟采用“超用加价”模式 2387.61 万亩，“一提一补”模式 220.22 万亩；预计投入总财政补贴资金 4.31 亿元；预计新安装计量设施 44.34 万套。

2018 年度，河北省继续推广农业水价综合改革的“超用加价”“一提一补”和“终端水价”等改革模式，共有 11 个设区市和 138 个县开展水价改革工作，涉及 952 个乡镇和 12029 个村，2018 年新增改革面积 400 万亩，累计落实改革面积 1700 万亩，占全省有效灌溉面积的 28%。按照河北省人民政府《关于建立健全水价调整补偿机制的意见》（冀政发〔2016〕51 号）的要求，经市政府常务会议研究同意，张家口市物价局决定调整市中心城区和宣化区城市供水价格，调整后的居民生活用水价格为 3.15 元/m^3，非居民生活用水价格为 5.74 元/m^3，特种行业用水价格为 22 元/m^3。居民生活用水继续实行阶梯价格。阶梯水量基数和三级阶梯水价级差仍按现行规定执行。第一阶梯基本水价为 3.15 元/m^3，第二阶梯水价为 4.72 元/m^3，第三阶梯水价为 9.45 元/m^3。供水价格调整后，继续对特困户、低保户和城市特困人员用水实行优惠政策，每户每月 4m^3 以内按 2.30 元/m^3 收取；超过 4m^3 的部分按 3.15 元/m^3 收取。调整后的供水价格从 2018 年 4 月 15 日起执行。

二、水资源费征收制度的演进

中华人民共和国成立以来，我国的水资源费征收经历了一个从无到有、从简单到逐渐完善的过程，主要分为四个阶段。

第一个阶段是从 1949 年到 1979 年上海市发布第一个有关征收水资源费的地方性规定。这一阶段我国仅在法律上承认国家对水资源拥有所有权，但这种所有权没有得到充分实现，取水、用水几乎是无偿的，无水资源费可言。

第二个阶段是从 1979 年上海市发布第一个有关征收水资源费的地方性规定起，到 1988 年 1 月 12 日颁布《中华人民共和国水法》（以下简称《水法》）。在这一阶段有关水资源费征收的规定停留在地方性规定的水平，国家还没有制定全国统一的规范。1979 年 11 月上海市革命委员会发布了《上海市深井管理办法》(以下简称《办法》)，在此《办法》中虽还未使用水资源费这一名称，但对取用地下水按取用量征收费用的性质与水资源费无异。由此，这个《办法》成为我国第一个关于征收水资源费的地方性规定，并启动了我国的水资源费征收工作。在此阶段，水资源费的征收主要是针对城市地下水的取用，对于其他取水行为并未征收水资源费。

第三个阶段是从 1988 年 1 月 12 日颁布《水法》，到 2002 年 8 月 29 日，第九届全国人民代表大会常务委员会第二十九次会议通过对《水法》的修订。这一阶段水资源费征收工作有了明确的法律依据和统一规范，并在全国普遍展开。考虑到经济发展水平以及人们对水资源观念的改变需要时间，各地方仅征收较低的水资源费。1993 年 6 月国务院根据《水法》的规定，颁布了《取水许可制度实施办法》，由此确立了取水许可制度，推动了水资源费的征收。

第四个阶段是从 2002 年 8 月《水法》的修订开始，我国水资源费征收工作进入了逐渐完善的时期。通过这次修订，加强了水资源的统一管理，注重水资源的宏观配置，把节约用水、提高用水效率和水资源保护放在突出的位置，同时增加了不按照国家有关规定征收水资源费的法律责任的规定，加强了水资源费依法征收的管理力度。2006 年 1 月 24 日，国务院第 123 次常务会议通过了《取水许可和水资源费征收管理条例》；2008 年 11 月 10 日，财政部、国家发展改革委、水利部联合印发了《水资源费征收使用管理办法》，该办法是全国征收水资源费的主要遵循依据。

根据《水法》《取水许可和水资源费征收管理条例》《水资源费征收使用管理办法》等法律法规，河北省于 2010 年出台了《河北省水资源费征收使用管理办法》。《河北省水资源费征收使用管理实施办法》明确了水资源费的征收、缴库、使用、管理及违规处理等内容。在累进加价征收上，河北省规定，取水量超过计划 20%以下、20%～40%、40%以上的，超过部分分别按征收标准的 1.5 倍、2 倍、3 倍征收；未经批准取水的，按征收标准的 4 倍追缴水资源费；经批准在地下水超采区取用地下水的，按水资源费标准 2 倍征收，在地下水严重超采区取用地下水的，按水资源费标准 3 倍征收。2014 年 1 月 1 日起，根据《关于水资源费征收标准有关问题的通知》要求，河北省对水资源费征收标准进行了调整。

三、水资源税改革阶段划分

水资源税改革是国家准确把握当今时代发展形势而做出的一项重大决策，将河北省作为改革的试点省份，先试先行，有助于推动改革的全面实施。河北省是我国第一个进行水资源税改革的试点省份，做了大量的探索，在很多方面可以说是“开天辟地”的工作，对其他省份都具有一定的借鉴意义。基于对水资源税改革的背景分析和资料总结，特别是考虑到不同时期的代表事件，把水资源税改革的形成历程分为3个阶段，见表4.1。

表4.1　　水资源税改革的形成阶段及代表事件

时间	阶段名称	重要经历（代表事件）
2016年7月之前	改革萌芽阶段	2009年5月印发《关于深化经济体制改革工作的意见》，提出“研究制定并择机出台资源税改革方案”，其中包括水资源税； 2016年4月印发《关于推进农业水价综合改革的实施意见》，探索农业“以电折水”模式和农业水价改革方案； 2016年5月印发《关于全面推进资源税改革的通知》，决定于2016年7月起在河北省开展水资源税改革试点
2016年7月—2017年12月	改革试点阶段	2016年7月出台《河北省水资源税改革试点实施办法》《河北省水资源税改革试点工作指导意见》，明确了水资源税改革的总体框架和方向； 2016年7月出台《河北省水资源税征收管理办法（试行）》，明确了水资源税的征收对象、计税依据、税率和征管流程等； 2016年8月出台《关于规范取水许可做好水资源税征收管理的意见》《河北省水资源税征管信息共享利用规程》； 2017年3月印发《河北省农业用水限额及水量核定工作办法（试行）》《河北省农业用水以电折水计量实施细则（试行）》； 2017年7月印发《关于共同做好水资源税纳税人取用水远程在线计量监控工作的通知》
2017年12月之后	试点扩围阶段	2017年11月制定《扩大水资源税改革试点实施办法》，决定自12月1日起在北京、天津、河南等9个省市扩大水资源税改革试点； 2017年河北省水资源税改革试点课题研究组系统总结了河北省水资源税改革经验，出版了《水资源税改革试点探索与实践——以河北为例》（经济科学出版社）一书，对其他省份的水资源税改革起到了一定的借鉴作用； 2018年3月印发《关于水资源税改革试点有关政策的补充通知》，进一步规范改革政策细节； 2018年7月河南省水利厅到河北省调研水资源税改革试点工作，随后北京、山东等多个省份纷纷到河北调研，深入学习河北省水资源税改革经验； 2019年5月多家单位联合开展“水资源税改革试点经验总结”专题研究，首次提出水资源税改革“河北模式”的论述，为水资源税改革在全国推广奠定基础

（一）改革萌芽阶段（2016 年 7 月之前）

我国早期就已经有了开征水资源税的计划，并逐渐发布了多个相关政策性文件，为正式开征水资源税做了充足的准备。我国资源税于 1984 年开始征收，由于条件限制，最初只对煤炭、石油和天然气等 3 类资源征收；1994 年及以后扩大到原油、天然气、煤炭、其他非金属矿原矿、黑色金属矿原矿、有色金属矿原矿、盐等 7 类。由于我国资源税征税范围过窄，忽略了国家对水资源的所有权以及政府机构的管理权。如果水资源不能得到政府部门参与的管理、保护、开发、调控，那么现有水资源将会遭到破坏，出现无序开发、污染严重的现象，并带来一系列难以预计的灾难性后果。水资源是现代农业建设不可或缺的首要条件，是经济社会发展不可替代的基础支撑，是生态环境改善不可分割的保障系统，具有重要的公益性、基础性和战略性。并入资源税后，扩充了资源税的征税范围和税目，丰富了资源税的涵盖面，体现了国家对于水资源节约、保护、开发、管理的重视。2009 年提出要加快推进财税体制改革，建立有利于科学发展的财税体制；2014 年将水资源税费改革列为落实中央关于保障水安全重要部署的任务之一；2016 年 5 月印发《关于全面推进资源税改革的通知》，决定自 2016 年 7 月起在河北省开展水资源税改革试点。至此，开启了我国水资源税改革的新征程。

水资源费虽然在全国各个地方实行多年，但由于没有统一规范，导致仅水费一项各个省市征费的项目就达到十余种，且无法体现水资源分布地区差异，名目繁多且费用管理方向不明确，如经常出现各地政府多部门管理、多部门收费的现象。我国现行的水资源收费制度存在诸多弊端，从长远看已不能满足经济社会可持续发展的需要。建立科学高效的水资源管理制度体系，有效加强水资源的保护和合理开发，迫切需要取消水资源费，开征水资源税。就河北省而言，针对地下水严重超采的现实，先行开征地下水资源税尤为重要。水电企业的水资源费并入资源税后，实行中央与地方共享的管理模式，有助于中央从国家宏观角度整体调控全国水资源的开发和利用、划分江河湖海的管理权限，杜绝地方政府各自开发、无序管理、浪费资源的局面。

2014—2016 年，河北省进行了水价综合性改革，为水资源税改革铺平了道路。在农业水价综合改革中，河北省创新性地提出了可以规模化普遍应用的“以电折水”水量计量替代性方案。由于农业用水复杂，缺少可操作性的政策文件支撑，且计量设施又不完备，因此在水资源税改革后沿用了该方案，使得试点期的水资源税改革能够顺利开展，并取得一定的效果；水价改革中也提出了“超用受罚、节水奖励、取之于水、用之于水”的节水激励机制，对水资源税改革具有很大的推动作用。可以说，这些已经具备了水资源税改革正式开始的前期准备，称其为萌芽阶段。

（二）改革试点阶段（2016年7月—2017年12月）

2016年7月1日，发布《河北省水资源税改革试点实施办法》，标志着河北省正式进入水资源税改革，开展试点工作。根据国家要求，采取水资源费改税方式，将地表水和地下水纳入征税范围，实行从量定额计征，对高耗水行业、超计划用水以及在地下水超采地区取用地下水，适当提高税额标准，正常生产生活用水维持原有负担水平不变。试点实施以来，河北省各级水利部门按照省委、省政府确定的改革思路和目标任务，与财政、税务等部门精心组织、科学谋划，试点工作总体进展顺利。

水资源税改革是一项系统工程，涉及许多方面的工作，需要一系列的相关政策文件作保障。2016年7月分别发布了《河北省水资源税改革试点工作指导意见》《河北省水资源税征收管理办法（试行）》，对改革的各项工作进行细化，明确了水资源税的征收对象、计税依据和税率、征管原则。相继出台的政策法规也分别从建立信息共享平台、规范农业用水管理制度、完善在线监控计量设施等方面对水资源税改革作了更为详细的指导。规范取水许可是做好水资源税征收管理的重要基础工作，取水许可证是征收水资源税的法律依据，而河北省水资源税改革一开始就遇到了由于各种原因没有办理取水许可证的情况，导致水资源税征收工作推进艰难。面对该问题，河北省水利厅等部门于2016年8月联合出台了《关于规范取水许可做好水资源税征收管理的意见》，明确了针对取水许可审批中存在的问题，要立足实际、简化手续、尽快办理，为征收水资源税扫清障碍。从改革的整个过程来看，历史遗留问题无法避免，但为了保障水资源税改革的顺利开展，必须在改革实施时就要做好各种应对措施，制定详细的政策制度，规范取水许可审批流程。

河北省是农业大省，为推动河北省农业水资源税改革，规范农业生产用水限额及取用水量核定工作，2017年3月出台《河北省农业用水限额及水量核定工作办法（试行）》和《河北省农业用水以电折水计量实施细则（试行）》，重点解决了水利部门在农业用水核定和计量时存在的问题，具有重要的指导意义。为推进水资源税纳税人取用水远程在线计量监控建设，提高纳税人取用水信息化管理水平，实现水资源税征管业务网上办理，2017 年 7 月印发《关于共同做好水资源税纳税人取用水远程在线计量监控工作的通知》。

作为全国首批唯一试点，河北省委、省政府把水资源税改革试点工作作为党中央、国务院交办的重大政治任务，专门成立了以省长为组长的领导小组，对省水利、财政、税务等部门提出了专人专班、系统谋划、全面布局、如期达效的总体要求。结合河北省担负的为全国范围内实施水资源税改革闯路子、找办法的试点工作任务，河北省重点推进以下工作[42]。

1. 统一改革思路，宏观着眼确立试点工作目标

在河北省水资源税改革领导小组指导下，河北省水资源税各参与部门深入学习领会并全面贯彻习总书记系列重要讲话精神和党的十八届三中全会关于深化财税体制改革的重要决定，认识到水资源税改革的核心意义在于“水”而不在于“税”，即水资源税并非以单纯增加财政收入为目的，而是以建立落实最严格水资源管理制度、加强生态环境保护的重要抓手为首要目标，在既保障人民群众合理用水又不增加其经济负担的基础上，通过引入强有力的税收管理体制，强化水资源管理领域经济调节杠杆的有效性和调控力度，通过建立规范公平、调控合理、征管高效的水资源税制度，用税收杠杆调节用水需求，引导和鼓励节约水资源、抑制地下水超采，促进水资源可持续利用，最终形成促进经济社会发展模式转型的良性和持续动力。

2. 创新政策体系，系统布局完善试点顶层设计

水资源税作为一项原创性改革任务，涉及财政、水利、税务、电力、农业等若干部门的职能范围，需要对各部门原有的相关业务模式和管理路径进行全面整合，同时需要针对不同管理对象提出可操作性的水资源税适应性管理模式。经过试点建设，河北省构建了以《河北省水资源税改革试点实施办法》为核心、包含 15 项配套政策文件在内的具有河北特色的“1＋15”水资源税政策体系，初步形成了以“水利核准、纳税申报、税务征收、联合监管、信息共享”管理机制为主线，统筹水利、税务、电力等多部门职能和管理路径，涵盖地表水、地下水、矿井疏干水等各种水源形式，兼顾工商业、城乡生活、农业生产等主要经济社会用水部门需求特征的水资源税税额标准体系和总体管理框架。

3. 狠抓基础工作，脚踏实地推进试点建设任务

（1）主动作为，实现费税切换平稳过渡。2016 年 7 月 1 日，河北省水利系统开展了取水计量“零点行动”，确定水资源费改税的政策分界，全面掌握水资源税开征起始水量记录，水利和税务部门间完成全省 1.6 万户非农纳税人的信息移交和联合建档工作。

（2）依法履职，做好取用水量核定工作。按照稳定水资源管理秩序，细化水资源管理方式的原则，根据计量设施安装情况，确定了有差别的取用水量核定方式。截至 2018 年，各市、县水利部门累计核定取用水量约 33.56 亿 m^3，为税务部门准确征收水资源税提供了科学依据。

（3）全面摸排，落实取水行为监督管理。规范取水许可和计划用水管理，开展打击非法取水专项行动，严厉打击未经批准擅自取水的“黑户”，依法取缔不符合许可条件的“黑井”，全省补发、新发取水许可证共 4300 余套，关停城区自备井 3405 眼。

（4）积极创新，提升信息管理技术能力。组织开发了“河北省水资源税取用水信息管理系统”，在统一云平台下开放水利、税务和纳税人客户端，实现水资源税水量核定全流程在线办理，保障水利、税务部门间征税信息的互联互通和数据共享。

（5）攻坚克难，完成农业纳税人基础信息调查。截至 2018 年，基本完成河北省农业水资源税纳税人调查认定工作，确定农业水资源税纳税人约 59.46 万户；针对河北省农业用水计量不完善的现实情况，完成全省范围内以电折水系数测算工作，为种植业、林业取用地下水水资源税征收提供了水量核定依据。

（三）试点扩围阶段（2017 年 12 月之后）

随着河北省水资源税改革的不断推进，在总结大量工作特色的基础上，不断摸索经验，补充完善做法。2017 年 11 月，财政部、国家税务总局、水利部对外公布《扩大水资源税改革试点实施办法》，决定自 2017 年 12 月 1 日起在北京、天津、山西、内蒙古、河南、山东、四川、陕西、宁夏 9 个省（自治区、直辖市）扩大水资源税改革试点。其中，北京、天津、山西和内蒙古 4 个省（自治区、直辖市）位于华北地区，地下水超采十分严重，水资源供需矛盾较大；河南、山东、四川、陕西和宁夏 5 个省（自治区）分布在我国的东、中、西部，水资源丰枯程度不一、取用水类型多样，具有典型的代表性。

2017年河北省水资源税改革试点课题研究组系统总结了河北省水资源税改革经验，出版了《水资源税改革试点探索与实践——以河北为例》（经济科学出版社）一书，对其他省份的水资源税改革起到了一定的借鉴作用；2018年3月印发《关于水资源税改革试点有关政策的补充通知》，进一步规范改革政策细节；2018年7月河南省水利厅到河北省调研水资源税改革试点工作，随后北京、山东等多个省（自治区、直辖市）纷纷到河北调研，深入学习河北省水资源税改革经验。为了系统总结河北省水资源税改革经验和典型案例，从2019年1月开始，河北省水利和税务系统开始总结前两年的试点经验，并委托郑州大学等单位学者参与，慢慢总结出一套具有自己特色的水资源税征收模式，并在多次会议和来访调研中宣讲。一方面，不断完善河北省水资源税改革经验、促进水资源税改革工作的深入进行；另一方面，也为其他扩围省份提供宝贵的经验。为了进一步提炼和总结河北省水资源税改革经验，多家单位联合开展“水资源税改革试点经验总结”专题研究，2019年5月首次提出水资源税改革“河北模式”的论述，为水资源税改革在全国推广奠定基础。2019年10月由水利厅专家刘森及郑州大学左其亭教授等人共同撰写的有关“河北模式”的文章在《中国水利》这一高水平期刊上正式发表，题目为《水资源税改革“河北模式”的形成及内涵》。从题目中也可以看出这是第一篇有关“河北模式”的详细论述，文章从水资源税改革的背景出发，根据水资源税改革中的典型事件及重要工作，归纳总结提出水资源税改革“河北模式”的论述，并分析其形成历程；在此基础上分析提出水资源税改革“河北模式”的理论框架并阐述其内涵，对“河北模式”提出改进建议，为水资源税改革中“河北模式”在全国范围内进行推广奠定了坚实的基础。

第五章

河北省水资源税改革试点实施情况调查与评价

河北省水资源税改革先行先试，做了大量工作，到底情况怎么样，需要对实施效果进行调研分析，具体收集水资源税改革政策运行情况、水资源税改革成果、居民满意程度等第一手调查资料；同时借助于网络技术，收集整理有助于开展研究的相关资料，再通过构建指标体系及评定标准，对河北省水资源税改革试点实施效果进行系统评价。本章首先介绍对河北省水资源税改革试点实施的调查情况，其次分析试点典型案例，包括元氏县、围场满族蒙古族自治县及钢铁行业，最后对河北省水资源税改革实施效果进行评价。

第一节　改革试点实施情况调查

一、水资源税改革实施情况调查设计

调查作为收集资料的重要手段，可简单分为实地调研、网上调研和网络搜集三大模块。

（一）实地调研

实地调研主要采用发放调查问卷和现场咨询交流的方式，根据调查对象的设置原则和调查目的可将调查对象主要分为：①以河北省水利厅、石家庄市水利局、元氏县水利局、承德市水利局、围场满族蒙古族自治县水利局和河北省税务局等为主的政府部门；②以河北工程大学、河北农业大学和河北水利电力学院等为主的学术研究类高校；③以河北省水利科学研究院和河北省水利水电

勘测设计研究院等为主的科研单位；④以远征禾木药业有限公司、唐山港陆钢铁有限公司和华电水务元氏有限公司等为主的供水和工业企业；⑤以农业用水户、工商业、特种行业为主的纳税人。调查内容基本能够全面反映调查目的，并且注重典型试点调查，主要围绕水资源税改革政策运行情况、使用水源类型、节水设备使用情况、地下水超采情况、以电折水准确程度、用水限额制定、社会节水意识以及居民满意程度等相关内容开展调查，整体上涉及水资源量、生活质量、环境质量、经济发展等各个方面；针对典型试点深入调研，重点以元氏县和围场满族蒙古族自治县形成的水资源税改革模式为主，调查水利部门和税务部门的政策执行情况、信息共享和合作情况，纳税人申报缴税的便利程度，水资源税信息管理系统运行情况等，具体涉及水量核算的准确性，纳税人是否按要求全部审报，税务征收是否公正公开，联合监管是否严格执法，信息共享平台是否全面建成等内容。最后针对调查问卷的设计，要遵循一般性、明确性、简洁明了、便于整理和分析等设计原则，紧密围绕调查目的有逻辑性地设置问题，由简单到复杂，考虑调查对象的实际背景，对各类问卷有针对性地设置大约 12 个选择题。

（二）网上调研

一方面使用网络平台，有偿招募符合一定要求的真实网络用户，在线提交问卷、设置调查对象，招募用户进行答题，最后在线统计数据进行分析；另一方面设置网页版调查问卷，使用二维码或者网页链接在网上发布，供相应用户填写。

（三）网络搜集

一方面熟悉政策文件，查找与河北省水资源税改革相关的文件与实施办法，明确水资源税改革预期目标，并以此展开工作；另一方面搜集网上资料，从政府网站、统计网站和学术期刊网站等途径针对调查内容搜集水资源公报、统计年鉴和专著、论文等，便于深入了解与学习，为后续评价提供材料支撑和依据。

二、水资源税改革实施情况实际调研

根据实际情况，研究需要对河北水资源税改革进行全面的调查，依据研究的主要内容，将调查目的归纳总结为：采用摸底调查、典型点深入调研、试点实地问卷调查等手段，收集水资源税改革政策运行情况、水资源税改革成果、居民满意程度等第一手调查资料，为建立的定性评价与定量评价相结合的评价指标体系提供资料支撑；深入水资源税改革实施过程中，以现有调查为基础，结合当地实际情况，分析并总结水资源税改革过程中存在的问题，以及相应的解决方案，为总结水资源税改革工作特色和典型经验提供依据。

在认真分析调查目的的基础上，将调研主要分为两次，第一次调研时间为2019年7月22—24日，第二次调研时间为2019年8月12—15日，主要调查对象信息见表5.1。从表中可以看出调研主要涉及石家庄、邯郸、保定、唐山和承德5个市及其下辖的几个县，按照摸底调查和典型试点调查的原则，保证调查的地区基本均匀分布在整个河北省，并且考虑了典型调查对象的地区代表性。根据研究目标将调查对象分为工商业及特种行业、公共供水企业、农业、高校及科研单位、政府部门共5个类型，设计相应的调查问卷，以作为定性评价的依据。同时，也对河北省水资源税改革过程中存在的重点及难点问题进行咨询，在收集整理的基础上，总结主要问题并找到相应的解决方案。

表5.1　主要调查对象信息

调查市	代表市/县	工商业及特种行业	公共供水企业	农业	高校及科研单位	政府部门
石家庄市	元氏县	远征禾木药业有限公司	华电水务元氏有限公司	河北富美农业科技有限公司	河北省水利科学研究院、河北省水利水电勘测设计研究院	河北省水利厅和税务局、石家庄市水利局和税务局，元氏县水利局和税务局
邯郸市	成安县	金泰色装材料股份有限公司	成安县第二自来水公司	成安县辛义乡耳营村	河北工程大学	邯郸市水利局和税务局
保定市	定兴县	生力（保定）啤酒有限公司	定兴县自来水公司	—	河北农业大学	保定市水利局与税务局
唐山市	遵化市	唐山港陆钢铁有限公司	遵化市自来水公司	—	—	唐山市水利局和税务局
承德市	围场满族蒙古族自治县	承德北雁铸造材料有限公司	围场满族蒙古族自治县自来水公司	承德富龙现代农业发展有限公司	—	承德市水利局和税务局、围场满族蒙古族自治县水利局和税务局

（一）石家庄市

河北省水利厅在石家庄市召开座谈会，听取专家介绍水资源税改革现状并针对改革存在的问题进行讨论，最后填写政府部门调查问卷，供后期分析使用。会议强调：

（1）水资源税改革三年来成效非常显著，充分发挥了水资源税的调节作用，有效抑制了地下水超采，形成了以“税收共治”为特点的“水利核定、纳税申报、税务征收、联合监管、信息共享”的征管模式，该模式得到财政部、国家税务总局、河北省水利厅的充分肯定，为下一步水资源税在全国征收提供了可借鉴、可推广的成熟经验。

（2）目前模式存在两种形式的建议，一种是先“水利核准”；另一种是先“纳税申报”。前者能有效实现两个部门的联合共治，效果更好；后者在管理上可能会稍微欠缺。多数主张前者，但前提必须是水利部门与税务部门紧密联系，主动参与到水资源税改革中。

（3）水资源的管理与水资源税的管理相互促进。水资源税的政策对水资源的管理起到一定的规范作用，比如对无证取水的管理更加有效，同时有助于计量设施的安装；水资源的管理也促进了水资源税的管理。2019 年上半年，申报税款达到 10.69 亿元，月均申报税款 1.66 亿元，税改后税款增加一倍，发挥了水资源税的刚性作用。

（4）水价与水资源税之间的关系并不明确，之前的水资源费包含基础水价、污水处理费，费改税后，物价部门认为水资源税不是直接加到成本中，它涉及政府定价，还要进行听证会。目前全国存在价内税和价外税两种形式。河北实行价内税，把水资源税计算到成本中，但对于公共供水企业成本增加，同时收入降低，不利于长期发展。

（5）河北省水资源税改革呈现以下六方面效应：

1）税收刚性作用充分发挥。水资源税与原水资源费收入相比增加明显，月均增收 110%，水资源税纳税人从改革初期的 7800 户增长为 1.6 万户。

2）超采地区取用地下水量逐步下降。河北省非超采区、一般超采区和严重超采区地下水每立方米的税额分别为 1.6 元、2.56 元和 4.03 元，逐步递增。据统计，2018 年全省约有 1000 余户纳税人不再抽取地下水，各地关停自备井共 5416 眼。

3）高耗水、特种行业用水总量逐步减少。改革对超计划用水加倍征收水资源税，促使钢铁、热电等高耗水企业强化内部用水管理，严格控制用水总量，2018年较2017年工商业地下水取水用量同比下降5.7%。改革后高尔夫球场、洗车、洗浴等特种行业的税额标准较水资源费标准增幅超过15倍，大部分企业转用中水或地表水，节水效果明显。

4）工业用水重复利用率逐步提高。改革对中水等非常规水源免征水资源税，引导企业积极利用非常规水源。据水利部门统计，2017年河北省的污水处理再生水、海水淡化、雨水利用等非常规水源使用量超过6.16亿m^3，同比增长3%，企业加大节水方面的投入，水资源利用率提高。

5）促进水资源管理进一步规范。税务部门与水利部门密切协作，联合对取用水户进行逐户核查，及时交接有效取用水户档案，摸清水资源税纳税人底数，对不规范取用水等问题，与水利部门共同研究解决方案，联合发布《关于规范取水许可做好水资源税征收管理的意见》等文件，强化了对违法取用水行为的整治力度，有效促进了水资源规范管理。水资源税改革实施以来，全省共补办取水许可证4500余套，取水许可证发放率提高到95%以上，非农纳税人取水在线计量监控率达到90%以上。

6）以“税收共治”为主要特色的征管模式有效运行。在河北省政府的主导下，多部门共同推进改革，构建了以“税收共治”为特点的“水利核准、纳税申报、税务征收、联合监管、信息共享”的征管模式，为水资源税在全国征收提供了可借鉴、可推广的成熟经验。

（6）目前也存在一些问题。如：水资源税改革存在的首要问题是对水资源税的准确界定，不能通过水资源税解决所有的水资源问题，否则对农业征收水资源税就会遇到很多问题，水资源税只是一个杠杆，具有调节作用；整个水资源税的管理体系还缺乏一些相关政策及文件，对各种具体情况缺乏详细规定；各部门在无证取水的管理方面不同步，导致符合条件但未取得取水许可证的企业也要征收3倍税额；农业水资源税的征收存在困难，虽然水利部门在水量核定方面做了大量工作，但由于目前采用以电折水的方法，其准确性存在争议，经过多部门协商，认为可以暂缓对个体农户的征收。

（二）元氏县

在河北省元氏县召开座谈会，听取基层政府部门对水资源税改革实际运行中存在的问题及其相关建议，并填写政府部门调查问卷，以总结水资源税改革

的经验和模式。会议强调以下几点：

（1）元氏县水利局与税务局等多个部门在水资源税改革方面合作密切，且水利基础设施建设情况良好，水资源税基本上能够做到100％征收，无欠缴情况，但可能会存在取水许可证办理不到位等非法取水情况，总体上目前税收管理较正规。

（2）元氏县的水资源税缴税大户主要为工商业和供水企业，供水企业包括原供水公司和华电水务集团，为自主供水，主要使用南水北调水源，地下水处于半封存状态。

（3）在水资源税改革起步阶段，每个用水户都需要填写一份纸质版水量核定书，而且需要水利部门和税务部门进行盖章，程序过于繁琐。针对这一问题，元氏县建立了水资源税取用水信息管理系统，并且与税务部门以及用水企业签订了三方协议，共同认可计量设施的用水数据，使用水企业足不出户就可实现水资源税的缴纳。

（4）农业灌溉采用以电折水的计量方式，由于目前农业用水均没有超出用水定额，所以农业上没有缴纳水资源税；而且针对电力部门提供电量数据不准确的问题，元氏县的农村建立了农业用水者协会，自主统计电量数据。

（5）地表水和地下水的税率存在倒挂现象，目前 $1m^3$ 地下水用水价格约为4元，$1m^3$ 地表水用水价格约为6元，只能通过行政手段强制企业采用地表水。应该适当调整税率使地表水价格略低于地下水，这样才能够提高企业利用地表水的积极性。

（6）元氏县用水计量设施安装起步较早，现在所有用水户均安装有水量计量设施，但存在计量设施后期维护缺乏资金等问题。建议从水资源税中返还一定比例资金用于设施维护，或者从法律层面为用水户提供标准，让其自主安装水量计量设施。

（7）目前水利部门为自收自支，水资源税改革以后，水利部门人员工作量增大，但人员工资却没有保障。现在水资源部门人才流失十分严重，因为经费问题，很多人都去了其他部门。因此，取之于水、用之于水，要保证好各部门的正常运转。

（三）邯郸市

在邯郸市水利局召开关于水资源税改革情况总结与问题分析座谈会，会中主要讨论对水资源税改革的意见与想法、水资源税改革中存在的问题及建议。之后填写政府部门、高校与科研机构的调查问卷，供后期分析使用。会议上强调以下几点：

（1）水利部门工作量大，必须要解决好人员编制的问题，改革后水利部门连工资都无法保障肯定不行。目前有近期和远期两种解决思路，近期就是从水资源税中安排专项经费用于人员工资的分配，可以以项目的形式补助给员工；远期则需要调编，需要中央做出决策，但目前根据国家形势，不会增加编制，导致水利部门的要求与国家总体安排相违背。可以借鉴宁夏的办法，水资源税全部由省里收，之后由省财政厅下拨水资源管理经费，以奖励基金的方式下放，充分调动地方积极性。

（2）水资源税如何立法的问题。从财政上看，总数没有变化，分配形式发生了改变。以前水资源费可以直接使用，现在需要从别的部门拿，而且分税比率也需要调整，需要有明确的政策依据。

（3）水资源税改革效果显著。重点有以下方面：通过费改税提高了基层人员的水资源管理水平，以前只注重于收费，现在倒逼管理人员开展业务培训，提高人员素质，适应费改税要求；在信息化建设方面以前只是单纯的手工统计，通过近年来的计量设施安装，基本覆盖了一定规模以上的用水户，通过税改系统降低了水资源核定的工作量，数据查询非常快捷，给基层人员在数据管理上提供了很好的平台。

（4）水资源税改革实施以来大型计量设施基本安装完毕，但是在小型计量设施部分基本是空白，大部分小规模的农业用水并没有计量设施，只能采用以电折水的办法，但是以电折水这个计量方式并不完全符合实际。由于农业用水复杂，针对农业的水资源税征收工作量大且难以实施，经济效益较低，因此，在农业方面考虑是否可以不征收水资源税。

（5）目前整个改革工作是先水利部门进行水量核准，然后纳税人申报，这样水利部门责任很大，如果纳税人故意伪造数据，水利部门就要承担责任。以后是否可以将“水利核准”取消，改为“水利稽查”，水利部门只负责监管，如果水利部门认为纳税人申报的数据不准确，可以对其进行稽查，发现不守信的现象可以列入黑名单，并进行罚款。

（6）针对水资源税改革有以下建议：

1）需要放权。现在河北省虽然制定了大量文件，但是仍然存在很多问题的根本原因就是地方情况千差万别，这种情况下仅靠河北省统一的政策难以解决

问题。从宏观来讲，各县市需要一定的管理权。

2）资金比例分配不合理。水资源税应该100%用于地方，目前水资源税改革以来很大的弊端就是6.5：3.5分成的问题，这在一定程度上打击了各地方的积极性。例如，县里自来水公司是交水资源税的大户，而自来水公司还需要政府补贴，导致水资源税征收不仅未对地方财政造成贡献，还要地方财政拿出一部分来进行补贴。因此，建议将水资源税全额留给地方政府。

3）上级制定政策时要明确，不能只给出概念性政策。要明确在水资源税试点阶段应由财政部门牵头，进入到改革全面阶段再由政府部门牵头，成立领导小组，这样才会有强制性，容易协调，促进多部门的相互合作。

（7）需要加强宣传与培训。目前水利部门与税务部门之间联系密切，但大部分人只熟悉本单位的业务，导致某些事情在交接事务上存在一些模糊，不能有效解决问题。建议加强各部门之间的学习交流，水利部门学习税务部门的一些基本知识，税务部门也要学习水利部门的有关知识。水资源税改革的大力宣传应和其他各项工作齐头并进，邀请政府部门相关人员在各大高校开展科普课，普及水资源税改革相关知识。

（四）承德市

在河北省承德市水利局召开座谈会，请参会专家对河北省水资源税改革相关问题进行讨论，最后请各位专家填写政府部门专项调查问卷。会议强调：

（1）2016年7月1日启动水资源税改革以来，承德市采取各种措施，保障试点各项工作总体进展顺利。经统计，全市累计登记非农水资源税纳税人信息1340条，农业水资源税纳税人信息6749条，2016年至目前关停自备井540眼，新增节水设施投资751万元。2019年1—6月，共入库水资源税5113.37万元，同比增加555.83万元，增幅12.2%。2019年6月，共入库水资源税64379万元，同比增长15%。2018年度，每月申报户数、申报纳税税款比开征初期均增长一倍多。

（2）承德市水务局与财政、地税部门密切联系，多次召开专题会议，共同研究有关政策，全市调配60名工作人员，出动车辆300台次与地税部门联合成立13个核查组，开展入户核查工作。设立水资源税水量核定专用窗口，采用微信、计量设施照片等形式，提高工作效率，同时还设立了水资源税绿色通道，由专人负责向纳税人解答水资源税问题。充分利用网络和计算机技术将纳税人取水信息录入水资源税取用水信息管理系统，与税务征缴系统实现无缝对接，水量核定和确认书一并通过计算机打印并传递税务系统。联合执法，打击非法取水。全市累计清查取水户 1500 余户，累计下达限期补办和整改通知 400 余份，立案查处非法取水案件 2 起，对 38 家不符合办理取水许可条件的取用水户列入自备井关停计划，限期关停。

（3）承德市水利局积极争取省级项目资金 1000 万元，开展水资源在线监测和监控平台建设，全市累计建成非农取水户在线监测点 814 个，对年取水量 5 万 m^3 以上的取用水户在线监控，取用水户水量核实和监督管理能力进一步提升。全市累计核查农业用电户 23905 户，合计认定 6749 户，合计限额核定数量为 6749 户，并全部录入河北省水资源税信息管理系统，累计核定农业取水量 2270 万 m^3。

（4）改革效果明显。

1）费改税试点全面实施后，企业计量设施基本全面覆盖，企业主动节水意识增强。其中宽城双隆矿业有限公司利用比邻县城污水处理厂的地理优势，优先将中水接入，每年节约地下水资源 80 余万 m^3。河北峪耳崖黄金矿业有限责任公司将井下的疏干水利用到生产中，不仅节约生产成本，还减少地下水使用量 70 余万 m^3。避暑山庄酒业集团公司投资 700 万元，建设污水处理循环水利用系统，年节水 54 万 m^3，按照水资源税标准计算，直接节省成本 113 万元，节水效益明显。

2）加强地下水管理与保护。近几年全市累计关停水源井 540 眼，地下水开采进一步规范。

（5）存在问题、困难及建议。

1）用水量较小的单位如小饭馆、小超市等，管理难度较高，全部办理取水许可难度、管理难度、计量设施安装难度大。建议此类取水户不办理取水许可，由水务、工商、税务等部门协同管理，按其营业额比例征收水资源税，达到应征尽征的目的。

2）建议上级部门加强顶层设计，将地温空调（回灌水）矿泉水、地热水也纳入水资源税征收范围。目前地温空调回灌水不征收水资源税，不利于水资源的管理，征收水资源税可提高取用水单位的管水节水意识，降低地下水抽灌强度，有利于保护地下水。

3）农业水资源税征收问题。由于全市灌溉机井数量繁多、地域分布广，农业用电户配合度差，供电公司提供的用电户登记信息因时间过久、实际用电情况与登记信息不匹配等原因，导致在农业水资源税在认定工作中由于时间紧迫造成认定结果不够精准；且每年用电情况各有不同，如每年按户现场核查，实施难度过大。

4）水资源管理人员编制和经费问题。部分水资源管理人员还是自收自支编制，工资及经费失去保障，影响职工的工作积极性。同时，水资源管理工作经费严重缺失，极大阻碍正常工作开展，影响工作效率。

5）基坑抽水的水资源税管理。楼盘开发对基坑抽水不可避免，但由于抽水时间远远短于办理取水许可证的时间，导致取水许可证未审批通过，基坑抽水的行为已经停止。但实际情况是楼盘取水并未用于盈利目的，将基坑取水排放到附近河流中，由于水循环，并未造成浪费。楼盘开发企业若想设置帷幕进行防水，成本太高，不利于企业及地方发展。

（五）围场县

在围场县水利局召开水资源税改革情况分析与问题总结座谈会，听取参会专家介绍水资源税改革情况及存在问题，并提出相关建议，最后填写政府部门调查问卷。会议上强调：

（1）围场县目前只有一家供水企业的年用水量在100万t以上，其余均在100万t以下。自2016年水资源税改革以来，围场县累计核定水量2130.014万m^3（2016年7—12月取水量324.523万m^3，2017年取水量645.247万m^3，2018年取水量717.4808万m^3，2019年1—6月取水量442.7626万m^3），入库税款总额157330万元。水资源税改革实施以前，全县总共173户纳入水资源税系统，共有2229个监控点实现在线计量。水资源税改革以后，加大投资，2018年利用中央财政资金申报建设非农取水在线监测28户40个监测点。2019年继续申报建设53户、84个监测点，届时全县计量监测点将达到168户、248个，覆盖全县近95%的取用水户，初步构建了国家、省、市、取水户自建等四级监控点在内的非农取用水户水量在线计量监控体系。

（2）水资源税改革中存在的问题及建议。

1）针对地热水、矿泉水、地缘热泵系统利用封闭型回灌技术回灌的取用水未征或不征收水资源税，不利于取水许可全环节监管。

2）特种行业取用水包括洗车、洗浴、高尔夫球场、滑雪场等行业的取用水税额标准设置存在一些问题。按河北省规定围场税额标准，执行非超采区城镇公共供水管网内外有别的高税额，对于经济不是很发达的县域，40元/t或20元/t对于大众型洗浴、洗车行业太高，影响大众生活水平的提高。建议综合水资源禀赋条件、经济发展水平、取用水户承受能力等因素合理设置税额标准，既能促进节约用水又能推进社会生活丰富发展。

3）建议依据有关规定进一步明确公益性单位如义务教育中小学、幼儿园、乡村卫生院（室）等可否实行低税额。

4）临时取水程序复杂，不适用基坑取水的企业。

5）针对无证取水方面的政策需要进一步完善，针对取水许可证办理，是否可以考虑实行分级审批。

6）对取水许可手续的审批周期较长，不利于水资源税收的实施，造成取水时间与纳税时间内未获得相应的取水资格证书，按照税额的三倍进行征收，对企业造成负担。上级部门在颁发政策时，没有考虑到基层具体情况，缺少细致的解释和说明。

7）农业水资源税征收涉及部门太多，导致信息交换不及时、不密切，缺乏有效的交换平台和协作机制。

8）不同部门之间的专业限制导致交流不便，需要加强水资源管理人员在跨部门之间的专业学习和培训。

（六）唐山市

在河北省唐山市水利局召开座谈会，会议主题为各位专家对水资源税改革的意见与想法、问题讨论与建议、调查问卷填写。会议上强调：

（1）华北地区地下水超采严重，而河北省的地下水超采占整个华北地区的50%以上，河道断流、水环境污染严重，因此地下水综合治理至关重要；水资源税改革作为治理地下水的配套政策，在各方面都做了大量工作，效果显著。

（2）加强监管，规范取水许可审批手续，完善计量设施，促进水资源的管理，在办证等方面的积极性提高，认识到了合法合规的重要性，由原来的“求着办”到目前的“主动办”，在一系列的配套政策下，保障了水资源税改革的顺利实施。原来的水资源费没有明确规定，基本是按年征收；而且全部集中到年底，按量征收就会打折扣，导致监管不到位。而水资源税改革使从量计征更加

规范，由于基层人员工作量太大，于是逐步将月取水量少于 1000m^3 的纳税人调整为按季征收。

（3）水资源税改革的初衷是费税平移，不增加纳税人负担。但对于供水企业，原来没有将水资源税纳入水费成本里，但征收水资源税后，成本就会大幅增加。目前市区供水由原来的单价 3.5 元提高到 5 元，基本能够保证供水企业按时纳税。唐山市用的是外调水，供水企业从水源地买水，但水资源税需要在用水户所在地缴纳，这样就会导致重复缴费，如果只缴税不缴费，那么对于自收自支的水库管理单位，就会严重亏损。另外，水资源费要求从取水口处缴纳，而水资源税是用水户所在地缴纳，因此费与税并不能直接平移，各省的实际情况大多不同，因此政策的制定要考虑全面，因地制宜。

（4）水资源税改革以来，税务部门与水利部门密切配合，各县区的相关部门也是直接对接，效果明显，从税额以及纳税人数上都有体现。至 2019 年初征收的水资源税款总额达 17 亿元，其中 2016 年为 1.8 亿元，2017 年为 5.12 亿元，2018 年为 6.7 亿元，2019 年初期已统计的就有 3.5 亿元；水资源税的公平性和刚性约束有效发挥，2016 年年初纳税人只有 1700 户左右，而到目前纳税人已接近 3400 户，纳税人数增加。

（5）信息共享是改革的前提，提前建立好信息共享平台对改革推广也具有重要的借鉴意义。及时上传个人信息，每月进行信息比对，针对有差异的地方及时调整，但自主申报的数据统计信息是到每月 25 号，而信息共享系统是每月 30 号录入统计数据，两者的数据不一致，考虑后期是否可以将截止日期进行统一。

（6）在费改税工作中各个部门的交流变多了，参与到了费改税的各个环节。建议将“水利核准”调整为“水利稽查”，要相信纳税人可以提供准确的用水量，也可减轻基层管理人员的压力；而且取水量 5 万 m^3 以上规模的已全部实现实时监控，有助于加强管理。唐山市地区基层人员的工资全部纳入财政，统一管理分配。

（七）保定市

在保定市水利局召开座谈会，分别听取水资源税改革对政府部门以及企业的影响，并听取各专家对水资源税改革存在问题的相关建议，最后填写政府及企业类型调查问卷。会议上强调以下几点：

（1）河北省水资源税改革从2016年7月正式启动，主要分为两步，第一步是工业、企业等非农业水资源税改革，于7月1日正式启动；第二步是农业水资源税改革，于2018年初正式落实。在舆论宣传方面，通过《保定日报》、税务网站、微信平台等可以利用的一切媒介向公众宣传水资源税改革政策、申报流程，河北省水利厅对水资源管理人员进行培训，全市培训了70多次。

（2）水资源税改革以来，保定市共计申报水资源税税款4.88亿元，月均0.13亿元，管理水平不断提高，累计申报4129户次。其中，2016年度申报税款0.58亿元（月均0.11亿元），申报2558户次；2017年度申报税款1.62亿元（月均0.13亿元），申报3371户次；2018年度申报税款1.63亿元（月均0.13亿元），申报3456户次。整体上看，水资源税征管工作呈现平稳运行态势。

（3）结合2016年7月1号“零点行动”对水表计量数据进行了全面统计，本着“整体推进，重点难点突破”的原则，定期召开联合会议，对信息移交过程中存在的重点难点问题进行协商解决，同时依据“属地移交、县级核实、市级备案”的原则，共有3242户纳税人信息，基本实现了全覆盖。

（4）由于农业水资源税涉及范围较广，基本按照以电折水系数测定、纳税人认定、征收超限额水资源税进行。以电折水系数是河北省委托水利推广中心对保定22个县（市、区）进行测算，每个县选取3个典型点，进行实地抽水试验，结合水文地质条件，测定各县以电折水系数。根据电力部门提供的各纳税人用电量确定用水量，结合各县市区的用水限额，共有56户超出限额，超出水量37万t。

（5）通过水资源税改革，用水户的法律意识增强，起到了正向作用。目前各水表都有“证件号”，对纳税申报起到了规范作用，实现5万m^3以上用水户全部在线监控；水资源管理水平得到提高，计量设施由原来的机械水表改为智能水表，提高在线监控普及率，定时传输。对纳税人实行全程管理，也减轻了水资源管理人员压力；自水资源税改革以来，保定市共关停自备井1685眼，企业也采取收集雨水进行灌溉等措施降低成本，倒逼企业转型，对节水设施进行升级改造。

（6）水资源税改革也存在一些问题。首先就是基层管理人员工资无法得到保障，这在一定程度上会降低人员积极性；其次在水量核定方面，水资源管理人员责任大，工作量大，建议先个人申报，后稽查，起到监管作用；再次，目

前政策文件不够细化，更新不及时，个别文件有限期仅为两年，已经过期，导致在执法期间没有法律依据；最后，保定各县市区的老旧小区、停产企业，由于没有物业缺少管理人员，纳税人难以明确，水资源税征收困难，需将其尽快关停。

（7）针对主要问题的建议如下：

1）税收优惠政策制定还需完善。目前的优惠政策涉及不征税以及免税两方面，缺少减税方面的税收机制。如对于采取节水设备改造升级的企业没有针对性的税收鼓励措施，可以设置在购进节水设备时享受一定的抵扣，类似于增值税。

2）农业方面的主要问题是征管成本较大，投入与产出不成比例，而且其他部门都在给农户发放补贴，水利部门却在收取费用，实际上也并不合理。

3）对于公益类如学校、医院等单位能否针对行业性质提出一定的减免政策，这从税法角度考虑也是可行的。

4）目前特种行业只涉及洗车、洗浴、滑雪场、高尔夫，行业类型是否还需要进一步细化，具体可以参考环保税法，把水利核准放到后面，纳税申报放在第一位，还权还责于纳税人。

第二节　改革试点案例分析

河北省是我国开展水资源税改革试点的第一个省份，经过对改革三年来的实际效果进行对比分析，总结得出：整体效果较好的有石家庄市的元氏县、承德市的围场满族蒙古族自治县，各种行业中钢铁行业效果相对显著。元氏县各项工作机制完善，水资源管理水平较高，进行水资源税改革的条件较好，通过建立的水资源远程实时监控系统推动改革各项工作的平稳开展。而围场满族蒙古族自治县基础设施条件差，面积辽阔，多为季节性用水，在改革之初大力推进非农在线计量监控体系建设，借助资金扶持，在监控系统的运行维护上效果显著。在河北省，钢铁行业作为支柱产业，用水量大，水资源税改革之后，缴纳的税额也位于各行业之首，但是经过数据统计，改革对于钢铁行业影响较大，促使企业转型升级，提高水资源利用率。简而言之，元氏县、围场满族蒙古族自治县以及钢铁行业是整个水资源税改革的典型，需重点分析研究，以为其他地区提供借鉴。

一、保定市水资源税改革情况总结

水资源税改革试点工作启动以来，保定市税务局认真贯彻落实各项工作要求和规范，不断加强沟通协作，水资源税开征前积极开展摸底排查、加强政策引导；征期强化税源管理、保证申报质量；后续开展数据比对、强化共管共治，确保水资源税改革试点工作落实到位。

（一）改革试点实施整体进展

自改革实施到2019年8月，保定市共计申报水资源税税款4.88亿元（月均入库0.13亿元），累计申报4129户（次）。其中，2016年度申报税款0.58亿元（月均入库0.11亿元），申报2558户（次）；2017年度申报税款1.62亿元（月均入库0.13亿元），申报3371户（次）；2018年度申报税款1.63亿元（月均入库0.13亿元），申报3456户（次）；2019年1—7月，申报税款1.05亿元（月均入库0.15亿元），申报3604户（次）。水资源税征管工作呈现平稳运行态势。

（二）改革试点实施成效与经验

水资源税改革试点工作启动以来，保定市认真贯彻落实各项政策，加强税收征管，改革试点进一步深化，在调节用水需求、抑制地下水开采、促进节约用水等方面发挥了重要作用，取得了阶段性成果。

1. 水资源税管理水平逐步提高

在整个水资源税改革过程中，保定市能够积极推进税务、水利部门间的信息共享与传输，对水资源取用水信息管理系统中取用水量数据与税务金税三期系统中申报数据进行衔接匹配，做好按季进行相关数据的核查比对，及时发现征管工作中的风险疑点，确保税收数据质量。

改革初期，为了确保征收水资源税的各项数据的准确性，保定市在数据核查比对上做了大量工作。根据初期的资料统计，其复核工作具体情况如下：第一阶段（11月、12月、1月），保定市共复核纳税人2594户（次），其中，取水量存在差异纳税人14户（次），需调整纳税人114户（次），需调整水量累计314万t，涉及税款126万元；第二阶段（2—4月），保定市共复核纳税人2683

户（次），其中，取水量存在差异纳税人 138 户（次），需调整纳税人 128 户（次），需调整水量累计 77 万 t，涉及税款 73 万元；第三阶段（5—7 月），保定市共复核纳税人 2767 户（次），其中，取水量存在差异纳税人 80 户（次），需调整纳税人 80 户（次），需调整水量累计 15.58 万 t，涉及税款 49.11 万元。

2. 激发节水动力，促进企业转型

水资源税开征以来，很多企业积极采取多种手段加强用水成本管理，降低用水成本。

高碑店白象食品有限公司对现有设备进行升级改造，做到能循环利用的水全部循环利用。该企业用水量从水资源税刚开征时的每月 3.75 万 m^3 下降到现在的最低 1.9 万 m^3，实现了经济效益与环境效益的双赢。保定太行和益水泥有限公司在改革后，采取多项措施降低用水消耗，先后投资 190 万元对原污水处理系统进行升级改造，投资 30 万元新上硫酸综合滴定项目，使公司污水处理系统日处理废水量达 450t，不仅实现了宿舍楼、澡堂、食堂、办公楼等生活废水向自然界的零排放，还将处理后的废水投放到公司生产、生活中，实现再循环利用。目前，该公司部分发电，厂区绿化，路面、料场洒水等均实行处理后的废水再利用，不仅减少了水资源的消耗，同时也取得了良好的经济效益。

二、承德市水资源税改革情况总结

2016 年 7 月 1 日启动水资源税改革以来，承德市积极推进水资源税试点工作，组织水资源税纳税人取用水信息移交，启动水量核定，全面开展纳税人清查和打击非法取用水专项行动，开展农业机井调查、农业水资源税纳税人认定、超限额水量核定与征收，保障了试点各项工作总体进展顺利。在总结试点经验的基础上，不断完善水资源税征管模式，建立健全部门协作机制和征管长效机制，重点推进水资源税在线监测信息联网，完成了对重点税源企业的取水量在线监测。水务、地税、电力部门协同推进农业水资源税超限额水资源税征管工作，实现了既定目标，提升了水资源税管理质效。截至 2019 年 8 月，全市累计登记非农水资源税纳税人信息 1340 条，农业水资源税纳税人信息 6749 条，2016 年至目前关停自备井 540 眼，新增节水设施投资 751 万元。2019 年 1—6 月，共入库水资源税 5113.37 万元，同比增效 55.83 万元，增幅 12.2%。截止到 6 月，共入库水资源税 64379 万元，同比增长 15%。2018 年度，每月申报户数、申报纳税税款比开征初期均增长一倍多。

(一) 改革试点工作评估

1. 加强领导，建立共享机制

承德市委、市政府高度重视，成立了以市长为组长，常务副市长及分管副市长为副组长，财政、水务、税务及相关部门为成员的水资源税改革试点工作领导小组，统筹推进全市水资源税改革试点工作。依据《河北省水资源税改革试点实施方案》，结合承德工作实际，快速制定了《承德市水资源税改革试点工作实施方案》，明确了相关部门的职责、工作目标、工作内容及工作时限，经领导小组审定、市政府常务会批准后，立即下发全市执行，为工作顺利开展提供了有力保障。在具体工作中，市水务局与财政、地税部门密切联系，多次召开专题会议，共同研究有关政策，建立了月会议、旬通报、周联系和随时沟通的会商机制，形成了"水利核准、纳税申报、地税征收、联合监管、信息共享"的水资源税试点工作机制。

2. 创新工作方法，确保试点工作顺利实施

(1) 依法移交，舆论宣传到位。全市调配 60 名工作人员，出动车辆 300 台次与地税部门联合成立 13 个核查组，开展入户核查工作，累计移交非农取用水纳税人取水信息 1435 条。同时通过在电视、报刊公共媒体发布公告及印发政策宣传单等多种形式，积极宣传国家水资源费改税相关政策，营造良好的水资源税改革氛围。

(2) 创新方法，做好水量核定工作。一是设立水资源税水量核定专用窗口，采用微信、计量设施照片等形式，提高工作效率，保障了纳税人能够按时向税务部门申报水资源税。同时还设立了水资源税绿色通道，由专人负责向纳税人解答水资源税问题。二是充分利用网络和计算机技术将纳税人取水信息录入水资源税取用水信息管理系统，与税务征缴系统实现无缝对接，水量核定和确认书一并通过计算机打印并传递税务系统，避免了手工多次重复工作，降低了出错概率，保证了税务部门水资源税征期的正常征缴。

(3) 联合执法，打击非法取水。会同地税部门在全市范围内开展拉网式排查和打击非法取水专项行动，全面掌握取水户情况，将符合纳税条件的取水户全部移交税务部门，确保水资源税税源征收管理最大限度覆盖。全市累计清查取水户 1500 余户，累计下达限期补办和整改通知 400 余份，立案查处非法取水

案件2起，对38家不符合办理取水许可条件的取用水户列入自备井关停计划，限期关停，有效震慑了非法取水行为。

(4) 完善水资源监控系统，提高信息化管理水平。承德市水利局积极争取省级项目资金1000万元，开展水资源在线监测和监控平台建设，全市累计建成非农取水户在线监测点814个，对年取水量5万 m^3 以上的取用水户在线监控，取用水户水量核实和监督管理能力进一步提升。

(5) 积极做好农业水资源税改革工作。根据《河北省农业用水限额及水量核定工作办法》和《河北省农业用水以电折水计量实施细则》，深入各县开展以电折水折算系数测定工作。组织召开全市农业水资源税纳税人认定工作培训暨动员大会，并将国家、省、市等有关水资源税改革相关政策文件印发成册，指导各县区开展农业水资源税纳税人认定工作。全市累计核查农业用电户23905户，合计认定6749户，合计限额核定数量为6749户，并全部录入河北省水资源税信息管理系统。累计核定农业取水量2270万 m^3。

(二) 改革试点效果分析

1. 费改税效果明显，节水投入成效突出

费改税试点全面实施后，企业计量设施基本全面覆盖，企业根据自己水表读数，日渐发现用水量比自己计划大很多。为了节约用水，企业从多方面开展节水技术改造。通过几个月的试点工作，承德市个别企业找到新的水源，以前视而不见的疏干水也成为企业的宝贝，地表水、中水也都在利用之列。通过水资源论证，承德市部分企业进行了水源切换工作。其中：宽城双隆矿业有限公司利用相邻县城污水处理厂的地理优势，优先将中水接入，每年节约地下水资源80余万 m^3；河北峪耳崖黄金矿业有限责任公司将井下的疏干水利用到生产中，不仅节约了生产成本，还减少地下水使用量70余万 m^3；承德兆丰钢铁集团有限公司利用瀑河地表水，全面节约了用水成本。避暑山庄酒业集团公司投资700万元，建设污水处理循环水利用系统，年节水54万 m^3，按照水资源税标准计算，直接节省成本113万元，节水效益明显。

双隆矿业有限公司属于铁矿采选业，坐落在宽城县板城镇西里杖子村，为了充分使用再生水实现水资源循环利用，使污水资源化，节约地下水资源，少缴水资源税降低企业税费成本，该公司与宽城奥能环保有限公司签订用水协议，利用污水处理厂处理后中水作为生产水源，每年支付再生水使用费用43.2万元，2017 年 1 月起该单位开始使用污水再生水，每年利用中水约 40 万 t，减少地下水开采量 40 万 t。

2. 取用水户纳税和节水意识明显提升

费改税前，由于水资源费属于行政规费类收费，执法刚性不强，企业出于自身利益考虑追求经济效益最大化，缴费人缴费意识淡薄。水资源费改税后，水资源税按照税收征管法严格征收，取用水户纳税意识明显加强，同时纳税人节水意识也明显提高，受税率影响，取用水大户自觉调整用水结构，优先取用中水，用中水置换地下水用于生产用水，节约宝贵的地下水资源，减少新水取水量，同时提高了企业经济效益。

3. 加强地下水管理与保护，压减地下水开采

自水资源税改革以来，为扎实推进水资源税改革试点工作，强化依法用水管水意识，规范依法用水、管水行业，在全市范围内开展纳税人清查、打击非法取水、城市自备井关停等专项行动，对未经批准擅自取水、无证取水、无计量用水等违法取用水依法进行严肃处理，对公共供水管网范围内的自备井用户，限期接入城市供水管网，对符合关停条件的，坚决予以关停，公共供水管网覆盖范围内不再新批地下水取水许可。近几年全市累计关停水源井 540 眼，地下水开采得到进一步规范。

4. 水资源管理水平有效提升

实现水资源费改税的平稳过渡后，征税对象依然是使用地表水和地下水的单位和个人，看似不变，但是在具体工作中却有较大不同。最明显的是强化了取水许可和建设项目水资源论证制度，纳税人纳税前必须申请领取取水许可证，做出建设项目水资源论证报告书（表）。财政、税务、水利三个部门共同构建了“水量核准、纳税申报、地税征收、联合监管、信息共享”的管理模式，形成征税治水的强大合力，有效提高了用水效率。

三、元氏县水资源税改革情况总结

（一）水资源税改革试点工作总结[1]

1. 强化部门协作，形成工作推进合力

（1）积极主动与税务部门协调、沟通，多次向县委、县政府汇报水资源税

[1] 内容来源于《水资源税改革试点工作情况总结（元氏县水利局）》（2017 年）。

改革工作，得到县领导的大力支持。成立了县长牵头的水资源税改革试点领导小组，多次召开专题会议研究，明确部门职责，细化工作分工，积极协调解决人、财、物等方面的保障事宜，从根本上解决了水资源费改税后水利部门的经费以及税务部门人员配备等问题，为水资源税改革顺利实施奠定了坚实基础。

（2）周密部署，细化分工。制定《元氏县地方税务局水资源税改革试点工作方案》，明确征收、管理内部机构之间的职责分工，确定纳税人税务登记、税源登记、税种认定、资料审核、税款征收等不同环节的目标任务。规范了水量核定、纳税申报、税收征管等工作，做到职责分工明确、责任落实到位、工作齐抓共管，为强化水资源税征收提供机制保障。

（3）实时传递，依法征收。每月征期，水利部门通过水资源税信息管理系统核准水资源税纳税人取用水量，并将《河北省水资源税取用水量核定书》推送给纳税人，税务部门推送短信进行催报催缴，纳税人信息确认后通过网上申报和大厅申报进行报税。征期结束后，税务部门将金税三期征收数据反馈水资源税信息管理系统，形成了水利核准、纳税申报、税务征收、联合监管、信息共享的水资源税征管机制。

2. 抓住关键环节，做好水资源税改革基础工作

水资源税改革政策性强，能否顺利完成，基础工作在水利，关键环节也在水利。元氏县水利局与税务、财政等部门一道，精心组织、科学谋划，扎实推进试点工作。

（1）认真开展取用水信息移交核查。与税务部门联合，对全县取用水情况开展拉网式排查，逐户核实企业的年计划和实际用水量、应缴和实缴费额、是否安装取水计量装置等取用水信息，做到“不漏户、不漏项，移交一户、核查一户”，确保了费税转换无缝对接，平稳过渡。水资源税改革实施以来，共移交非农取用水户 82 户，移交率和入户核查率均达到 100%。

（2）依法做好取水量核定。根据计量设施安装情况，采取不同的核定方式。对安装远程实施监控系统的，按在线计量监控数据核定；对未安装计量设施的、计量设施运行不正常或逾期未申报的，按日最大取水能力核定。

（3）严格依法取水管理。强化水资源监管，水资源税改革实施以来，共补办取水许可证 27 个，许可水量 1938.10 万 m^3；完善水资源监控系统，年取水量 10 万 m^3 以上企业全部实现远程监控，水资源监控能力和水平显著提升。

（4）密切部门协作，共建长效机制。高度重视水利、财政、税务等相关部门的配合，充分厘清各自职责，建立部门联席会议机制，形成强大合力。水资源税改革以来，共召开联席会议20余次，联合部署了取用水户接收、下户联合核查、取用水量信息共享等工作，使水资源税改革有序进行。

（5）进行联合执法，打击非法取水。2016年9月，制定了《元氏县打击非法取水专项行动实施方案》，对全县非法取水行为进行全面排查。水利局严格取水许可证审批发放，发现未经审批擅自取水的进行依法处罚；税务局按照试点工作的相关规定，对非法取水单位和个人加倍征收水资源税。联合执法以来，执法30余次，取得了显著成效。

3. 依托“互联网+”，实现水资源税征管信息化

（1）实施远程监控，实时数据传输。水资源税开征以来，税务部门与水利部门之间水资源数据传递较为不便，为方便纳税人核定取用水量，简化申报纳税流程，在县委、县政府的大力支持下，元氏县水利局积极与县税务局进行联系沟通，联合实施了“元氏县水资源税信息管理系统”项目建设。该项目先后投资260余万元，根据国家水资源实时监控与管理有关技术参数要求，使用国内先进的传感器技术、实时数据传输技术，实现了监控中心与监测点的实时数据传输与监控。在元氏县原有水资源信息管理系统的基础上，结合税务部门水资源税征收的有关需求，进行了二次系统开发，全县85户办理取水许可证的企业、事业单位全部安装远程监测水表，共计95块，为元氏县水资源税征收提供了良好的数据支撑。

（2）扩展互联网应用，搭建信息管理平台。为解决水利、税务、纳税人之间用水量、纳税缴款等信息不同步等问题，达到纳税方便快捷的目的，水利局与税务局、纳税人经多次座谈后决定依托互联网技术，研发水资源税信息管理系统。经由水利局、税务局、企业、软件公司四方多次研讨，征求意见30余条，提出业务需求，最后制订出软件总体架构。在软件开发过程中，省、市领导多次亲临指导，提出意见，最终促成元氏县水资源税信息管理系统于2017年5月1日正式上线运行。

（3）优化工作流程，构建高效运转机制。首先，为避免水量核定过程中出现程序不清、责任不明以及推诿等问题，元氏县水利、税务、企业三方签订《水资源税纳税人取用水量核定协议书》，约定了水量核定程序、时限和三方责

任，确立了在线监控数据在核定水量中的有效地位。其次，水利局汇总平台接收省控非农和县控自建检测站点的取用水量信息，传递到水资源税信息管理系统中，并将批准的水量核定数发送给企业。接着，企业接受水利部门批准的水量核定书并查看确认，确认无误后申报纳税。最后，由税务部门接受水利批准、企业确认的水量核定书后系统自动发送催报催缴短信给企业，征期结束后税务部门将申报纳税信息导入水资源税信息管理系统中实现信息对比。

将互联网运用到水资源税收征管中，实现了平台系统与监测点的实时数据传输与监控，使水资源税的征管实现完整意义上的信息化，大大节约了征纳成本，实现水利、企业、税务三方共赢。

（二）水资源税改革试点实施效果

1. 纳税人节水意识增强

随着元氏县水资源税改革工作的不断深入，各用水单位和个人的节水意识明显增强。一些高耗水企业加大了节水投入，开始采取多种手段加强用水成本管理，各用水大户相继开展节水技术改造，提高水的重复利用率。元氏县第一用水大户河北诚信有限责任公司加强节水宣传教育，定期检修用水设备，开展对每个车间用水量的绩效考核，从源头上遏制日常用水的跑冒滴漏现象，每月用水量从 6.3 万 m^3 降至 5.1 万 m^3，月缴纳水资源税从 17 余万元降至 14 余万元；元氏县远征禾木药业有限公司为降低用水成本，对各个车间的蒸汽冷凝水进行了节水技术改造，各生产车间增加蒸汽冷凝水回收储罐，回收后的高温软水经检测合格进入锅炉供水系统，提高了软水重复利用率，回收率达 60%，实现了水资源循环利用。目前元氏县重点用水户循环水利用率达到 80%以上，万元工业增加值用水量由 2016 年的 9.26 降低到 2018 年的 6.27。

2. 部分用水单位主动关停自备井

公共供水管网覆盖范围内的企业、学校、单位主动关停了自备井，积极将地下水源切换为南水北调水。石家庄市第二实验中学、元氏县第一中学等 5 家事业单位主动封存自备井，由自备水源转为接入公共供水管网。截至 2018 年，全县累计封存自备井 98 眼，压采地下水水量约 320 万 m^3。2018 年全县地下水取用水量占用水总量的比例由 2016 年的 75%降低至 55%，税收杠杆引导企业节约用水、抑制地下水超采的作用正在逐步显现。

3. 形成了科学的征管机制

依托互联网+，对纳税人取用水量进行电子化、网络化、规范化、流程化处理，实现了平台系统与监测点的实时数据传输与监控，在全省率先实现了水资源税征管的信息化，大大节约了征纳成本。

四、围场县水资源税改革情况总结[1]

（一）水资源税改革试点工作总结

1. 强化组织保障，通力协作

围场县政府印发了《自治县水资源税改革试点实施方案》，在承德市水利局的具体指导下，成立了以局长为组长，主管局长为副组长的在线计量监控项目建设领导小组，强力推动项目建设实施。县水利局为水资源管理办公室增配多名专职人员，足额保障水资源管理各方面经费。县财政、水利、税务等部门密切配合，建立了联席会议机制，工作过程中共同接受上级部门业务培训，相互及时沟通纳税信息。截至 2018 年，围场县 2017 年 95 处在线计量监控点任务已建设完成，监控点数据全部实现稳定上传，在线监控水量占比由原来的 4%提高至 80%以上。

2. 周密部署抓落实，积极开展取用水信息移交核查工作

2016 年 6 月起，对持有取水许可手续的取用水户纳税人及时准确完整进行信息移交，同时录入河北省水资源税取用水信息管理系统。针对取用水户下发了《关于进一步加强水资源管理的通知》，强化基础管理，组织对全县取用水情况开展拉网式摸底调查，对无证取水、不安装计量设施的取用水户及时下达整改通知，对符合取用水条件要求的及时补办取水许可证，对企业倒闭或关停的持证取用水户进行注销，对逾期不补办证、不安装计量设施的非法取用水户及时移交水政监察大队依法进行处罚。

3. 创新运行维护机制

围场县水利局和税务局联合印发了《关于加快取用水在线计量监控建设和水资源监控系统维护管理工作的通知》，制定了“围场满族蒙古族自治县水资源监控系统运行维护管理制度”，对具备在线计量监控条件的取用水户，县水利

[1] 《水资源税改革试点工作简报》第 50 期（2018 年）。

局、税务局联合与纳税人逐一签订了《水资源税纳税人取用水量核定协议书》，约定水量核定的程序、时限和三方责任，确立了在线监控数据在核定水量中的有效地位；对取水计量设施运行不正常或数据失准的按日最大取水能力核算取水量。同时两家单位在县电视台及微信公众号发布公告，公布了对破坏取用水计量监控设施、偷盗水资源和偷漏水资源税违法行为的举报电话，有效解决了水资源监控计量设施运维等问题。

4. 摸清底数，规范管理，切实做好非农取用水户监管和水量核定工作

围场县县域面积大，用水户分散，且规模较小，除自来水公司外没有取水100万 m^3 以上的取用水大户，主要用水企业为硅砂造型材料行业，受行业特点和县域气候影响，大部分为季节性生产。根据生产季节情况，对取用水户按照行业分类分成三组，每组由一名副主任负责，每组每月建立水量核定台账，做到规范核定、严格核查，避免随意性。具备在线计量监控能力的取用水户，共同和税务局签订《水资源税纳税人在线监控取用水量核定协议书》，利用在线监控数据核定取用水量。新建、改建在线监控计量的取用水户，保证“完成一户，签订一户”。对不具备在线计量监控能力的取用水户，按时监督检查其计量设施安装及运行情况，必须按规定携带能够证实纳税期取用水量的计量设施图片、视频等资料申报取用水量。有异议的进行现场核查，取水计量设施运行不正常或数据失准的按最大取水能力核算用水量。每个纳税期均建立水量核定台账，台账必须由水量核定具体工作人员和主管负责人签字后存档，做到规范核定、严格审查。同时加大巡查监管力度，发现违法行为及时进行处理，责令限期整改。实现了取用水户计量监管、计划用水、水量核定和信息录入、审核、批准全流程无缝衔接，提高管理效率。自水资源税改革以来各纳税期水量核定率达到100%，累计核定取用水量2130.01万 m^3。

5. 精心谋划、扎实推进计量监控建设项目，努力提升水资源监控能力

围场县水利局和税务局联合印发了《关于加快取用水在线计量监控建设和水资源监控系统维护管理工作的通知》，并制定了“围场满族蒙古族自治县水资源监控系统运行维护管理制度”。为确保2017年度在线计量监控项目建设科学、规范，围场县委托省水资源研究与水利技术试验推广中心编制项目实施方案，按照“一点一案”要求，对每个计量点逐点进行现场勘查，准确掌握安装环境、水管管径、出水能力、计量现状、监测设备保护等要素，提出科学、合理的设

计方案。通过细化典型设计、设备选型和精准概算等措施，让实施方案成为非农在线计量监控项目建设的“说明书”，真正实现项目建设“可操作、可落地”。

6. 高效推进完成农业超限额水资源税试点工作

农业超限额水资源税试点工作涉及围场县辖区37个乡（镇），312个行政村，而且基础信息不全，数据不清，需要进行大量的基础信息调查，需要政府大力支持。县政府向各乡镇下发了《关于开展农灌用电电力终端计量设施及农用灌溉机井调查的通知》，从而有力地支持了基础信息调查摸底工作。向省市报送了“围场县农业水资源税纳税人认定工作报告和围场县农业水资源税纳税人信息登记表”，建立了围场县农业水资源税纳税人信息台账。

（二）水资源税改革试点实施效果

1. 节水意识得到提高

截至2019年6月底围场县共征收水资源税1573.30万元，是水资源税改革前同期水资源费征收的2倍以上，税收价格杠杆的作用逐步体现。一些用水企业纷纷转变粗放的用水方式，开展产业转型和技术创新。如围场县硅砂行业全部通过建设循环设施提高污水回用、采用新技术对取用水系统进行技术改造等系列节水措施，行业取用水量比2015年减少了7%以上。

2. 水源结构得到优化

围场县严格执行河北省确定的“五高五低”水资源税税额标准，引导取用水户主动调整水源结构。部分有条件的取用水企业将原有地下水源转换为地表水，并投资建设循环水设施，工业行业每年节水10万m^3以上。

3. 水资源监管能力显著提升

严格取水许可监管，大力建设计量监控设施和信息系统，全面完善取水许可档案，执行用水计划申报，落实超计划累进加价制度。水资源税改革以来，全县共新办取水许可证50余套，关停城区自备井73眼，取水许可监管能力大幅提高。

五、钢铁行业税改试点实施效果[1]

钢铁企业是高耗水行业之一，河北是钢铁企业集中的大省，水资源税改革

[1] 《水资源税：激发钢铁企业节水原动力》（2016年）。

后企业成本将会增加，迫使钢铁企业切实把节水降耗、挖潜增效作为一项重点攻关项目提上日程，企业节水意识大大增强。根据统计数据，2016 年 7 月 1 日—10 月 15 日，河北省已有 10516 户（次）纳税人缴纳水资源税，累计缴纳税款 4.28 亿元，其中，用水大户钢铁行业纳入水资源税管理的 888 户纳税人申报缴纳 1.08 亿元，缴纳税额位居各行业之首。2019 年 3 月 20 日河北频道的网上报道显示，河北省的宣化钢铁集团有限责任公司吨钢消耗新水量从 2017 年 12 月的 3.1m^3 下降到 2018 年 12 月的 2.1m^3，年直接节约用水 600.5 万 t，缴纳水资源税同比减少 779.67 万元，曾经的耗水大户交出了一份满意的节水账单。根据唐山燕山钢铁有限公司负责人提供的信息，水资源税改革大大提升了公司的主动节水意识，逼迫企业积极改进工艺，提高用水效率。2018 年，该企业累计投资 5000 余万元用于各分厂水质改善、二次水循环利用及污水零排放等工程，全年一次水用量 2236.88 万 t，比 2017 年降低了 680.95 万 t。2018 年缴纳水资源税 3099.63 万元，较 2017 年同比减少 27.06%。作为迁安市的一家大型民营企业，九江线材除配备了先进的污水处理设备及水循环利用系统外，还在成本管理方面做足工夫，主动加大水、电等能耗的权重，按实际取用成本的 2 倍进行内部考核，一旦发现跑、冒、滴、漏现象，对第一责任人予以罚款等惩戒。2016 年通过严格制度管理、加强污水循环利用等多重手段，九江线材的吨钢消耗新水量已由 2015 年的 2.4m^3 降至 2.05m^3，远低于《钢铁行业规范条件》中规定的 3.8m^3 的标准。

位于唐山遵化的港陆钢铁有限公司成立于 2002 年，是一家集炼铁、炼钢、热轧等于一身的中国 500 强企业。该公司生产用水的 40%来自地表取用水，60%来自回收利用的废水。水资源税开征以来，该公司 2016 年的 7 月、8 月共申报缴纳水资源税 45.27 万元。由于取用的地表水税额标准较之水资源费没有太大变化，因此企业所受影响不大。而工业重镇唐山市丰南区属地下水严重超采区，一直面临着水污染和水资源短缺的双重难题。坐落在丰南区的唐山市国丰钢铁有限公司生产用水部分取自地下，水资源费改税后，适用的税额标准由原来的每立方米 1.4 元提高到 4.2 元，提高了近 2 倍。税负的变化对该公司的影响很大，必须采取措施减少取用地下水。据了解，水资源税改革实施以后，该公司已投资 2.32 亿元对污水处理厂等节能环保项目进行升级改造，力争实现地下水零开采。河钢集团唐钢公司是一家国有特大型钢铁联合企业，为节约用水，他们将水井全部关闭，在行业内率先实现工业水源全部取自城市中水，并投入3.2亿元高标准建设了华北最大的水处理中心，2016年节约新水1460万t，水综合利用能力达到国际领先水平。水资源税改革后，由于无取用地下水（地表水）行为，该公司成为一家非水资源税纳税企业，按2015年数据计算，可免缴水资源税3000多万元，收获了很大的节水红利。廊坊市前进钢铁集团公司早在2009年就开始了水资源循环利用，从2015年取用水情况看，前进钢铁全年用水1178万m^3，其中地下取用水量18万m^3，不到企业用水量的2%，而其投资建设的废水深度处理综合利用项目与雨水回收工程实现了1160万m^3中水与雨水回用，大大降低了新水消耗，按每立方米2.8元的税额标准计算，可少缴水资源税3248万元，实实在在地体会到了节约用水带来的好处。

费改税以来，钢铁企业用水负担有升有降，这一升一降之间折射的是企业已有的用水方式与节水效能，推动企业提升节水意识，保护水资源，最终撬动以钢铁行业为代表的资源行业转型升级。节水设备看起来一次性投入较多，但从长远来看企业的受益更大，水资源税改革有效抑制了河北省不合理的用水需求，2017年、2018年河北全省非农用水量同比均呈下降趋势。由于改革后地下水的税负远远高于地表水的税负，同时调高了高耗水企业和特种行业的税额标准，倒逼企业采取节水措施，政策导向作用明显。在减少水资源消耗的同时，也减轻了企业的税收负担。

六、其他行业税改试点实施效果

河北省水资源税改革试点的一项重要内容，就是调高高耗水行业和特种行业的税额标准，特别是对特种行业纳税人在严重超采地区取用地下水等情况，从高设定了税率，提高了其负担水平。而普通居民正常生活用水、农业生产限额内用水、非超采区企业正常用水等所产生的负担并没有发生变化。

作为纺织之乡，印染企业是高阳县的用水大户。水资源费改税促进了当地相关企业加快技术革新和产业转型升级。河北三利毛纺有限公司改革前月均用水量34万t。水资源税改革后，该企业积极与县污水处理厂合作，将净化再生水循环用于工业生产，平均每月节水4万多t，降低生产成本8万余元。2018年，该企业申报水资源税736.6万元，同比减少80万元，取用水312.68万m^3，同比减少38.08万m^3。

河北省三河市的华堂圆方国际有限公司经营着一家拥有18洞的高尔夫球场。改革后每立方米水的成本由2.8元猛增到了30元，该公司高尔夫球场每年用水的成本将增加500多万元。为了顺应国家政策以及改革的发展方向，华堂圆方公司在改革初期就投资200多万元对球场的雨水收集系统进行了改造升级，全方位做好防渗处理，并新建了一处人工湖。现在该公司的3个蓄水人工湖蓄水总量达20万m^3，可满足球场近一年的使用。根据河北省对526家相关企业的问卷调查显示，25.1%的企业在改革试点后增加了新的节水设施，30.42%的企业计划新增节水设备投资。改革，让更多的用水大户开始注重节水，企业节水意识及水资源保护意识明显增强。

河北金环包装有限公司是一家高新技术企业，主要经营药用塑料盖、铝塑组合盖及口服液瓶用组合盖的生产、销售及进出口业务。2016年8月1日，该公司收到了第一张水资源税缴纳凭证。该企业位于公共供水覆盖范围外且属于严重超采区，一直使用自备井取水，主要用途是厂区员工生活用水，年核定水量为4000m^3，费改税之前年缴纳水费不足1万元。费改税后，每立方米水资源税4元，共需缴纳1.6万元。为此，企业加大节约用水力度，每年节约用水量近1000m^3，最后全年用水成本不升反降，不仅减少了用水量，对于企业来说也节约了成本。

除了钢铁企业，热电企业也是用水大户。水资源税改革也有力促进了热电企业的水资源综合利用，降低了用水消耗，减少了税收负担。河北华电石家庄热电有限公司全面开展管理性节水、结构性节水、工程性节水，收到了良好效果。河北华电石家庄热电有限公司是国家“一五”计划156项重点工程之一，目前担负着石家庄市3500万m^3的集中供热任务，占全市集中供热面积的22%。公司现有深井24眼，为生产唯一水源，全年的用水量全部为生产用水。统计资料显示，该公司2015年用水1250万t，缴纳水费1997万元。2016年用水1467万t，缴纳水资源税4379万元，同比增加2382万元。其主要原因是费改税后，水价同比升高2～3倍；另外，为了降低烟尘排放，减少环境污染，公司增加了湿法除尘装置，造成用水量同比增加，多缴水费347万元。2018年公司全年用水量935万t，比2017年下降了282万t；2018年缴纳水资源税3530万元，比2017年减少了1028万元。为了应对水资源税上涨带来的压力，公司以“管理节水、结构性节水、技术进步节水”为三大主线，初步形成了组织发动、宣传带动、工作推动、员工互动的节水节能立体氛围。例如，优化运行方式，缩短了再生冲洗时间，比同期累计降低0.15%自用水量；实施系统改造，回收东厂空压机冷却水，2018年共回收水量5.13万t；运用顶部喷淋擦洗法对化学设备进行擦洗，每年检修擦洗用水可节约480t；用冲灰水替代除尘水，每小时可节约工业水30t，每年节约水量26万t；有效回收排汽，仅一个改造项目就回收除盐水约20t/h，年节水约达16万t；装冷却水回收装置每小时可回收水量150t，全年节约用水43万t；利用生产循环水为洒水车补水，年节约深井水3万t；在非生产区域安装173个可调两用型节水器，年节水1.76万t。从该公司的改变可以看出，水资源税开征以来，企业节水意识普遍增强，实现了从“要我节水”到“我要节水”的转变。一项对526家企业的问卷调查显示，有329家企业已调整或有意向调整用水结构、减少地下水使用，占比达到62.55%。

邯郸市自来水公司现有岳城水库、南水北调引江水地表水源和峰峰羊角铺地下水源3处水源地，有900多km输配水管线，设计日供水能力为47万m^3，供水面积120多km^2，服务人口约130万人。近年来，该公司年均供水量在8000万m^3左右，最高日供水量27万m^3。截至2017年6月，公司已累计上缴水资源税3034万元，比费改税前多缴500余万元。此次水资源税改革，将征收方式由原来的水资源费直接向终端用户收取，变成了从取水口按取水量直接向供水企业征收。原先的水资源费收取和供水损耗没有关系，而改革后供水企业就要承担输配水过程中高于标准的损耗。“为了消化增加的成本，公司一方面调整用水结构，减少了50%的地下水开采量；另一方面，改造管网降低漏损率，通过节电等手段降低综合成本。”目前，邯郸市自来水公司科学合理调度水源，减少地下水用量，积极加大地表水特别是南水北调引江水的使用量，引江水的取水量已达到每日18万m^3，约占全市总供水量的70%以上。鼓励使用引江水是改革的配套政策之一。河北省明确，依法注销地下水取水许可证，办理地表水取水许可证，加快配套设施建设，最大限度引足用好国家分配的外调水指标，减少地下水开采。一些大型工业园区也正在铺设管网，力争早日使用到规定的引江水。

第三节 改革实施效果评价

评价就是以预期目标为依据，围绕工作成效对已做工作的检查与评估。

水资源税改革以建立落实最严格水资源管理制度、加强生态环境保护的重要抓手为首要目标，在既保障人民群众合理用水又不增加其经济负担的基础上，通过引入强有力的税收管理体制，强化水资源管理领域经济调节杠杆的有效性和调控力度，通过建立规范公平、调控合理、征管高效的水资源税制度，用税收杠杆调节用水需求，引导和鼓励节约水资源、抑制地下水超采，促进水资源可持续利用，最终形成促进经济社会发展模式转型的良性和持续动力。根据调查的有关内容，可从以下四方面进行评价：①根据已制定发布的《河北省水资源税改革试点实施办法》《河北省水资源税征收管理办法（试行）》等相关政策文件，评价其是否按照相应规定实施水资源税改革；②根据收集到的资料，统计分析水资源税改革的实施效果，评价其是否满足预期目标；③结合河北当地实际情况，研究分析水资源税改革实施过程中存在的问题以及相应的解决方案；④根据以上内容，评价河北水资源税改革是否存在可推广的示范效应及其推广价值。具体应涉及地下水超采缓解程度、社会节水程度以及水资源费与水资源税的对比情况等各方面内容。采用对比分析法和专家咨询等方法，根据相关内容依据相应原则进行评价，使得定性评价与定量评价相结合，总结规律性、普遍性特征，同时建立评价指标体系，分等级定量评价改革效果。

一、水资源税改革整体效果定性分析

（一）水资源管理能力显著提升

一方面，充分发挥了税收的刚性作用，通过引入强有力的税收约束机制，取水许可发证率低、计量设施覆盖不到位、超计划用水加倍征收及城区自备井关停执行困难等基层水资源管理难题得到有效化解，实现了总量控制、定额管理等水资源配置调控手段从区域控制宏观环节到取用水户管理微观环节间的有效传递和贯通；水资源税改革试点实施以来，全省共补办取水许可证4500余套，取水许可证发放率提高到95%以上，规模以上非农业纳税人取水在线计量监控率达到90%以上。水资源费改税改革充分体现出税收的严肃性、权威性。两年来，通过新的征管模式、建立信息共享机制、严格规范取水许可审批等措施，实现政策上全覆盖、征管流程上无死角，有效扭转了水资源税改革前水资源费的漏征、少征、拖欠等现象，堵塞了征管漏洞。截至2019

年 6 月，河北省纳入管理的水资源税纳税人数量共有 2.28 万户，申报水资源税 58.39 亿元，计税取水量 70.21 亿 m^3。另一方面，水资源管理部门自身的管理基础能力得到提高，以河北省水资源税取用水信息管理系统为依托，各级水行政主管部门全面落实取用水户的名单化管理和取用水量的精准化、信息化管理，全面厘清全省非农和农业用水的基础信息台账，系统提高区域水资源数据统计工作的效率和准确度，有力提升全省水资源管理的精细化水平；同时面向水资源税改革工作需求，河北省大力推进非农取水在线监控升级建设，到 2018 年年底年取水量 5 万 m^3 以上非农取用水户全部实现依据在线监控数据征收水资源税；此外，伴随"以电折水"工作的全面布局，河北省有望实现农业用水计量全覆盖。

（二）节水动力得到激发

节水主动性提高，一方面，由于水资源税改革之后，不缴纳水资源税从原来的"违规"变为"违法"，刚性约束更强；另一方面，由于实施水资源税后，价格有了明显增加，为了降低成本而节水，高耗水企业纷纷转变粗放的用水方式，开展产业转型和技术革新。改革中对中水等非常规水源免征水资源税，引导企业积极利用非常规水源。据水利部门统计，2017 年全省使用污水处理再生水、海水淡化、雨水利用等非常规水源使用量超过 6.16 亿 m^3，同比增长 3%。如唐山国丰钢铁有限公司，投资 2.32 亿元对污水处理厂进行升级改造，提高工业用水循环利用率，减少地下水开采；唐山港陆钢铁有限公司与相关企业合作，拟对超滤膜、反渗透膜等污水处理设备进行更换，提高污水处理能力，降低新水取用量；邯钢公司通过提高中水品质实现污水全回用、采用新技术对水系统进行技术改造等系列节水措施，取用水量比 2015 年降低了 3.24%。

（三）用水结构配置得到优化

基于河北省是全国地下水超采最为严重地区的客观实际，河北省确定"五高五低"水资源税税额标准，对地下水从高征收水资源税，并按照超采水平划定倍增税额标准，引导取用水户主动调整水源结构，鼓励优先切换南水北调等地表水源，大力挖掘再生水等非常规水源。据统计，2018 年全省约有 1000 余户纳税人不再抽取地下水，转用地表水或自来水，各地共关停自备井、关停城区自备井 5416 眼，在多种节水压采措施的共同作用下，超采区地下水计税取水量同比下降 14.7%。以河北钢铁集团唐钢公司为例，将原有地下水源井全部关闭，率先实现工业水源全部改用城市中水，并投资建设高标准的水处理中心，预计每年可节约新水 1460 万 m^3；华电石家庄热电公司在再生水短期内无法通水的情况下，积极谋划南水北调直供工程，年减少城区地下水开采量约 1500 万 m^3；唐山三友集团将取水水源切换为公共管网自来水，地下水用量比重从改革前的 60%降到改革后的 8.7%。

二、水资源税改革整体效果评价指标与方法

（一）选择指标并构建指标体系

本次水资源税改革效果评价，旨在“费改税”实施效果评价的基础上，总结“河北模式”并在全国范围推广，对全国各个省（自治区、直辖市）的示范效应进行分析评价。在进行评价之前，首先需要建立一套评价指标体系。为了使评价指标体系科学化、规范化，在构建指标体系时需要遵循以下原则：

（1）系统性原则。各指标之间要有一定的逻辑关系，它们不但要从不同的侧面反映出水资源税改革示范效应总体的主要特征和状态，而且还要反映水资源税改革示范效应各准则层之间的内在联系。每一个准则层由其对应的一组指标构成，各指标之间相互独立，又彼此联系，共同构成一个有机统一体。

（2）典型性原则。务必确保评价指标具有一定的典型代表性，尽可能准确反映出河北省水资源税改革示范效应不同方面的综合特征，即使在减少指标数量的情况下，也要便于数据计算和提高结果的可靠性。另外，评价指标体系的设置、权重在各指标间的分配及评价标准的划分都应该与水资源税改革的实际情况相适应。

（3）简明科学性原则。各指标体系的设计及评价指标的选择必须以科学性为原则，能客观真实地反映示范效应的特点和状况，能全面反映出各指标之间的真实关系。各评价指标应该具有典型代表性，不能过多过细，使指标过于繁琐，相互重叠；指标又不能过少过简，避免指标信息遗漏，出现错误、不真实现象，并且数据易获取且计算方法简明易懂。

（4）可比、可操作、可量化原则。指标选择上，特别注意在总体范围内的一致性，指标选取的计算量度和计算方法必须保持统一，各指标尽量简单明了、微观性强、便于收集，各指标应该具有很强的现实可操作性和可比性。而且选

择指标时也要考虑能否进行定量处理，以便于进行数学计算和分析。

(5) 整体性与层次性相结合原则。评价指标体系是一个不可分割的整体，用整个评价指标体系来反映河北省水资源税改革示范效应，若想使评价指标体系清楚明了，指标体系的构建就需要具有层次性，自上而下，从宏观到微观层层深入，形成一个不可分割的评价体系。本书以水资源税改革综合效果作为目标层，以监控能力、管理水平、公众认知、纳税成效准则层构成，每个指标层由各自准则层内的指标构成，从而建立起一个3层次的评价指标体系。

本书统一采用目标层、准则层和指标层三个层次来构建指标体系，遵守各原则，在目标层水资源税改革综合效果确定之后，将监控能力、管理水平、公众认知以及纳税成效作为4个准则层，从各个角度反映水资源税改革效果，以达到评价目标；然后分别根据各自的准则层筛选代表性指标，并构建相应的评价指标体系。具体指标体系见表5.2。建立该评价指标体系的目的是：①可定量评价水资源税改革的综合效果；②有助于分析研究水资源税改革典型特色，并据此提出在全国能够顺利推广的经验与模式。

为了能够全面反映水资源税改革的综合效果，将定性评价与定量评价相结合，经过召开的项目会议与专家深入讨论后，从监控能力、管理水平、公众认知以及纳税成效四个方面筛选了16个指标，同时针对各指标的数据来源也作了详细说明。定性指标的数据来源以设计的调查问卷为主，通过实地调研获取；而定量指标多以收集的统计数据为主。水资源税改革就是将原来的收水资源费改为征收水资源税。征收水资源税的关键是水量核定，应准确统计纳税人信息以及使用水量情况，因此监控能力的高低是体现水资源税改革实施情况的关键，也是水资源税改革的基础。我国的水资源管理水平并不高，而水资源税改革正是提高管理水平的体现，从水资源税改革政策的执行程度以及各部门的协作程度等都说明了水资源税征收过程的不断规范化。水资源税改革作为一项国家重大政策，自2016年实施以来，已有三年的时间，从纳税人的角度考虑也是水资源税改革实施效果评价的一个重要方面，分析公众对水资源税改革政策的知晓程度以及纳税人缴纳水资源税是否更加便利都对水资源税改革以后的发展有一定的借鉴意义。对水资源税改革实施效果进行评价，重点是纳税成效，从节水以及抑制地下水超采等方面分析是否具有很好的效果，是否达到了预期目标。

表 5.2 水资源税改革综合效果评价指标体系

目标层	准则层	指　标　层	评价数据来源
水资源税改革综合效果	监控能力	农业纳税人信息录入率（A1）	统计数据
		非农在线监控计量设施项目完成率（A2）	
	管理水平	水资源税改革政策的执行度（A3）	调查问卷
		税率及农业用水限额设置的合理性（A4）	
		各部门信息共享程度（A5）	
		农业水资源税水量核定率（A6）	统计数据
		非农取水许可证发放率（A7）	
	公众认知	水费/税改政策知晓接受度（A8）	调查问卷
		缴纳水资源税的便利程度（A9）	
	纳税成效	水资源税变化率（A10）	统计数据
		地下水开采占比（A11）	
		地下水供水量变化率（A12）	
		污水处理回用量变化率（A13）	
		对用水户税收负担影响程度（A14）	调查问卷
		纳税人对水资源税改革满意度（A15）	
		专家对水资源税改革满意度（A16）	

（二）指标说明

1. 监控能力指标

（1）农业纳税人信息录入率（A1）。农业纳税人信息录入率反映在水资源税改革后对于农业取用水户信息确定及录入情况。A1 指标单位为%，来源于统计数据。

（2）非农在线监控计量设施项目完成率（A2）。非农在线监控计量设施项目完成率反映水资源税改革后对非农取用水户计量设施招标与建筑实施率和监管水平，在线监控计量设施的安装也是水资源税改革的一个重要任务。A2 指标单位为%，来源于统计数据。

2. 管理水平指标

(1) 水资源税改革政策的执行度（A3）。水资源税改革政策的执行度反映在水资源税征收即水量核准、纳税申报、税务征收、联合监管、信息共享五个环节中的执行程度。指标无量纲，数据来源于调查问卷。

(2) 税率及农业用水限额设置的合理性（A4）。税率及农业用水限额设置的合理性反映纳税人尤其是农业纳税人对目前限额标准制定的接受程度。指标无量纲，数据来源于调查问卷。

(3) 各部门信息共享程度（A5）。水资源税改革不仅仅是水利部门的事情，还涉及税务、财政、电力等部门，使用该指标来衡量各部门间关于水资源税改革相关信息共享的程度。指标无量纲，数据来源于调查问卷。

(4) 农业水资源税水量核定率（A6）。农业水资源税水量核定率是反映水资源税改革监管能力的重要指标，需要对申报纳税的水量进行逐一核定，确保水资源税征收的质量，该指标可以反映出水资源税的刚性要求以及监管情况。指标无量纲，数据来源于调查问卷。

(5) 非农取水许可证发放率（A7）。非农取水许可证发放率反映水资源税改革后对于本应办理取水许可证却没有办理的取水户要求的强制性，便于今后水资源管理，统计纳税人取用水信息。指标无量纲，来源于统计数据。

3. 公众认知指标

(1) 水费/税改政策知晓接受度（A8）。水费/税改政策知晓接受度是衡量公众认知水平的一个重要指标，主要采取打分的形式，针对企业以及农业等纳税人，主要考察对改革政策的知晓程度和政策接受度。指标无量纲，数据来源于调查问卷。

(2) 缴纳水资源税的便利程度（A9）。缴纳水资源税的便利程度在一定程度上可以反映出纳税人对于水资源税缴纳过程的满意程度，主要采取打分的形式。指标无量纲，数据来源于调查问卷。

4. 纳税成效指标

(1) 水资源税变化率（A10）。水资源税变化率是反映水资源税改革后所缴纳水资源税的重要指标，可以体现出税收刚性效果以及纳税成效，该指标公式为：(2018 年申报税款－2017 年申报税款）/2017 年申报税款，指标单位为%，来源于统计数据。

(2) 地下水开采占比(A11)。水资源税改革的一个重要目的是促进节约用水，压采地下水，该指标使用2018年地下水用水量与总用水量的比值来衡量，指标单位为%，来源于统计数据。

(3) 地下水供水量变化率(A12)。为了更好衡量水资源税改革后河北省主要城市地下水的使用情况，使用主要城市供水中地下水供水量变化率，该指标公式为：(2018年河北省重要城市地下水供水量－2017年河北省重要城市地下水供水量)/2017年河北省重要城市地下水供水量，指标单位为%，来源于统计数据。

(4) 污水处理回用量变化率(A13)。污水处理回用是指将污水或废水经深度处理后重新进入生产系统和生活系统的过程，既可以达到节约用水的目的，又可以减少污水或废水的排放量，减轻水环境的污染，指标单位为%，该指标公式为：(2018年污水处理回用量－2017年污水处理回用量)/2017年污水处理回用量×100%，来源于统计数据。

(5) 对用水户税收负担影响程度(A14)。获取不同行业对水资源费及水资源税两阶段的经济负担变化情况，评价水资源税改革对用水户的影响程度，指标无量纲，来源于调查问卷。

(6) 纳税人对水资源税改革满意度(A15)。通过问卷调查的方法获取工商业、公共供水企业、特种行业等对水资源税改革的满意程度来评价改革成效，指标无量纲，来源于调查问卷。

(7) 专家对水资源税改革满意度(A16)。对高校及科研部门采取问卷调查形式，咨询各领域专家对水资源税改革的相关意见，并对其满意程度进行打分，指标无量纲，来源于调查问卷。

(三) 确定评价标准

若要评价水资源税改革实施效果，在建立指标体系的基础上，还需要建立配套的评价标准。建立相应的配套标准可以清晰地界定各评价指标的评价效果，从而有针对性地加以改进。对评价较低的指标，提出针对性的政策和措施，从而提高整体的水资源税改革发展水平；除此之外，建立一套评价标准，可以评价水资源税改革前后水资源的用水结构、节水意识以及监控水平，这就需要一个“可公度”的量化标准，动态分析改革效果。

参考大量统计资料和前人研究成果，将各个指标用5个节点划分为4个等级，确定评价标准[43]。总体思路为：用［0，1］范围内的值表示改革效果水平，0为最差值，1为最优值。0、0.3、0.6、0.8、1为5个节点，分别对应于最差值、较差值、及格值、较优值和最优值，此时评价指标体系中各指标的特征值就转化为改革效果评价的标准。这样更为直观，容易理解并且便于量化。基于此并结合实际情况确定各指标的特征值。

1. 监控能力指标

（1）农业纳税人信息录入率（A1）。该指标为正向指标，随着该指标值的增长，越来越多的农业纳税人信息纳入系统，水资源税管理水平显著提高。

主要考虑人们对该指标的期望以及对现状的认可程度来确定该指标的特征值。水资源税试点改革后，加大联合开展取水户核查和打击非法取水专项行动，加大征管力度。结合目前农业纳税人信息录入情况将录入率0定义为最差值，值为0；将录入率为30%定义为较差值，值为0.3；将录入率为60%定义为及格值，值为0.6；将录入率为80%定义为较优值，值为0.8；将录入率为100%定义为最优值，值为1。

（2）非农在线计量监控项目完成率（A2）。该指标为正向指标，即该指标值越大，说明在线计量监控设施建设比例越高，监控能力提升越大。

主要考虑人们对该指标的期望以及对现状的认可程度来确定该指标的特征值。结合项目完成现状，将完成率100%定义为最优值1；完成率<0%定义为最差值0，再内插确定其他特征值。

2. 管理水平指标

（1）水资源税改革政策的执行度（A3）。该指标为正向指标，表征水资源税政策的执行力度，该数据主要来源于调查问卷。

政策执行程度100分为最优值，80分为较优值，60分为及格值，30分为较差值，0分为最差值，基于此根据具体的打分情况确定特征值。

（2）税率及农业用水限额设置的合理性（A4）。该指标为正向指标，表征水资源税用水限额及税率设置的合理性、用水户的承受能力，该数据来源于调查问卷。

合理性程度100分为最优值，80分为较优值，60分为及格值，30分为较差值，0分为最差值，基于此根据具体的打分情况确定特征值。

（3）各部门信息共享程度（A5）。该指标为正向指标，指标值越大表明信

息共享程度越大，越有利于今后水资源管理和水资源税改革的顺利推行。

共享程度100分为最优值，80分为较优值，60分为及格值，30分为较差值，0分为最差值，基于此根据具体的打分情况确定特征值。

(4) 农业水资源税水量核定率（A6）。该指标为正向指标，反映税改工作中对农业水资源税纳税人水量核定工作的进展情况，该指标越大表明水量核定工作进展较快，监管能力越强，便于后期的管理。

主要考虑人们对该指标的期望以及对现状的认可程度来确定该指标的特征值。结合实际状况，当核定率＜10%时定义为最差值0，核定率为30%时定义为较差值0.3，核定率为60%时定义为及格值0.6，核定率为80%时定义为较优值核定率为100%时定义为最优值。

(5) 非农取水许可证发放率（A7）。该指标为正向指标，该指标值越大，表明取水许可证的发放率越高，越有利于后期的统计和管理。

主要考虑人们对该指标的期望以及对现状的认可程度来确定该指标的特征值。结合实际状况，当发放率＜30%时定义为最差值0，发放率为30%定义为较差值0.3，发放率为60%时定义为较差值0.6，发放率为80%时定义为较优值，发放率为100%时定义为最优值。

3. 公众认知指标

(1) 水费/税改政策知晓接受度（A8）。该指标为正向指标，表征用水户对水资源税改革的了解程度，也在一定程度上反映出政策的宣传水平，该数据来源于调查问卷。

知晓接受度100分为最优值，80分为较优值，60分为及格值，30分为较差值，0分为最差值，基于此根据具体的打分情况确定特征值。

(2) 缴纳水资源税的便利程度（A9）。该指标为正向指标，表征用水户缴纳水资源税时的便利程度，该指标越大表明用水户对于水资源税征收越便利，该数据来源于调查问卷。

便利程度100分为最优值，80分为较优值，60分为及格值，30分为较差值，0分为最差值，基于此根据具体的打分情况确定特征值。

4. 纳税成效指标

(1) 水资源税变化率（A10）。该指标为正向指标，该指标值越大，表明与之前相比所缴纳的水资源税增长越显著。

主要考虑人们对该指标的期望以及对现状的认可程度来确定该指标的特征值。当该指标为负值时表明水资源税不增反降，此时为最差值 0；结合实际状况当变化率为 5%时，设为较差值 0.3；当变化率为 10%时，设为及格值 0.6；当变化率为 20%时，为较优值 0.8；当变化率大于 20%时为最优值 1。

(2) 地下水开采占比（A11)。该指标为逆向指标，该指标越小，表明地下水使用少，水资源结构良好。

主要考虑人们对该指标的期望以及对现状的认可程度来确定该指标的特征值。结合《中国水资源公报》地下水开采占比最严重的地区约为 80%，因此将地下水开采占比为 80%设为最差值 0；开采占比为 60%设为较差值 0.3；开采占比为 30%设为及格值 0.6；开采占比 10%设为较优值 0.8；开采占比小于 10%则为最优值 1。

(3) 地下水供水量变化率（A12)。该指标为逆向指标，当该指标为正值时，表明水资源税改革后地下水作为水源的供水量增加，因此该指标越小，表明地下水使用量增长越小，水资源结构得到优化。

主要考虑人们对该指标的期望以及对现状的认可程度来确定该指标的特征值。将变化率≥0 设为最差值 0；变化率为－20%设为较差值 0.3；变化率为－30%设为及格值 0.6；变化率为－50%设为较优值 0.8；变化率＜－50%则为最优值 1。

(4) 污水处理回用变化率（A13)。该指标为正向指标，该指标越大说明污水处理后重新使用水量越大，越有利于节约水资源。

主要考虑人们对该指标的期望以及对现状的认可程度来确定该指标的特征值。该指标可正可负，当该指标为负值时，表明污水处理回用量偏低，节水设施下降，不利于节约用水，因此设为最差值 0；当该指标为 10%时设为较差值 0.3；当该指标为 20%时设为及格值 0.6；当该指标为 40%时设为较优值 0.8；当该指标＞40%时设为最优值 1。该指标可能存在之前没有使用污水处理回用水，而在水资源税改革后使用的情况，对于这种情形，设变化率 100%为最优值。

(5) 对用水户税收负担影响程度（A14)。该指标为逆向指标，表征用水户对应缴纳的水资源税的接受程度，水资源税改革的一个重要原则就是合理负担，总体上不增加企业税费负担。该指标越大，表示征收的水资源税对用水户造成

的经济负担越重，越不符合改革的要求，不利于改革的推进。该数据来源于调查问卷。

对用水户税收负担影响程度 0 分为最优值，30 分为较优值，60 分为及格值，80 分为较差值，100 分为最差值，基于此根据具体的打分情况确定特征值。

(6) 纳税人对水资源税改革满意度 (A15)。该指标为正向指标，是评价改革成效的重要指标，该数据来源于调查问卷。

纳税人对水资源税改革满意度 100 分为最优值，80 分为较优值，60 分为及格值，30 分为较差值，0 分为最差值，基于此根据具体的打分情况确定特征值。

(7) 专家对水资源税改革满意度 (A16)。该指标为正向指标，通过专家咨询的形式评价水资源税改革的满意程度。

专家对水资源税改革满意度 100 分为最优值，80 分为较优值，60 分为及格值，30 分为较差值，0 分为最差值，基于此根据具体的打分情况确定特征值。

为量化各指标值，基于各指标的评分准则并结合现状，将每个指标划分为 5 个等级，但是具体评分原则需结合不同指标的现状值确定，各指标的特征值见表 5.3。

表 5.3　　河北省水资源税改革实施效果评价指标特征值

指标	单位	最差值	较差值	及格值	较优值	最优值
A1	%	0	30	60	80	100
A2	%	<10	30	60	80	100
A3	—	0	30	60	80	100
A4	—	0	30	60	80	100
A5	—	0	30	60	80	100
A6	%	<10	30	60	80	100
A7	%	0	30	60	80	100
A8	—	0	30	60	80	100
A9	—	0	30	60	80	100
A10	%	<0	5	10	20	>20
A11	%	80	60	30	10	<10
A12	%	>0	−20	−30	−50	<−50

续表

指标	单位	最差值	较差值	及格值	较优值	最优值
A13	%	<0	10	20	40	>40
A14	—	0	30	60	80	100
A15	—	0	30	60	80	100
A16	—	0	30	60	80	100

（四）评价方法

通过总结规律性、普遍性特征，采用了对比分析法和专家咨询的方法建立评价指标体系并分等级定量评价改革效果，指标体系见表 5.2。首先对各指标数据进行无量纲处理，然后采用主客观结合的熵权法一层次分析法确定各指标的权重，将确定的主客观权重结合，既削弱了主观因素对权重的影响，也弱化了因数据差异过大导致客观权重赋权差异的问题，弥补了单一数据方法存在的不足，并且此处的权重不是一成不变的，而是随问题的逐步解决动态变化的。最后按照给出的计算公式计算得到水资源税改革综合效果的评价，并依据水资源税改革综合指数大小划定相应等级，得到相对精确、有效的评价结果。

1. *层次分析法*

首先，使用层次分析法确定较为主观的权重，层次分析法主要是将同一层次间根据 9 位标度表进行两两比较，得出其重要程度从而构建判断矩阵 $\boldsymbol{A}=(a_{ij})_{n\times n}$。

将构筑好的判断矩阵进行归一化处理，其具体步骤如下：

（1）首先将比较矩阵中的每一行元素相乘 $M_i=\prod_{j=1}^{n}a_{ij}$，之后计算 M_i 的 n 次方根 $\overline{W}_i=\sqrt[n]{M_i}$

（2）进行归一化处理，将各行元素的 n 次方根相加，并计算其所对应的比例，即为所求特征向量 $\boldsymbol{W}_i=\dfrac{\overline{W}_i}{\sum_{i=1}^{n}\overline{W}_i}$，特征向量即为所确定的指标权重。

（3）然后计算其特征值 $\lambda_{\max}\approx\sum_{i=1}^{n}\dfrac{(\boldsymbol{AW})_i}{nW_i}$，其中 $(\boldsymbol{AW})_i$ 为 $\boldsymbol{AW}$ 的第 i 个分量。

(4) 最后需进行一致性检验：$CI=\frac{\lambda_{max}-n}{n-1}$，$CR=\frac{CI}{RI}$，其中 RI 为平均随机一致性指标。一般假定 $CR<0.1$ 时，认为判断矩阵 **A** 有较好的一致性，通过一致性检验；反之需要重新设定对比矩阵。

2. 熵权法

使用熵权法求出各个指标之间的客观权重。熵权法的主要思路是根据待评价指标中所包含信息量的多少来确定指标的客观权重，其具体步骤如下：

(1) 构建评价矩阵 $\mathbf{A}=\{X_{ij}\}_{m\times n}$，$X_{ij}$ 为第 i 个评价对象的第 j 个评价指标，其中 $i=1, 2, \cdots, m$，$j=1, 2, \cdots, n$。

(2) 得到评价矩阵后，为了避免由于各项指标的量纲不统一而产生的不同质问题，通常需要对评价矩阵进行标准化处理。在对评价矩阵进行标准化处理时，需要区分正向和逆向指标，其公式分别为

$$x_{ij}=\frac{x_{ij}-\min(x_{ij})}{\max(x_{ij})-\min(x_{ij})}$$

$$x_{ij}=\frac{\min(x_{ij})-x_{ij}}{\max(x_{ij})-\min(x_{ij})}$$

对处理后的矩阵进行归一化处理 $p_{ij}=\frac{x_{ij}}{\sum_{i=1}^{m}x_{ij}}$，可以得到标准化后的矩阵 $\{P_{ij}\}_{m\times n}$。

(3) 计算指标熵值，计算公式为

$$e_j=-\frac{1}{\ln m}\sum_{i=1}^{m}p_{ij}\ln p_{ij}$$

在经过标准化处理后，必然存在 $p_{ij}=0$ 的情况，为了可以获得熵值，对于 $p_{ij}=0$ 的数值，其 $e_j=0$，熵值越小，表明该指标对评价结果影响越大。

(4) 计算各指标熵权

$$V_j=\frac{1-e_j}{\sum_{j=1}^{n}e_j}$$

结合主客观分析的方法使用乘法合成法进行组合赋权，来反映评价指标的重要性，即

$$F_j=\frac{W_jV_J}{\sum_{j=1}^{n}W_jV_J}$$

水资源税改革效果综合评价计算公式为

$$P = \sum_{j=1}^{n} F_j u_j$$

式中 u_j——指标实际值。

水资源税改革综合指数等级划分见表 5.4

表 5.4 水资源税改革综合指数等级划分

综合指数 P	0.8～1	0.6～0.8	0.4～0.6	0.2～0.4	0～0.2
评价效果	优秀	良好	合格	较差	很差

三、水资源税改革整体效果评价结果分析

（一）计算过程

根据河北省各市评价指标现状，结合评价标准，根据上文所构建的指标体系及计算方法，对河北省水资源税改革效果进行评价。

根据上文选定的 16 个评价指标体系进行评价，每个评价指标的数据均来自《河北省水资源公报》、《河北省统计年鉴》和根据实地调研的问卷统计，数据基本符合实际。依据上述计算方法，得出河北省及邯郸、邢台、石家庄、保定、衡水、沧州、廊坊、唐山、张家口、承德 11 个地市的指标数据特征值得分，见表 5.5。

表 5.5 河北省及各地市评价指标得分表

指　标	廊坊	保定	承德	石家庄	张家口	唐山	沧州	邢台	秦皇岛	邯郸	衡水	全省
A1 农业纳税人信息录入率	1.00	0.99	0.98	0.94	0.89	0.87	0.85	0.79	0.51	0.39	0.29	0.74
A2 非农在线监控计量设施项目完成率	1.00	1.00	0.45	1.00	1.00	1.00	1.00	1.00	1.00	0.89	0.84	0.90
A3 水资源税改革政策的执行度	0.83	0.83	0.80	0.86	0.80	0.84	0.83	0.82	0.84	0.82	0.86	0.83
A4 税率及农业用水限额设置的合理性	0.75	0.75	0.68	0.69	0.68	0.70	0.75	0.76	0.70	0.76	0.69	0.73
A5 各部门信息共享程度	0.88	0.88	0.79	0.75	0.79	0.82	0.88	0.83	0.82	0.83	0.75	0.80

续表

指　标	廊坊	保定	承德	石家庄	张家口	唐山	沧州	邢台	秦皇岛	邯郸	衡水	全省
A6 农业水资源税核定率	1.00	0.98	1.00	1.00	1.00	0.57	1.00	1.00	1.00	1.00	0.98	0.97
A7 非农取水许可证发放率	0.89	0.98	0.85	0.95	0.96	0.91	0.79	0.99	0.83	0.97	0.74	0.91
A8 水费/税改政策知晓接受度	0.83	0.83	0.86	0.83	0.86	0.78	0.83	0.86	0.78	0.86	0.83	0.83
A9 缴纳水资源税的便利程度	0.83	0.83	0.86	0.84	0.86	0.78	0.83	0.83	0.78	0.83	0.84	0.82
A10 水资源税变化率	0.00	0.04	0.12		0.23	0.69	0.21	0.59	1.00	0.00	0.42	0.26
A11 地下水开采占比	0.34	0.78	0.07	0.77	0.00	0.56	1.00	0.42	1.00	0.73	0.65	0.64
A12 地下水供水情况变化率	0.62	0.11	0.18	0.69	0.04	0.43	1.00	0.32	0.25	0.62	0.76	0.62
A13 污水处理回用变化率	0.00	1.00	0.70	0.00	0.39	1.00	1.00	0.00	0.00	0.00	1.00	0.35
A14 对用水户税收负担影响程度	0.69	0.69	0.72	0.74	0.72	0.64	0.69	0.71	0.64	0.71	0.74	0.66
A15 纳税人对税改满意度	0.81	0.81	0.85	0.83	0.85	0.79	0.81	0.88	0.79	0.88	0.83	0.83
A16 专家对税改满意度	0.78	0.78	0.81	0.81	0.77	0.77	0.78	0.72	0.77	0.72	0.77	0.75

首先，使用层次分析法确定主观权重，主要采用专家打分的方法，根据各位专家对各指标在改革效果中的重要程度，采用 9 位标度法，对同一层次两两指标进行比较，构造出了通过一致性检验的判断矩阵，并计算其主观权重。

然后，使用熵权法计算各评价实施效果指标的权重，其数据主要来源于 2017—2018 年河北省水资源公报、河北省水资源税改革试点工作简报、调查问卷等数据。由于各个指标之间没有统一的衡量标准，为消除量纲的影响，对收集到的数据进行标准化和归一化处理，然后计算各评价指标的熵权。

最后，使用AHP—熵权法，对层次分析法和熵权法得到的权重进行综合优化，其结果见表5.6。

表5.6 评价指标权重结果

准则层	指标层	AHP权重	熵权法权重	综合优化权重
监控能力	A1	0.090	0.047	0.076
	A2	0.180	0.028	0.090
管理水平	A3	0.044	0.087	0.068
	A4	0.137	0.090	0.219
	A5	0.137	0.070	0.171
	A6	0.074	0.027	0.035
	A7	0.098	0.049	0.085
公众认知	A8	0.042	0.066	0.049
	A9	0.126	0.053	0.119
纳税成效	A10	0.007	0.047	0.005
	A11	0.012	0.063	0.014
	A12	0.014	0.083	0.021
	A13	0.019	0.055	0.018
	A14	0.008	0.055	0.008
	A15	0.008	0.108	0.015
	A16	0.004	0.071	0.005

根据所得到的综合权重，结合各市评价水资源税改革效果的指标所定义的特征值，计算得到河北省及各市的水资源税改革效果评价效果，见表5.7。并结合表5.3的评判标准，判断各市及全省水资源税改革的效果评价等级。根据表5.7，绘制出水资源税改革效果综合评价雷达图如图5.1所示。

表5.7 河北省水资源税改革评价效果

各市及全省	廊坊	保定	承德	石家庄	张家口	唐山	沧州	邢台	秦皇岛	邯郸	衡水	全省
评价得分	0.83	0.85	0.75	0.80	0.79	0.80	0.86	0.81	0.76	0.78	0.74	0.79
评价等级	优秀	优秀	良好	优秀	良好	优秀	优秀	优秀	良好	良好	良好	良好

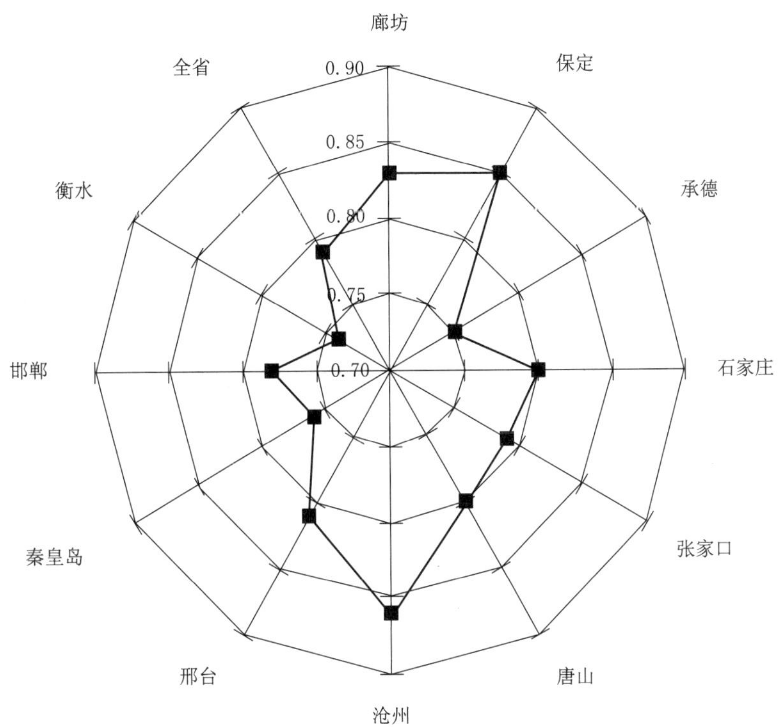

图 5.1 河北省水资源税改革效果综合评价雷达图

（二）结果分析

由表 5.7 和图 5.1 可知，河北省水资源税改革效果综合得分为 0.79，改革效果良好。河北省自 2016 年 7 月实施水资源税改革以来，形成了“水利核准、纳税申报、税务征收、联合监管、信息共享”的“二十字”管理机制，是改革的一套典型模式，取得了很大的成效。河北省水资源税改革的主要目的在于用税收杠杆调节用水需求，引导和鼓励节约利用地表水资源，抑制地下水超采，提高水资源管理能力，在于水而不在于税。因此，在赋予个别指标权重时，监控能力和管理水平等指标占有重要比重，其在很大程度上决定着水资源税改革的成效。水资源税征收变化率虽然是一个重要的纳税成效，但是因为水资源税改革的主要目的在于使用经济杠杆促进节水，税收的增加并不是主要目的，因此赋予了较小的权重。

总体来看，河北省大部分地区改革效果属于良好水平，差异并不明显，得分在 0.8 左右浮动。改革效果优秀的几个市分别为廊坊、保定、石家庄、唐山、沧州、邢台等，仅略大于评价等级为优秀的阈值 0.8；其中改革效果最好的市为沧州，得分为 0.86，改革成效最差的市为衡水，得分为 0.74。自河北省推进水资源税改革以来，河北省各市政府积极配合水资源税改革工作，在抑制地下水超采、提高水资源管理能力等方面有了较大的提升。截至 2019 年 6 月，全省共累计 2.28 万户水资源税纳税人纳入管理，计税取水量 70.21 亿 m^3，而在改革初期取水许可证仅为 7800 户，水资源税监管能力进一步提升。取得这一成效离不开各市政府的共同努力，河北省各市水资源税纳税人均呈现出上升趋势。在抑制地下水超采、利用地表水方面各市积极配合河北省水利厅的工作，并严格按照冀水资 104 号文件规定关停自备井，坚持“应关尽关，先供水后关停，关管并重，能管控可应急”，其中南水北调受水区内保定、沧州、石家庄等市自备井关停数目较大，于 2017 年分别关停 1180 口、628 口、548 口井，计划到 2020 年全部压减城镇地下水开采量，有效改善城镇地下水环境状况。

从河北省水资源税改革评价指标的标准来看，河北省在水资源税改革中取得了很好的成绩，但是在许多方面仍有较大的上升空间。

（1）在监管能力方面，农业纳税人信息录入率较低，仅为 74%。经过实地调研发现该指标较低一部分原因为一般民众对水资源税改革政策知晓较少或基本不了解，缺少办理取水许可证的意识，导致很多农业用水户没有申请取水许可证，因此录入率较低。针对该情况需要加大对水资源税改革政策的宣传力度，提高居民的节水意识。

（2）在信息共享程度以及税额设置的合理性这两个指标上赋予了较大的权重。目前河北省在这两个水资源税改革上的综合得分分别为 0.80 和 0.73，在信息共享程度上勉强达到了优秀。水资源税改革不仅是水利一个部门的事情，还涉及税务、电力、住建等多个部门，因此各部门间的信息共享是水资源税改革的一个重要目标。从水资源税改革至今河北省在信息共享上取得了一定的成效，如元氏县水资源税信息管理系统，以及金税三期等均对纳税人取用水量进行了电子化、网络化、规范化、流程化处理，在各部门信息共享方面取得了突破进展，这一系列措施也是该指标评价为优秀的重要因素。但是通过实地调研发现，各部门间也存在信息不对称的情况，如在进行以电折水计算中，电力部门不配合的情况也时有发生，因此在接下来的水资源税改革过程中，各部门间应加强信息共享、网络平台的建设。

(3) 税额设置的合理性上评分较低，主要是在税额标准的确定上，必须通过行业类别、水源类型、采区划分、管网覆盖范围、城市规模等5个维度确定一个税额标准，过度复杂的税额标准设计在一定程度上降低了税收征管的效率。

(4) 在污水处理回用情况上所得分值较低。2018年河北省污水处理回用量在总供水量中仅占9.6%，但是相较于2016年的7.9%已有了较大的变化，但是与北京、天津等再生水量占总供水量的20%以上仍有较大的距离，因此河北省在污水处理、中水回用等方面仍有较大的上升空间。

(5) 为限制地下水开采，河北省采用了关停自备井、使用南水北调水等方式，水资源税改革后河北省取得了较大的成效，地下水占总供水量的比例从2016年的58.2%到2018年仅为25.7%，水资源税改革前后成效较为明显，地下水开采量也呈现逐年下降的趋势。部分地区仍以地下水作为主要供水源，因为不在南水北调受水区范围内，仅靠关闭自备井取得的成效并不显著。因此，在接下来的改革过程中河北省应扩大管网覆盖范围，提高地表水的使用率。

分析河北省改革效果的特征值可以发现，改革效果优秀的6个市，其在强化水资源管理水平、提高监管能力方面特征值较高，尤其是在非农在线监控计量设施项目完成率指标上完成率均为100%，目标特征值均为1，而承德的完成率仅为45%，这也是导致承德水资源税改革效果不高的主要原因；在农业纳税人信息录入率指标上，这6个市处于较高水平，均高于河北省农业纳税人信息录入率74%，而秦皇岛、邯郸、衡水等地则低于河北省整体录入率，其中衡水市的农业纳税人信息录入率仅为29%，这也是衡水水资源税改革效果评价仅为0.74的重要因素；在管理水平的5个指标、公众认知的2个指标中，11个市的差别并不明显，基本处于同一水平，各个市在水资源税管理方面、公众的认可程度方面取得良好成效；另外改革效果为优秀的6个市在限制地下水使用、提高中水回用率上其评价效果也较为明显，据水利部门统计，2017年全省使用污水处理再生水、海水淡化、雨水利用等非常规水源使用量超过6.16亿m^3，同比增长3%。

第六章

河北省水资源税改革实施中存在的问题及解决方案

自2016年7月水资源税改革在河北省实施，到2019年年底，进行了三年多的探索，取得了显著的成效，但在很多方面也出现了一些问题，确实需要根据实地调查情况，发现问题、寻找解决问题的思路。本章围绕对于河北省多个地区的实地调查情况，听取专家反映和意见，总结了河北省水资源税实施中存在的一些问题，并针对不同方面的问题，给出了相应的解决方案，以供参考。

第一节　改革实施中存在的问题

河北省财政厅在对水资源税改革试点实施情况调研之后总结了目前水资源税改革存在的问题[1]，本书结合本次新一期调研工作及在资料总结的基础上，对目前河北水资源税改革存在的问题归纳如下：

一、农业水资源税改革方面

（一）水资源税征管成本过高

河北省农业水资源税于2018年4月顺利开征，实施后在水量控制方面取得了一定效果，但征管工作的人员投入及资金成本过高，投入了大量人力、物力、财力。据不完全统计，河北省投入近3000万元用于农业生产用水水资源税征

[1] 该部分内容参考《河北省财政厅关于水资源税改革试点实施情况的调研报告》(2018年)。

管，截至 2018 年，征收税款总计 576 万元，仅为总投资的 20%左右。征管工作的困难主要有两方面原因。一方面是纳税人数量多，核定工作量大。工作中，全省对 58 万户农业水资源税纳税人进行逐一核定，筛选了超限额农业水资源税纳税人，并计算确定了税基。另一方面是由于农业用水复杂，纳税人积极性不高。农业水资源税税源分散、人数多、税额小，未进行税务登记，寻找困难，且大多存在抵触心理，主动申报率极低，极大地增加了征管成本。

另外，针对没有安装计量设施的农业纳税人，河北省采用了以电折水的计量方式。承德市累计核查农业用电户 23905 户，合计限额核定数量为 6749 户，只占总核查数的 28%，登记农业水资源税纳税人信息 6749 条，累计核定农业取水量 2270 万 m^3。由于全市灌溉机井数量繁多、地域分布广，农业用电户配合度差，供电公司提供的用电户登记信息因时间过久，实际用电情况与登记信息不匹配等原因，导致在农业水资源税纳税人认定工作中由于时间紧迫造成认定结果不精准，且每年用电情况各有不同，如果每年按户现场核查，势必造成水资源现有管理人员所承担的任务过重。

（二）计量监控设施覆盖率不高

河北省优先推进非农在线计量监控项目建设，在非农方面的计量监控设施覆盖率较高，而农业方面的计量监控设施还需加快建设，提高覆盖率。其中对于计量监控设施未覆盖的地区采用以电折水的计量方法，以电折水系数通过典型机井量测、综合考虑各种影响因素以各地区的平均值和区间范围值的形式给出。虽然水利部门在农业水量核定方面做了大量工作，但采用的以电折水系数在实地量测时，受到当地水资源条件、量测时间、量测方法等因素的影响，并且典型机井也并不能准确代表其他的机井，例如整个定州市的以电折水系数平均值是 4.33，整个辛集市的以电折水系数平均值是 2.56，虽然已经足够细化，但还只是一个代表值，计算得到的用水量也具有一定的误差；且此方法需要依托电力公司提供的电量数据进行核算，需要供电部门的紧密配合，可能存在电力部门配合程度不高的问题，并且自身电表等设施也可能存在一定的问题，用电量数据的准确性存在不确定性；加上农业用水的复杂性以及各个农户的实际情况不同，导致农业水资源税改革进展缓慢，矛盾突出，成效并不明显。最后，以电折水并没有法律依据，其权威性可能会受到质疑，增加了执行的困难性。

二、非农业水资源税改革方面

（一）城镇公共供水企业纳税问题

一方面，河北省城镇公共供水企业，在入水厂口核定水量征收水资源税。据了解，一些供水企业认为应跟征收水资源费一样，在售水口征收水资源税，但上述征收方式会造成水资源税纳税人的不一致，不利于降低漏损率，不利于企业采取节水措施节约用水。另一方面，水资源税改革以后，城镇公共供水企业税额标准由收费标准平移，但由于原水资源费的执行标准和收费力度不到位，以及个别供水企业未按照规定将水资源税纳入水价等原因，导致供水企业实际税负普遍增加。

水资源税改革之后，出现供水价格与供水成本倒挂、地表水价格与地下水价格倒挂现象。根据评价结果，从河北省的层面来看，纳税人对水资源税改革的满意度为 0.82，整体上是比较满意的，但仍存在不满意的方面，其中包括调研中的公共供水企业，一个重要的原因就是改革后水价较低。水价调整程序复杂、周期长，河北省城镇供水价格相对较低、调整滞后，市区居民水价标准大致维持在 3 元/m^3、县城 2 元/m^3 左右，大部分供水企业运营处于保本微利，甚至亏损状态。经调查，遵化市的自来水公司目前使用的水价还维持在 2008 年的标准，低至 1.5 元/m^3，一直没有调整过，自从征收水资源税以来，水价并没有增加，人员工资无法保障；保定市主城区地下水水价大概为 3 元/m^3，而地表水则是 5 元/m^3，由于地表水水价明显高于地下水，很多地方并不愿意使用地表水，不利于抑制地下水超采。另外，针对城镇公共供水企业的管理不到位。按照水资源税管理办法，供水企业应该缴纳水资源税，但是其承担着城市的供水，也属于公益性单位，供水企业关停对人民的生活影响很大，因此如果拒不交税，税务部门也不能依法采取有效措施，对其征税有一定难度。同时，对供水公司没有实行超额用水加价制度，供水公司对取用水户使用阶梯水价进行收费，但自身可能不执行这种制度，对过量取水行为没有相关政策规定，对其用水起不到制约作用。

（二）特种行业分类仍需进一步完善

目前的税制设置，特种行业一般为取用水量较大的行业，适用高税率的确可以在很大程度上降低这部分纳税人的水资源消耗。但是，特种行业分类并不全面，未考虑行业生产对水资源的污染程度，如保定市的高阳县，按现行特种行业划分主要为洗浴业，但是该县印染行业发达而且取用水量较大，同时从对环境的影响来看，印染行业对水体的污染远高于洗浴业，这样设置行业类别便忽略了不同行业的主要影响因素。

三、水资源税改革政策体系方面

（一）水资源税税额标准复杂且有待改进

水资源税税额标准是由水资源费平移而来，区分用水类别（地表水、地下水、其他特殊用水），区分行业（农业、工商业、特种行业、其他行业），区分超采区（非超采区、一般超采区、严重超采区），区分管网内外（公共供水覆盖范围外、公共供水覆盖范围内），区分市县等共 5 级 52 个税额标准。由于税额标准级次多，设置复杂，造成实际工作繁琐、征管困难，税收执行难度大。过度复杂的税额标准，增加了纳税人了解整个水资源税改革的难度，使得大部分企业在计算应缴纳税款时还需查找各种手册，确定自己的税额标准，在实际工作中并不方便。另外，复杂的税额标准也不利于宣传，更不利于后期的广泛推广。

从评价结果中可以看出，指标“税率及农业用水限额设置的合理性”在各个地市以及全省的得分都处在较低的水平，维持在 0.70～0.75 之间；指标“对用水户税收负担影响程度”得分也普遍较低，说明税额标准的制定存在一定的问题，在实际执行中并不能较好地发挥作用、带来应有的便利，反而可能会增加税收负担。根据在承德市围场满族蒙古族自治县的调研得知，按照河北省的相关规定，围场税额标准执行非超采区城镇公共供水管网内外有别的高税额，对于经济不是很发达的县域，40 元或 20 元每吨水的高价大众型洗浴、洗车行业普遍反映税额标准较高，不符合水资源禀赋条件好、经济较落后的县域（居住楼房且有洗浴条件的居民占比较低），也会影响大众生活水平的提高。

（二）税收优惠政策中无减税和补助措施

税收优惠政策制定还不够全面和细化。由于各地政府对民生类供水企业采取减免水资源费的政策，“费改税”后这些企业实际负担增加，存在缴税困难的问题。目前，国家各个部门针对农业方面进行各项减免和补助措施，而水利部门则要求缴纳水资源税，因此增加了实际执行的困难性。另外，目前的水资源税优惠政策主要包括不征税项目和免税项目，如为农业抗旱和维护生态与环境必须临时应急取水的不缴纳水资源税、对取用污水处理回用水和再生水等非常规水源的免征水资源税，但几乎没有涉及减税的项目。同时各项优惠政策只针对取水用途和特殊情况，对更新升级节水设施和水循环利用设备却没有优惠政策，这样不利于促进企业主动转变生产方式。

在实际调研中发现，由于更新取用水设备或者采购节水设备费用较高，降低了部分企业的积极性，政策上规定的惩罚措施很多，但奖励措施却很少，不能够很好地引导企业朝着节水的方向发展。同时，针对学校（义务教育中小学、幼儿园等）、医院（特别是乡村卫生院）、养老院等公益性、民生类的纳税人，也没有单独的减税政策，不利于和谐社会的构建与发展。

（三）水资源税改革配套政策还不够完善

整个水资源税的管理体系里还缺乏一些相关政策及文件，未对各种具体情况作详细规定。水资源税很大程度上是通过杠杆作用来使其他管理系统的配套机制发挥作用，要充分利用水资源税的杠杆作用，就需要规范用水许可，完善用水计划，调控企业的用水成本，形成配套的完善体系。有的水利部门确定企业的用水计划时，直接使用往年的水资源税核定水量，这是损害水资源税制度工作成效的行为，削弱了水资源税制度的真正作用。

水资源税属于刚性政策，但具体在改革实施时遇到不配合的纳税人，若没有规定相应的法律措施，到最后只能依照《水法》中规定“按日最大取水能力”核定。但这样明显不符合实际情况，此时又没有具体的操作细则来指导管理者如何执行，所以执行起来比较困难。从该情况也可以看出，对于各种问题，政策制定者若只从理论上给出整个框架，却没有统一指导原则，一旦出现问题便难以解决，这样不仅不利于政策的推行，还容易造成公众对法律权威产生质疑。

加倍征税不够细化，政策指导不充分。根据河北省人民政府关于印发《河北省水资源税改革试点实施办法》的通知（冀政发〔2016〕34 号）第十五条、第十八条有关规定，只对超计划用水的水资源税税额进行了明确界定，但对未经水行政主管部门批准擅自取用水的税额没有明确规定。目前，各县均存在按照《河北省取水许可管理办法》（2018 年 9 月 1 日执行）无法办理取水许可证，但因管网建设滞后或水源暂时无法切换等，不得不使用地下水的情况。水利部门虽然可以按照《水法》进行相应处罚，但对于用水户使用地下水资源时应如何缴纳水资源税、应按照何种税额标准缴税未进行明确，还需上级部门出具具体文件支撑。

（四）政策中地热、矿泉水归属有待调整

2016年7月1日全国矿产资源税实施改革，河北省与其他省份一样，将地热水作为矿产品纳入矿产资源税管理，地热水矿产资源税税额标准按一般行业2元/m^3、特种行业6元/m^3征收。但跟其他行业用水相比，明显低于一般或严重超采区工商业2.1～6元/m^3和特种行业20～80元/m^3的地下水水资源税税额标准，不利于公平税负。

从调研情况来看，企业按使用地热水的用途划分为取暖和洗浴两类。使用地热水供暖的企业，地热水封闭循环，已经做到同层回灌，没有环境污染，由于取暖费标准限制和住宅空置房、报停用户的影响，很多供暖企业收入不高，亏损严重；但地热水供暖属于清洁能源供暖，取暖费收取标准参照燃煤取暖价格由政府统一制定，调整难度较大。例如：河北绿源地热能开发有限公司主业为利用地热能为居民提供冬季供暖服务，开采过程中做到了地热水100%同层回灌。费改税前，该企业根据"《中华人民共和国可再生能源法》（主席令第33号）第二十六条：国家对列入可再生能源产业发展指导目录的项目给予税收优惠。"及"《河北省地热资源管理条例》（河北省第十届人民代表大会常务委员会公告第61号）第二十条：对实施回灌的采矿权人可按回灌量减收其应缴纳的地热矿产资源补偿费。"等文件享受矿产资源补偿费减免政策。费改税后，因为没有另行规定，税负增加，经常处于亏损状态。地热水、矿泉水、地源热泵系统利用封闭型回灌技术回灌的取用水未征或不征水资源税。目前，未征或不征收水资源税，不利于取水许可全环节监管，从水资源属性方面也未体现有偿使用制度。

四、水资源税改革监督管理方面

（一）水资源税的征管模式有待调整

目前，水资源税的征管模式为"水利核准、纳税申报、税务征收、联合监

管、信息共享”，从中可以看出“水利核准”是整个水资源税改革的前提和基础。但是经过大范围的调研，水利部门的基层管理人员普遍反映，进行水量核定使工作量剧增。一方面，基层管理人员人数较少，而用水户数量庞大且分布范围广，很难在规定时间内完成工作，也在一定程度上增加了征管成本；另一方面，纳税申报本是自己的事情，却让水利部门先进行水量核定，不利于提高自身积极性，另外一旦由于各种原因导致数据存在问题，责任便由水利部门承担，工作人员责任加大。

（二）水资源税管理的各项费用有待落实

目前，水资源税改革中存在人员工资和办公经费严重不足的问题。费改税前，基层水利部门水资源管理人员均为自收自支，费改税后，这些人员仍承担征管工作，但部分县（市）水利部门水资源管理人员失去经费来源，工资及经费无法保障，一定程度上影响了正常工作开展，不利于提高职工的工作积极性和队伍稳定。现在河北省通过财政结余和专项来维持这部分工资，但此方法并不是长久之计，无法从根本上解决问题。同时，取用水户的日常监管和取用水量的核定也有很大的工作量。因此，当前人员工资和办公经费问题亟待解决。

（三）取水许可的办理流程过于复杂

随着水资源税改革的逐渐规范化，征收范围不断扩大，针对特殊情况的纳税人，出现了原取水许可管理不好实施的情况。承德市拥有丰富的旅游资源，是我国著名的旅游城市。根据调研的实际情况，目前承德市各乡镇村的小饭馆、小店铺、小超市等小单位到处可见，但其月用水量非常小，基本在 5～10m^3 之间。这类取用水户管理难度大，从法律的角度考虑必须办理取水许可证，但是由于各小单位经营的季节性和灵活性，全部办理取水许可难度大，也不易管理，计量设施安装繁琐也是问题之一。

从评价结果中可以看出，指标“非农取水许可证发放率”的得分普遍较高，但是与达到 100％还有一定的距离。取水许可证是水资源税征收的法律凭证，也是水资源税改革的保障工作，若要使征税过程更加完善，就必须保证取水许可证发放率达到 100％。取水许可证的办理在某种程度上过于复杂，可能导致不同部门在无证取水的管理方面不同步，一些符合取水许可条件需要新办或补办取水许可证的，由于办理流程过于复杂，导致在此期间征收水资源税时符合条件但未取得取水许可证的企业也要按照规定征收3倍税额。另外，对于建筑施工的基坑降水，按照规定也要办理取水许可证，征收水资源税，但是办理取水许可证时间较长，可能存在基坑降水已经结束还没办好证的情况，不仅起不到应有的作用，还增加了管理人员的负担。

五、信息系统与基础设施建设方面

（一）信息平台建设有待进一步完善

在线取水计量监控系统建设是水资源税改革的基础工作，取用水量是水资源税征收的重要依据。目前，全省已实现在线监控的非农水资源税纳税人共计2438户，监控水量占全省非农水资源税纳税人总计税水量的44%。因工作进度和资金安排等原因，在线计量监控并未做到全覆盖。同时，一些在水资源税改革前已建成的监控站点，存在设施未升级、存量不够及后期运维等问题，影响了水量计量的专业性和稳定性。

从评价结果中可以看出，指标“各部门信息共享程度”的得分普遍较高，但是与达到100%还有一定的距离。信息共享程度在整个水资源税征收过程中起着关键性的作用，完善的信息系统是进行数据有效传递的前提，必须通过各种信息平台的建设，提高信息共享程度。

（二）基础设施建设有待进一步加强

根据实际的调研情况得知，目前成安县已安装计量设施的取用水户大部分使用的是普通计量设备，导致在日常监管和取用水量的核定工作上效率低下。普通计量设备使用寿命较短，日常维护费用高，并且水量计量的准确性也没有智能远传水表高，也没有相应的传输功能，不利于整个水资源税改革的智能化管理。另外，费改税工作开展以来，有部分老旧小区和倒闭的国企小区（带家属院的）由于供水管道年久失修，无力更换，如果按照要求切换水源，则管道不能满足施工要求，基础设施建设跟不上改革的需求。

从评价结果中可以看出，指标“非农在线监控计量设施项目完成率”的得分普遍较高，大部分地区都达到了100%，但是也有个别地区的得分较低。完善水资源监控系统是进行水资源税改革规范化管理的重要一步，必须加强计量设施的覆盖范围，争取全部能够达到100%。改革以来，各地市投入大量的资金用于开展水资源在线监测和监控设施建设。据调研，目前对年取水量5万 m^3 以上的取用水户基本全部实现在线监控，但这样还远远不够，至少应保证将年取水量1万 m^3 以上的取用水户纳入在线监控系统中，可对其进行实时监督。

第二节 解 决 方 案

通过归纳总结，河北省水资源税改革中存在的问题主要有农业水资源税改革、非农业水资源税改革、水资源税改革政策体系、水资源税改革监督管理以及信息系统与基础设施建设方面的。通过实际调研以及对问题的深入分析，给出针对各问题的对策建议，如图6.1所示。

一、农业水资源税改革方面

（一）征管成本过高问题

（1）国家统筹考虑农业水资源税征管实际问题和征收意义，开展农业水资源税综合评价工作，以及开展将农业水资源税税额标准降为零的可行性研究。

（2）考虑能否将农业水资源税交予电力部门代收代缴。

（3）将水资源税的征管模式调整为“纳税申报、税务征收、水利稽查、联合监管、信息共享”，由纳税人自主申报，水利部门随时稽查，这样就减轻了基层管理人员的工作量，也在一定程度上降低了征管成本。

（二）计量监控设施覆盖率不高问题

（1）由政府部门组织专业的研究小组，对以电折水的系数进行深入分析，不断修正，使其计算得到的结果在可接受范围内，并逐步简化计算过程，尽量减少主观因素的影响。

（2）在水资源税改革初期，各种计量设施并不完善，而农业分布范围广，很难全部使用智能化水表，也不符合实际情况，因此以电折水是目前最为科学的计量方法，有助于推动改革的顺利实施。但是，随着改革的深入实施，可分区域地将农业用水户集中供水，安装智能化水表，直接监测用水量，以代替目前的以电折水。

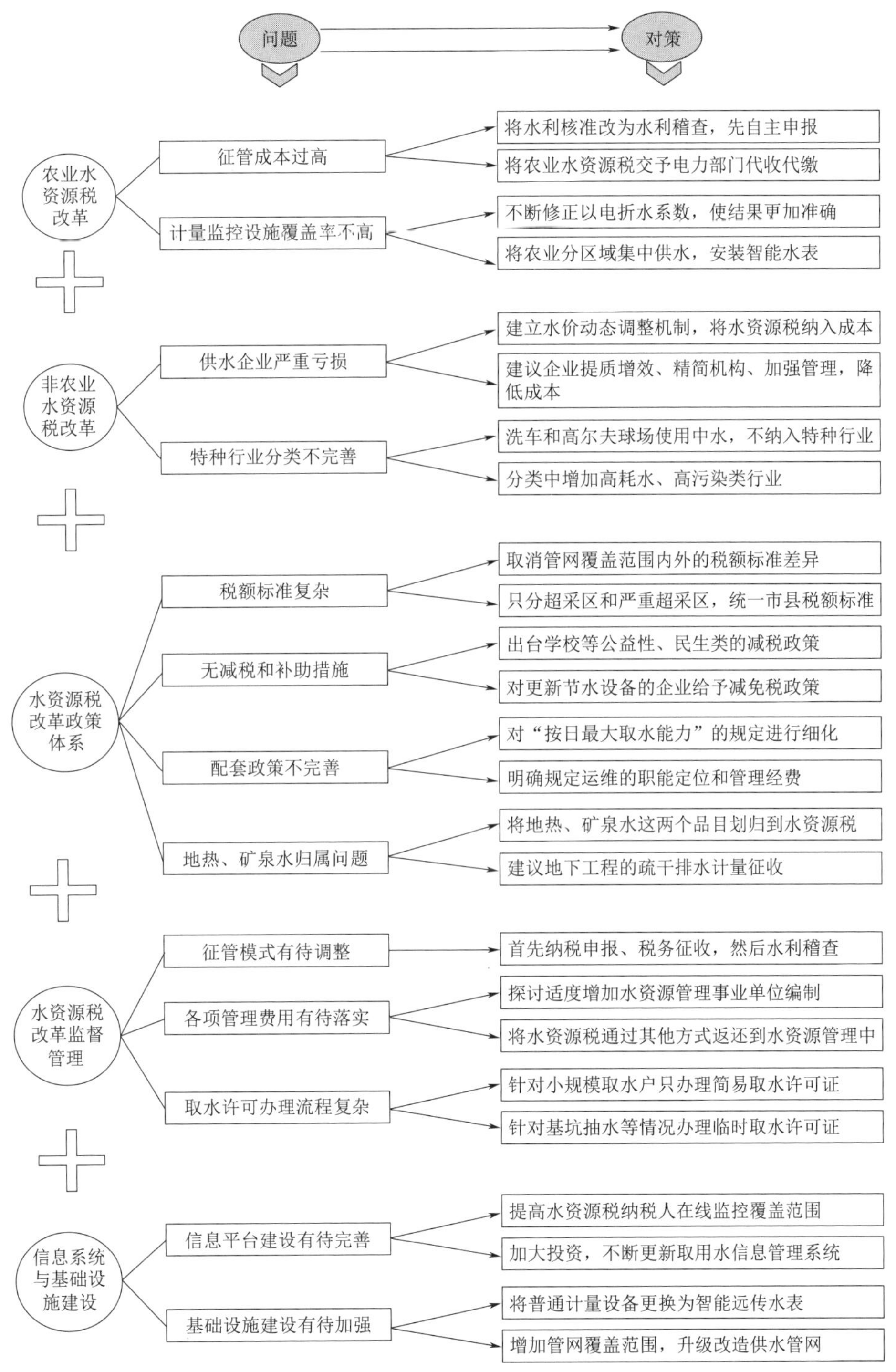

图 6.1　水资源税改革中的问题及对策建议

二、非农业水资源税改革方面

（一）供水企业严重亏损问题

（1）虽然部分城镇公共供水企业因亏损问题提出了在售水口核定水量征收水资源税的建议，但为了能充分发挥水资源税调节地下水、地表水用水功能，从整体长远考虑，在国家全面推开水资源税改革时，仍要把城镇公共供水企业作为纳税人，按入水厂口征收水资源税。

（2）对城镇公共供水企业建立水价动态调整机制，河北省也正在实施中，水价已于 2018 年 5 月进行了一轮新调整。

（3）建议企业提质增效、精简机构、加强管理、降低成本。

（二）特种行业分类不完善问题

特种行业取用水包括洗车、洗浴、高尔夫球场、滑雪场取用水。

（1）洗车行业虽用水量较大，但对水质要求不高；高尔夫球场主要是草坪浇水，其单位用水量和园林绿化用水几乎相当，并且对水质要求也不高。可鼓励其统一采用污水处理厂的中水，这样按照规定就可以免征水资源税，既方便管理，又从根本上促进了节水。

（2）建议特种行业的分类应结合对环境污染的程度方面综合考虑，高耗水、高污染类企业是重点纳税对象，应将取用水量和环境污染程度结合起来设置分类。

三、水资源税改革政策体系方面

（一）税额标准复杂问题

（1）河北省将针对当前的税额标准，结合三年来的征管情况，对水资源税税额标准的科学性、有效性进行分析评价。一方面，河北省人民政府办公厅印发了《河北省城镇自备井关停工作方案》，确保在 2019 年 6 月底前城区管网覆盖范围内符合关停条件的城镇自备井全部关停，采取行政手段进行管理，已没有必要设置管网覆盖范围内外的税额标准差异，而且在实际工作中城镇公共供水管网覆盖范围很难界定，是引起税企争议的焦点问题之一，因此建议取消；另一方面，将工商业与其他行业合并为其他行业，目前河北省的工商业和其他

行业的税额标准是一致的，从三年的试点运行来看，没有必要设置工商业和其他行业，建议合并。

（2）国家统筹考虑水资源税税额标准，在全国推开时，建议只分为超采区和严重超采区两种类型，统一市和县的税额标准，简化税率。

（3）综合考虑水资源禀赋条件、经济发展水平、取用水户承受能力等因素合理设置税额标准，既能促进节约用水又能推进经济社会快速发展。

（二）无减税和补助措施问题

（1）加强顶层设计，从实际出发，依据有关规定出台城镇供水企业、学校、医院、养老院等公益性、民生类的税收优惠政策，适度扩大减税力度，减轻纳税人负担，支持关系民生行业的健康发展。

（2）有必要对回收利用的疏干排水给予优惠，但是应合理计量疏干排水量。由水利部门牵头确定疏干排水量，对于企业具备安装计量设施条件的，安装计量设施后报税务部门，水利部门检验合格后，按计量设施计量；对于确实不具备安装条件的，如符合专家审查通过的论证报告书的条件，则按照报告书的水量及施工日志综合进行核定。

（3）对采用节水、更新水处理设备的企业制定减免税政策，在政策上奖罚并用，减轻企业压力。同时，对使用再生水等循环利用、综合利用的企业给予更多的政策鼓励。

（三）配套政策不完善问题

（1）对水资源税改革配套政策进行完善，如《水法》中的“按日最大取水能力”核定，没有给出更为具体的实施办法，且该做法确实不合理，缺少相关法律依据。面对这种问题最好能出台一些政策文件，将各项具体工作落实到位。

（2）从法律角度要对在线监控运行维护的职能定位和管理经费进行明确规定，详细说明在线监控的运行维护由谁负责以及经费来源情况，做好分工，明确每一项职责所在，才有助于提高监控能力，促进持续发展。

（四）地热、矿泉水归属问题

（1）建议上级部门加强顶层设计，将地热、矿泉水这两个品目划归到水资源税收范围内，且优先征收水资源税（不重复征收矿产资源补偿税）。目前地温空调回灌水不征收水资源税，不利于水资源管理。纳入水资源税征收范围后，可提高取用水单位的管水节水意识，提高对地下水回灌强度，有利于保护地下水，统一管理，公平税负；地源热泵系统利用封闭型回灌技术回灌的同采矿疏干排水回用或再利用的一同计量，从低征收水资源税，延续矿产资源补偿费优惠政策，对利用地热水供暖行业给予水资源税税收优惠。

（2）建议地下工程的疏干排水计量征收，并逐步引导取水户将疏干水同层回灌，用于农田灌溉、养殖等，进行二次利用，减少浪费。

四、水资源税改革监督管理方面

（一）征管模式有待调整问题

由于水资源税改革初期纳税人可能对该政策并不熟悉，积极性不高，实际执行起来比较困难，因此在试点期先“水利核准”、后“纳税申报”是可行的。但长期按照这样的工作形式进行下去，会导致水利部门责任增大，工作量剧增。实际上，随着改革的推进，各项计量监测系统的完善，纳税人对每月的取用水量可以清晰看见，具备了主动申报的技术条件。因此，建议先“纳税申报”“税务征收”，然后“水利稽查”，即水资源税改革正常运行期的征管模式为“纳税申报、税务征收、水利稽查、联合监管、信息共享”。纳税人自主申报前不需要水利核准，可以提高积极性，减少基层管理人员的工作量，降低征管成本。如果对申报的数据存在异议，可以对其进行水利稽查，从监管的角度考虑更具有可操作性。

（二）各项管理费用有待落实问题

在国家推行时，要切实引起重视，制定出有关人员保障的具体配套政策。

（1）水利部联合国家人社部和编办共同解决这部分人员的编制问题，最好从国家层面下文，制定出该部门人员的编制数量。

（2）将征收上来的水资源税，通过立项或其他方式返还给基层水利管理人员，用以解决人员工资和经费问题。

（3）调整水资源税的征管模式。水资源税管理各项费用不足的一个重要原因就是改革之后水利部门的工作量急剧增大，特别是针对农业部分的水利核准，需要大量的基层人员和设备。因此，建议将水资源税的征管模式调整为“纳税申报、税务征收、水利稽查、联合监管、信息共享”，由纳税人自主申报，水利部门随时稽查，这样就减轻了基层管理人员的工作量，也在一定程度上降低了征管成本。

此外，水资源税改革在全国推开后，将水资源税收入100%划归地方，当地的财政部门将收取的水资源税全部返还，用于水资源税改革的日常管理，做到专款专用，取之于税、用之于水。

（三）取水许可办理流程复杂问题

（1）由于小单位的取用水量不多，规模不大，建议此类小取水户只办理简单的取水许可，相关部门出台简易的取水许可办理流程，由水利、工商、税务等部门协同管理，按其营业额比例征收水资源税，达到应征尽征的目的。

（2）针对基坑抽水的水资源税管理，根据实际情况办理临时取水许可证，简化流程，缩短办理时间，以便科学合理地征收水资源税。

五、信息系统与基础设施建设方面

（一）信息平台建设有待完善问题

（1）相关部委间积极协调，在全国范围内积极推进信息平台建设，提高水资源税纳税人在线监控覆盖范围。

（2）不仅要在信息平台的建设上加大投资，不断更新“水资源税改革取用水信息管理系统”，增加服务功能，提高便捷程度，另外还要加强系统的运行维护。

（二）基础设施建设有待加强问题

（1）个别地方水量监测使用的还是普通计量设备，建议上级部门拨付资金统一安装智能远传水表，增强日常监管能力和取用水量核定效率。

（2）增加管网覆盖范围，加大投资，将应该使用地表水的地区都铺设供水管网，避免对地下水的开采；另外，注重对管道的升级改造，特别是漏损率比较大的地区，避免水资源的浪费。

第七章

水资源税改革试点“河北模式”和经验总结

河北省经过一系列卓有成效的探索，在水资源税改革方面做了大量的工作，摸索出一套具有“河北特色”的典型模式，总结出来后可以被其他省（市、区）所借鉴。为此，在大量调研和分析的基础上，提出了水资源税改革试点“河北模式”。本章首先对“河北模式”进行简要总结，并从征收管理原则、一个核心目标和两类管理模式角度对“河北模式”进行内涵解读；然后给出对水资源税征收正常化后“河北模式”改进的建议；最后梳理改革试点的宝贵经验。

第一节 “河北模式”总结

在收集整理资料的基础上，本书主要从概念内涵、基本要素、典型特征、适用范围以及功能效果等多方面，总结提出具有一定特色的河北省水资源税改革典型模式，即“河北模式”。

“河北模式”是河北省在水资源税改革以来，不断探索创新而逐步形成的一套完整的水资源税改革形式，其框架如图7.1所示。其中“水利核准、纳税申报、税务征收、联合监管、信息共享”的“二十字”管理机制是“河北模式”的核心内容，也是重中之重，是整个水资源税改革的典型特色；另外，一个核心目标、两类管理模式、五步关键进程、五大支撑体系是对“河北模式”的深入分析与解读，是其基本内涵[44]。

“河北模式”一方面包含非农业纳税人管理模式、农业纳税人管理模式；另一方面建立政策制度体系、行政管理体系、技术支撑体系、理论基础体系和公众参与体系五大支撑体系。两类管理模式和五大支撑体系是水资源税改革“河

北模式”的高度总结。具体而言，该模式主要涉及以下五方面内容：①以“水利核准、纳税申报、税务征收、联合监管、信息共享”的管理机制为主线；②以“在于水而不在税，着眼税而放眼水”为核心目标，用好税收杠杆；③形成“非农业纳税人管理模式”和“农业纳税人管理模式”的两类管理模式；④设置“政策制度设计—纳税人信息建档—用水计量监测—核定信息传递—水资源税征收”的五步关键进程；⑤形成以“1＋15”政策体系和56个规范性文件为主的政策制度体系、以水利税务优化协作为核心的行政管理体系、以水量核算技术方法和以电折水计算方法以及取用水信息管理系统为主的技术支撑体系、以绿色发展和人水和谐以及可持续发展为主的理论基础体系、以公众参与纳税和强化公众节水意识为主的公众参与体系的五大支撑体系。

（一）水利核准

水利核准作为“河北模式”中的核心部分之一，也是整个水资源税改革的首要前提。由于大部分地区在水资源税改革之前存在偷缴、漏缴水资源费的现象，且没有从法律角度进行严格规范，致使在“要缴纳多少水资源费”的问题上比较模糊，而缴纳水资源费的前提便是使用水资源量的确定，在河北试点改革实施办法中也明确指出“水资源税实行从量计征”。因此，在水资源税改革之初就要做好水量核定工作。河北省按照稳定水资源管理秩序，细化水资源管理方式的原则，确定了有差别的取用水量核定方式，满足税务部门的征税需求。大力实施非农在线计量监控项目建设，逐步提高取用水量在线监控覆盖范围，推进利用在线监控数据核定水量，实现非农取用水户在线监控全覆盖，水量核定更加规范化、科学化和便利化，有效保证了纳税人取用水量“应核尽核”。水资源税改革实施以来，各市、县水利部门核定的取用水量为税务部门准确征收水资源税提供了科学依据。

（二）纳税申报

纳税申报既是“河北模式”中的核心部分，也是整个水资源税改革的基础工作。河北试点改革实施办法中明确规定“水资源税的纳税义务发生时间为纳税人取用水资源的当日，纳税人向其所在地主管税务机关申报缴纳水资源税”，并推行网上办税、移动办税、自助办税，建立水资源税申报绿色通道，让纳税人多跑网络、少走马路。在申报时，考虑到各类纳税人的实际情况，分别设置

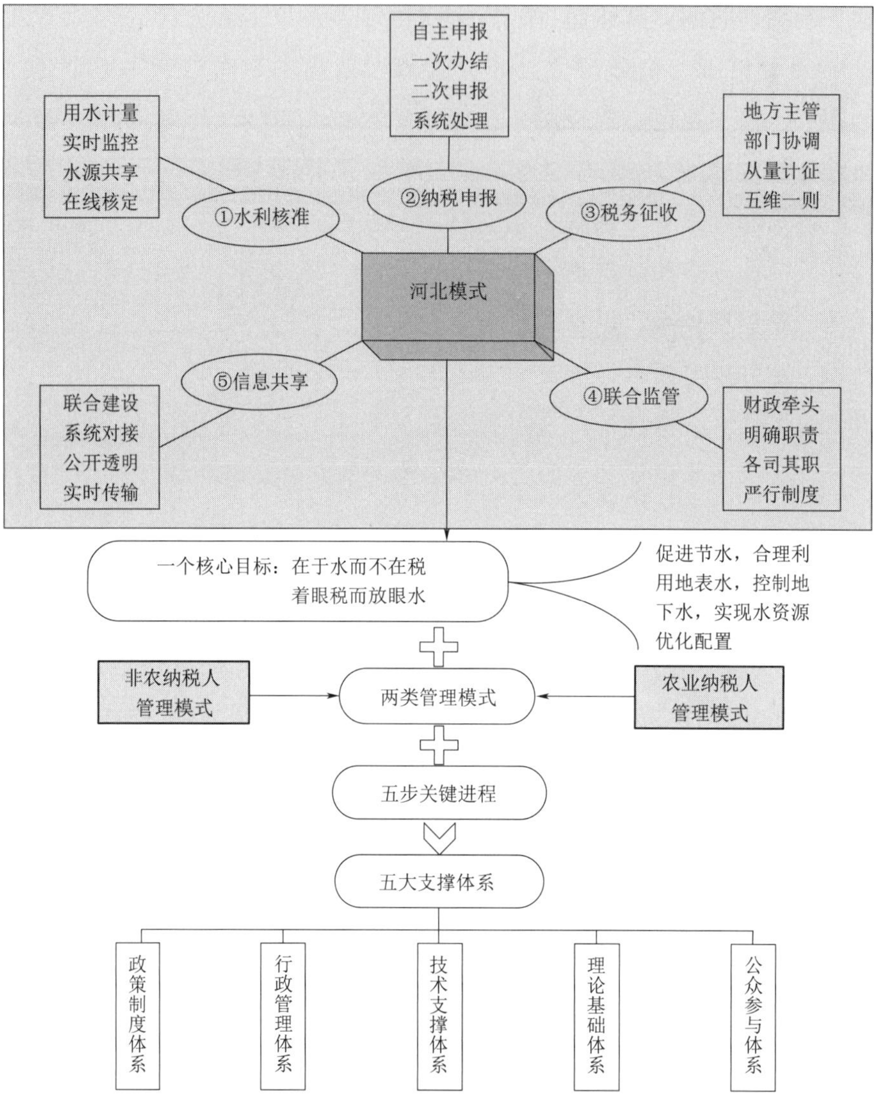

自主申报
一次办结
二次申报
系统处理

用水计量
实时监控
水源共享
在线核定

地方主管
部门协调
从量计征
五维一则

①水利核准
②纳税申报
③税务征收

河北模式

⑤信息共享
④联合监管

联合建设
系统对接
公开透明
实时传输

财政牵头
明确职责
各司其职
严行制度

一个核心目标：在于水而不在税
着眼税而放眼水

促进节水，合理利用地表水，控制地下水，实现水资源优化配置

非农纳税人管理模式
两类管理模式
农业纳税人管理模式

五步关键进程

五大支撑体系

政策制度体系
行政管理体系
技术支撑体系
理论基础体系
公众参与体系

图 7.1 水资源税改革“河北模式”框架图

了按季申报、按月申报，同时也有按次申报，增加了申报形式的多样性，使申报过程更加便利。

（三）税务征收

税务征收作为“河北模式”中的核心部分，是整个水资源税改革的关键环节。以搭建基础数据统一平台为基础，使水利部门便于录入更新纳税人用水计划、取水许可信息，税务部门便于录入更新纳税人识别号、税源编号、税源登

记信息、征税金额等涉税信息，两部门均可随时查阅，保证了数据的一致性和水量核定书的顺利传递。在确定税额标准方面，通过行业类别、水源类型、采区划分、管网覆盖范围、城市规模等五个维度确定一个税额标准。

（四）联合监管

联合监管作为"河北模式"中的核心部分，也是整个水资源税改革的重要保障。在征收过程中，税务和水利部门联合办公，两部门联合实施专项稽查和检查，在各自职责范围内共同开展工作，加强税源监控、纳税评价等环节的信息比对、传递和利用工作，确保迅速发现征管风险点并加以避免。水利部门负责信息获取和核准，在规定时间内获取纳税人取用水信息，及时向税务部门提供纳税人取水许可情况、实际取用水量、超计划取用水量、非法取水处罚等信息；税务部门负责税款征收，纳税人申报后，税务部门比对水利部门提供的相关信息后征收税款。

（五）信息共享

信息共享同样既是"河北模式"中的核心部分，也是水资源税改革的技术支撑。河北省水资源税改革是一项系统工程，涉及水利部门、税务部门等多部门的协调合作，并且各市县的相关部门也联系紧密，在这样的情况下数据的共享至关重要。由于水资源税改革数据量巨大，因此信息共享也是水资源税改革过程中的一大挑战。在水资源税改革初期，河北省就组织开发了河北省水资源税取用水信息管理系统，经过多次升级后，目前的系统通过设置水利端、税务端、企业端和短信催缴等功能，实现水利部门远程实时动态水量监控与核定、企业取用水量确认、税务部门征税信息共享和税款催收的有机统一，确保了水资源税相关信息互联互通、数据共享。

中央确定河北为第一批全国唯一的水资源税改革试点省份，要求河北省在税制设立、水资源节约保护等方面探索新路子，自 2016 年 7 月水资源税改革实施以来，已有三年的时间。河北省各级水利部门按照省委、省政府确定的改革思路和目标任务，积极主动作为，创新工作方式，试点工作平稳有序推进。按照国家的统一部署，河北省对三年来的水资源税改革工作进行总结，对典型经验和工作亮点进行提炼和挖掘，形成具有河北特色的水资源税改革经验，为在全国推开提供可借鉴、可复制的成功经验。经过两次大范围的实地调研，掌握了大量的水资源税改革资料，对实践经验与工作特色进行深入总结，形成“河北模式”，该模式简洁精炼地说明了整个水资源税改革的关键环节，突出了在水资源税改革过程中的河北特色，使人不仅能够深入地了解水资源税改革，同时有助于固化模式，使其能够在全国范围内顺利推广。通过完善试点推广模式，可以深化水资源税及配套改革，更好发挥政策导向和税收调节作用，为全省经济社会可持续发展提供更加有力的水资源支撑。

第二节 “河北模式”内涵解读

水资源税改革“河北模式”是一个能够基本反映河北省水资源税改革大体脉络和典型工作特色的一般性、可操作性的工作模式。水资源税改革一开始，便在各项政策文件的指导下开展了一系列工作，在取得一定成效的基础上，进行深入挖掘，全面总结经验，形成改革模式。因此，可以说“河北模式”是从理论到实践，再从实践上升到理论的产物。“河北模式”的核心内容是“水利核准、纳税申报、税务征收、联合监管、信息共享”；其基本内涵可总结为一个核心目标、两类管理模式、五步关键进程、五大支撑体系。

一、核心内容[1]

（一）水利核准

考虑到水资源计量专业性较强，取用水等税源情况主要由水行政主管部门掌握，在纳税申报前增加了水利核准的前置条件。水利核准就是通过计量设施统计准确的用水量信息，以作为后续缴纳水资源税的依据。因此，水利核准是水资源税改革的前提，是缴纳水资源税的基础性工作。水利核准作为水资源税改革模式的第一个内容，其主要由相关政府部门主导完成，纳税人积极配合，这也是在改革初期督促纳税人积极缴纳水资源税的重要一步，符合事物从无到有的发展规律。水利核准包括用水计量、实时监控、水源共享、在线核定。

（二）纳税申报

考虑到部分纳税人税额较小，增加了不同时段申报的方式。水资源税按季

[1] 该部分内容来源于《水资源税改革试点探索与实践——以河北为例》（2017年）。

或者按月计算征收，由主管税务机关根据实际情况确定。不能按固定期限计算纳税的，可以按次申报纳税。纳税人以 1 个月或者 1 个季度为一个纳税期的，自期满之日起 15 日内申报纳税。水资源税纳税申报增加了附报资料。纳税人办理纳税申报时需报送《河北省水资源税纳税人取用水量核定书》，并按照核定的实际取水量向主管税务机关计算缴纳水资源税。纳税申报可分为自主申报、一次办结、二次申报、系统处理。

（三）税务征收

明确水资源费改税后由税务机关负责征收管理。纳税人向其所在地主管税务机关申报缴纳水资源税。纳税人取得取水许可证或取水许可信息变更后 15 个工作日内，向主管税务机关提交取水许可证复印件，填报《河北省水资源税税源登记表》。主管税务机关应在 3 个工作日内将税源登记信息录入征管系统。纳税人应在每年 12 月 31 日前按照规定向水行政主管部门申报下一年度取用水计划建议，水行政主管部门应在每年 1 月 31 日前批准纳税人取用水计划。纳税人应在获得取用水计划后 15 个工作日内报主管税务机关备案，主管税务机关应在 3 个工作日内将用水计划信息录入《河北省水资源税税源登记表》。税务征收可分为地方主管、部门协调、从量计征、五维一则。

（四）联合监管

考虑到水资源税由水行政主管部门和税务部门联合管控的实际情况，在征管过程中发现问题的，由地方税务机关和水行政主管部门联合核查。联合监管可分为财政牵头、明确职责、各司其职、严行制度。

（五）信息共享

为提高水资源信息传递的效率和质量，河北省税务局开发了水资源税信息交换平台，实现取水许可信息、取水量信息、申报征收信息的共享。对于水行政主管部门，应将核发取水许可证的情况录入信息交换平台，并按月（季）向纳税人下发《河北省水资源税纳税人取用水量核定书》，并于每月（季）结束后 15 日内，将取用水信息录入到信息交换平台。对于地方税务机关，应定期向水行政主管部门提供水资源税纳税申报等信息。信息共享可分为联合建设、系统对接、公开透明、实时传输。

二、一个核心目标

一个核心目标为：在于水而不在税、着眼税而放眼水。应以合理利用地表水、控制地下水来促进节水，并实现水资源优化配置。改革后，地下水的税负远远高于地表水的税负，同时高耗水企业和特种行业的税额标准被调高，中水等非常规水源免征水资源税，“一升一降”形成倒逼效应，即用税收杠杆调节用水需求，引导和鼓励节约水资源、抑制地下水超采，促进水资源可持续利用，最终形成促进经济社会发展模式转型的良性和持续动力。水资源税改革推动社会形成绿色发展方式和生活方式，引导全民节约用水的调控作用日趋显现。企业主动调整生产用水方式，加大节水设备投入力度，提高水资源综合利用水平，减少生产耗水量，高效节水工程和技术措施得到广泛应用，社会节水意识普遍增强，实现了从“要我节水”到“我要节水”的转变。

三、两类管理模式

两类管理模式为：非农纳税人管理模式和农业纳税人管理模式。另外，还有水资源税改革信息管理模式。

（一）非农纳税人管理模式

非农水资源税纳税人的管理范畴为直接从江河、湖泊（含水库）和地下取用水资源用于工商业、城镇公共供水、特种行业和除农业生产以外的水资源税纳税人，具体对象包括城镇公共供水企业、工商业自备水源取用水户以及达到千吨/万人以上规模的农村集中供水单位。

非农纳税人水资源税管理典型模式包括以下方面：

(1) 基于水利、税务部门协助机制的纳税人基础信息建档工作。非农纳税人信息建档以水利部门取水许可台账信息为基础，通过水利、税务部门间的信息移交和联合核查，共同建立水资源税纳税人信息档案，同时积极调动宣传和信息比对技术手段，强化对未纳入管理的水资源税纳税人的排查工作。

(2) 核定水资源税纳税人征期取用水量。非农纳税人严格依据取水计量设施核定取用水量，通过统合纳税人网上水量申报、取用水在线监控系统以及水资源管理人员定期巡查等管理形式，准确、及时、高效完成水量核定工作，并以水量核定书为信息传递的载体和纽带，实现水利和税务部门间的职能交接。

(3) 做好水资源税支撑性管理工作。通过规范取水许可和用水计划管理制度，对超计划用水户的超用水量按照2～3倍税额标准征收水资源税，对未取得取水许可证取用水户的全部水量按照3倍税额标准征收水资源税，有力落实了水资源税对取用水行为，特别是不合理、不合法取用水行为的经济杠杆调节作用，引导取用水户形成合法取水、节约用水的规范意识。

(二) 农业纳税人管理模式

农业水资源税采取年度征收方式，纳税人的管理范畴为直接从江河、湖泊(含水库)和地下取用水资源从事农业生产的农业取用水户。具体对象包括种植业、畜牧业、水产养殖业和林业。

农业水资源税实际取水量核定实行差别化处理，水产养殖业和畜牧业取用水户、使用地表水的种植业和林业取用水户以及其他具备水量计量条件的用水户依据取水计量设施核定实际取用水量；使用地下水且不具备计量条件的种植业、林业取用水户，采取以电折水模式，依据电力部门提供的灌溉用电量数据核算实际用水量。以电折水系数参考成果由省水行政主管部门委托技术单位依据实测数据和历史观测数据确定，各县县级行政单位依据参考成果为本辖区合理选定一个或多个以电折水系数，选定结果经市级审查、省级备案后由省水行政主管部门以规范性文件形式予以统一发布。

农业水资源税应税水量为取用水户实际取水量减去免征税水量，农业用水户的免征税水量测算依据省水行政主管部门发布的单位用水限额标准和通过调查确定的农业生产规模确定。单位用水限额应与区域农业生产习惯相适应，同时体现较高的农业用水效率水平，实现保障农民基本权益和优化农业用水效率相统一。

(三) 水资源税改革信息管理模式

水资源税征收管理是一项涉及部门多、面向对象广、时效要求强、精度需求高的系统性工作。在实际征管流程中，水利、税务、电力等各管理部门内部，各管理部门之间以及各管理部门与水资源税纳税人之间构成了复杂的业务交互关系，业务流程长，数据量庞大，对面向多部门的信息协作管理能力提出了极高的要求。河北省为破解以上难题，组织开发了河北省水资源税取用水信息管理系统，该系统面向水利、税务和纳税人的不同用户需求，采用B/S网络架构，依据"统一平台、三级应用、四类用户、角色适应、职权对等、账号管理、实名操作"的总体设想，以全面提升水资源税管理信息化水平为出发点，以切实服务水资源税纳税人、降低管理部门流程成本为落脚点，面向水资源税改革的新模式和新要求，统筹水利、税务部门优势管理路径，按照"业务线上化、过程自动化、信息同步化、管理扁平化、职权清晰化、服务人性化"的原则，系统打造了河北省水资源税改革的云端业务平台。

河北省水资源税取用水信息管理系统上线后，全面形成了以非农水资源税"纳税人在线申报、计量数据在线接入、水利部门在线核定、水量核定书在线传递、税务部门在线监管"的"五在线"和农业水资源税"以电折水自动测算、监测水量自动核定"的"两自动"为标志的水资源税水量核定业务全流程在线办理能力。

四、五步关键进程

水资源税改革"河北模式"的五步关键进程依次为：政策制度设计、纳税人信息建档、用水计量监测、核定信息传递、水资源税征收。这是水资源税改革过程的高度总结，是从改革工作的主要步骤角度分析得出的，便于理解河北省水资源税改革试点工作的主要内容。

一项国家范围内的重大改革必须从做好顶层设计开始。在政策制度设计方面，针对纳税人基础信息管理、水利和税务部门的联合协作、农业和非农的水资源税征收以及相应的配套保障措施等税改重难点问题，河北省相关部门通过细致调研、科学解析和分类施策，打造了以"1+15"政策文件为骨干，总计包括 56 个配套文件在内的水资源税管理政策体系，形成了一套包括非农和农业两大领域，全面涵盖纳税人认定、水量核定、信息传递和税收征管等水资源税管理全流程环节的系统性改革方案。在税改正式实施之前，财政部、国家税务总局、水利部联合印发了《水资源税改革试点暂行办法》，专门针对河北省制定了详细的改革实施办法，随后河北省相关部门响应国家政策并根据地方特点制定《河北省水资源税征收管理办法（试行）》，为后续制度的设计和工作的推进奠定了基础。

明确改革对象、获取并管理其基本信息是改革实施的前提。纳税人信息建档就是为了摸清"家底"，统计并规范纳税人信息，这是一个涉及到河北省全省

甚至更大范围的信息统计，数据量之大、技术要求之高给改革实施增加了难度。为了有效推动改革的各项工作，提升水资源管理能力，河北省水利厅组织开发了"河北省水资源税取用水信息管理系统"，功能全面，基本满足了信息收集与管理的要求，管理者按照"一户一证一档"的原则建立纳税人信息管理档案，做到不遗漏、全覆盖、有实时数据可查，提高信息统计的准确性、及时性。

针对用水计量监测，为了确保数据的准确性，提高水资源监控能力，在河北省全省范围内建立取用水户水量在线监测点，严控取水量，对满足条件的地区要求安装智能水表，确保数据的实时传输与智能监控，依据取水计量设施核定水量，对于没有或无法安装水表的，采用以电折水的形式核定水量。针对核定信息传递，就是水利部门把核定好的纳税人信息移交给税务部门，由税务部门统一征收水资源税。传递的信息主要有取用水户基础信息以及取用水信息等，移交工作按照"属地移交、县级核实、省市备案"的原则实施，这充分体现了多部门间的协同合作与信息共享，是改革的一大特色。水资源税征收是改革实施的最后环节，也是最关键的一步，征收水资源税严格按照配套的法律依据执行，对于不按照规定缴纳水资源税的依法处罚，这也体现了征收水资源税的强制性。

五、五大支撑体系

水资源税改革"河北模式"的五大支撑体系分别为：政策制度体系、行政管理体系、技术支撑体系、理论基础体系、公众参与体系。之所以能够称为体系，是因为它是有很多相互关联的内容组成的一个整体，而政策制度、行政管理、技术支撑、理论基础和公众参与代表了推动水资源税改革顺利实施的五大方面，因此将其称为五大支撑体系。

政策制度就是以"1＋15"政策文件为骨干，总计包括56个配套文件在内的水资源税管理政策体系。这是河北省在水资源税改革实践中出台的主要政策文件，是顶层设计的重要体现，为改革的实施提供了制度保障。行政管理就是针对水资源税改革落实相关政策制度的一切组织管理活动。水资源税改革情况复杂，是一项系统工程，需要建立组织机构，比如成立省、市、县等各级水资源税改革工作领导小组，建立各组织机构联动机制，明确各组织机构工作职责，分工协作、共同推进，为改革的实施提供组织保障。技术支撑包括水量核算技术方法、以电折水计算方法、建立并运行维护取用水信息管理系统等创新技术。水资源税改革涉及面广，事关国家税务征收，需要更为科学准确的技术方法，用于水量监测与核定，也需要科学高效的数据基础平台和综合分析能力，为服务改革的整个工作提供技术保障。理论基础是新时代下的治水理论及发展理论，包括有绿色发展、人水和谐、水资源可持续发展等内容，水资源税改革的探索实践离不开理论的指导，需要将理论与实践相结合，走可持续发展之路。公众参与就是要公众积极参与到纳税中、强化公众的节水意识。水资源税改革需要全民参与，积极配合，管理者通过征收水资源提高水资源管理能力，纳税人通过缴纳水资源税，提高节水意识和高效用水的意识，从而实现改革的目的。

第三节 “河北模式”的改进建议

一、水资源税征收正常化后的“河北模式”

水资源税改革作为一项全新的重大战略性政策，在实施中分为试点期和正常运行期。目前正处于关键的试点期，要做到不断探索、勇于创新，在实践中不断完善。从河北省三年多的水资源税改革试点工作中总结出的“河北模式”已经较为全面。由于水资源税改革初期纳税人可能对该政策并不熟悉，积极性不高，实际执行起来比较困难，因此在试点期先进行“水利核准”、后“纳税申报”是可行的。但这样长期进行下去，会导致水利部门责任增大，工作量剧增。实际上，随着计量监测系统的完善，纳税人对每月的取用水量可以清晰看见，具备了主动申报的技术条件。因此，建议先“纳税申报”“税务征收”，然后“水利稽查”。纳税人自主申报前不需要水利核准，但后续对其进行水利稽查，从监管的角度考虑更具有可操作性。

根据以上分析，建议水资源税改革正常运行期“河北模式”核心的管理机制为“纳税申报、税务征收、水利稽查、联合监管、信息共享”，其他部分作为“河北模式”的辅助分析，不做更改。

另外，在“河北模式”目前制定的“1＋15”政策体系和56个规范性文件为主的政策制度体系中，实施水资源税改革的保障制度较为薄弱，需要进一步加强。具体来说，有如下建议：

（1）水利部门参与水利核准的人员工资和办公经费需要有明确规定。一方面，可探讨适度增加水资源管理事业单位编制，确保人员工资有保障；另一方面，“取之于水、用之于水”，将征收所得水资源税通过相关项目或其他方式返还到水资源管理中，做到专款专用。

（2）在农业纳税人管理中，采用以电折水方法的法律地位需要明确。从法律层面应界定其科学性和实用性，规范电力部门和水利部门协作机制，对以电折水的全过程做出详细规定，这样才能确保在实际执行时有法可依，推动改革的顺利实施。

（3）在线监控运行维护的职能定位和管理经费需要明确。需要明确规定在线监控的运行维护由谁负责以及经费来源，这是确保后期管理规范的关键。做好分工，明确每一项职责所在，才有助于提高监控能力，促进可持续发展。

二、改进后的“河北模式”内涵解读

正常运行后的水资源税征收以“纳税申报、税务征收、水利稽查、联合监管、信息共享”为核心内容。其中的“水利稽查”顾名思义就是水利部门针对存在异议的地方进行检查，对可能存在问题的地方进行突击核查，另外可在一定区域进行抽样随机检查，总之是一种监督性工作。“纳税申报”在前能够充分体现纳税人的积极性，将“水利核准”调整为“水利稽查”也是“水利行业强监管”的重要体现。在水资源税征收正常化后，纳税人积极性提高，对改革内容比较熟悉，这正是不进行“水利核准”、让其自主申报的好时机，是推进诚信社会向前发展的一项举措；将“水利核准”调整为“水利稽查”使得水利部门从执行层上升为监管层，减小基层水利工作者的工作量和工作经费负担，更能发挥政府部门的宏观调控作用。

水资源税改革的试点阶段正是不断探索、勇于创新的关键时刻，目前的“河北模式”是根据改革之初的各项工作全面总结得到的，其中将“水利核准”放到首位，体现了各级领导部门的关键指引作用，运用政府的强制力从一定程度上督促水资源税纳税人按要求缴纳相应的水资源税，以避免因纳税人不够积极而影响工作的推进。但是，缴纳水资源税毕竟是每个纳税人的义务，需要大家齐心协力共同完成，如果只依靠政府部门人员，很难将工作做好，况且各部门人员数量并不充裕，在短期内很难核定完大量的用水及缴税数据。因此，随着改革的进行，需要逐步调整为“水利稽查”并后置。调整后的模式以水资源税纳税人主动申报为前提，提高纳税人的积极性，强调针对水资源税缴纳的监管作用，提高水资源税管理水平，也在一定程度上提高了统计数据的可靠性，这使得纳税人与政府部门人员相互合作，共同配合，将缴纳水资源税这一工作做好。

第四节 经验总结

一、总结经验概述

水资源税改革不是简单的费改税，而是破解管理体制机制障碍的重要抓手，是一项系统性的长期工程。回顾三年来的改革实践，获得了许多有益的经验和启示。通过工作总结，以推动改革取得新进展。

从河北省水资源税改革成效方面考虑，改革是成功的，根据取得的成效以及存在的问题，对改革经验进行全面总结。成功经验如图 7.2 所示，可简要概括为：顶层设计是改革成功的前提，创优环境是改革成功的基础，征管信息化是改革成功的条件，多部门协作是改革成功的核心，推动有力是改革成功的关键，勇于创新是改革成功的动力，严实作风是改革成功的保障。

二、主要经验介绍

（一）顶层设计是改革成功的前提[1]

只有立足当前、着眼长远、胸怀全局，运用战略思维、系统思维，厘清目标、路径和方法，才能把蓝图谋好、工作谋实。改革之初，要将顶层制度安排、总体方案设计作为重中之重，坚持以习近平总书记系列重要讲话精神为引领，深入贯彻落实五大发展理念，对改革进行深入细致的统筹规划，突出问题和结果导向，搭建政策体系，细分推进步骤，明确关键抓手，完善配套措施，确保改革的顺利推进。

自改革试点工作启动以来，河北省各级领导十分负责，高度重视，亲自研究谋划、部署各项工作。《水资源税改革试点暂行办法》发布后，河北省水利、财政、税务等部门积极协作，按照清费立税、合理负担的原则，研究论证改革

[1] 该部分内容参考《河北省财政厅关于水资源税改革试点实施情况的调研报告》（2018 年）。

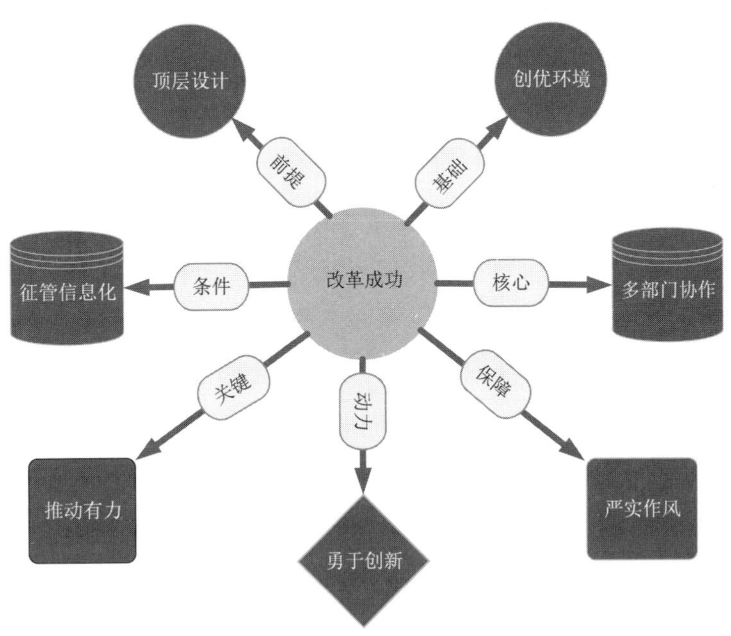

图 7.2 水资源税改革试点经验总结概括图

方案，制定规范公平、调控合理的水资源税改革试点政策。河北省人民政府随即出台了《河北省水资源税改革试点工作指导意见》（以下简称《指导意见》）和《河北省水资源税改革试点实施办法》（以下简称《办法》）。《指导意见》从水资源税试点的改革目标、指导原则、重点任务、组织保障四个方面，对改革试点各项工作进行了细化，立足于建立政策框架体系，从准备、征管、信息、宣传、报告等方面，明确重点任务。《办法》对水资源税纳税人、征税对象、计税依据、税率、税负结构、税收优惠、税收管理、超计划管理、税收分享等做出了具体规定。为保证试点顺利启动和实施，充分考虑各方因素，河北省还制定了一系列配套文件。例如，为做好源头管控、核准税源，制定出台了《河北省关于规范取水许可做好水资源税征收管理的意见》《河北省工业生活取用水量核定工作办法》《河北省农业用水限额及水量核定工作办法（试行）》等；为规范征收管理，防范应急风险，制定出台《河北省水资源税征收管理办法（试行）》《河北省水资源税征管应急预案》等；为建立征管信息传递共享机制，防止税款流失，制定出台《河北省水资源税征管信息共享利用规程》等。河北省形成了以“1＋15”政策体系和56个规范性文件为主的水资源税政策制度体系，为试点工作顺利开展提供了制度保障，为全面征收水资源税打下坚实基础。

在省级领导制定的政策制度的指引下，河北省各市县根据各地区实际情况也做了更为详细的规定。承德市制定了《承德市水资源税改革试点工作实施方案》，保定市制定了《保定市水资源税改革试点工作方案》，元氏县制定了《元氏县水资源税改革试点工作方案》，围场县印发了《自治县水资源税改革试点实施方案》。通过顶层设计，可以使各项工作有法可依、有章可循，细化的工作方案使各项规定具有更好的可操作性。

（二）创优环境是改革成功的基础

水资源税改革涉及多方利益的重新调整，关系千家万户的生产生活，能否凝聚社会共识、赢得公众支持，直接影响改革是否能顺利推进。改革中，坚持把广泛宣传引导作为一项重要工作贯穿始终，各级水利、财政、税务等部门通过电视、广播、网络等多种媒体开展了多渠道、多层次宣传活动，强化舆论引导，深化改革共识，争取了广泛的理解和支持，调动了社会各界支持节水、参与节水的积极性、主动性，为改革推进创优了环境，破解了阻力。

为了加强舆论导向力度，营造良好的环境，河北省出台《河北省水资源税试点改革政策宣传报道方案》，对实施水资源税试点改革的重要意义、合理性和必然性以及改革的具体内容、具体措施、实际成效进行广泛宣传，坚持传统与现代媒体的有机结合，《河北日报》、河北广播电视台等省直主要新闻媒体也在重要版面和重点新闻节目中，通过消息、图表、动画等多种形式对改革的政策、措施等进行了多方面深入解读。保定市在《保定日报》开设专版，依托税务网站、税企 QQ 群、微信公众平台、办税大厅显示屏等媒介，及时发布水资源税税收政策、申报流程，在征收大厅设置水资源税纳税咨询专岗，开展政策解读，拓展宣传深度和广度，加强业务培训。建立全员立体培训网络，保定市对税务人员、水行政主管部门和纳税人分类开展了 76 场次培训和辅导，发放《致水资源税纳税人的一封信》2300 多份，实现了培训无死角、辅导无缝隙。邯郸市成安县水利局为营造良好的试点改革社会氛围，印制水资源税改革宣传公告 1000 份，分发到各乡镇、企业进行张贴宣传，并在县电视台进行了为期 15 天的播报，扩大宣传效果。

（三）征管信息化是改革成功的条件

依托“互联网＋”，实现水资源税征管信息化。信息共享是整个水资源税改

革的技术支撑，河北省水资源税改革中，省级与各市县级相关部门联合工作，因此需要透明化、便利化的共享数据平台。在这一工作中，河北省建立了取用水信息管理系统，对纳税人取用水量进行了电子化、网络化、规范化、流程化的处理，实现平台系统与监测点的实时数据传输与监控，在全省率先实现了水资源税征管的信息化，大大节约了征纳成本，为各项工作提供了便利，推动了水资源税改革的顺利开展。

实现征管信息化需要大量的技术支撑工作。

（1）实施远程监控和实时数据传输。水资源税开征以来，税务部门与水利部门之间水资源数据传递较为不便，税务部门不能够及时查看企业的取用水量，同时，一些国控和省控的水资源监测信息不能反映到水资源税信息管理系统中，需要每月进行人工重复录入，工作效率不高。为解决税务部门与水利部门工作中数据收集的困难问题，使用了目前国内先进的传感器技术、实时数据传输技术实现了监控中心与监测点的实时数据传输与监控。

（2）拓展互联网应用，搭建信息管理平台。为解决水利、税务、纳税人之间用水量、税款缴纳等信息不同步回题，实现纳税方便快捷，研发水资源税信息管理系统。

（3）优化工作流程，构建高效运转机制。首先，为避免水量核定中出现的程序不清、责任不明等问题，水利、税务、企业三方签订《水资源税纳税人取用本量核定协议书》，约定了水量核定的程序、时限和三方责任，确立了在线监控数据在核定水量中的有效地位。其次，水利局汇总平台接收省控非农和县控自建监测站点的取用水量信息，传递到水资源税信息管理系统中，并将批准的水量核定书发送给企业。接着，企业接受水利部门批准的水量核定书并查看确认，确认无误后申报纳税（网上申报或大厅申报）。最后，由税务部门接受水利批准、企业确认的水量核定书后系统自动发送催报催缴短信给企业，征期结束后税务部门将申报纳税信息导入水资源税信息管理系统，实现信息比对。

（四）多部门协作是改革成功的核心

密切部门协作，共建长效机制。改革中要高度重视水利、财政、税务等相关部门的配合，充分厘清各自职责，建立部门联席会议机制，形成强大合力。水资源税改革工作开展以后，各级水利局和税务局多次召开联席会议，共同详细研讨改革工作推进方案，联合部署了取用水户接收、下户联合核查、取用水量信息共享等工作，使水资源税改革有序进行。在实际工作中，做到了资源共享、紧密联动、相互配合，提高了改革的工作效率。

联合执法，打击非法取水。承德市水利部门会同税务部门在全市范围内开展拉网式排查和打击非法取水专项行动，全面掌握取水户情况，将符合纳税条件的取水户全部移交税务部门，确保水资源税税源征收管理最大限度覆盖，全市累计清查取水户1500余户，累计下达限期补办和整改通知400余份，立案查处非法取水案件2起，对38家不符合办理取水许可条件的取用水户列入自备井关停计划，限期关停，有效震慑了非法取水行为。在具体工作中，水利局与财政、税务部门密切联系，多次召开专题会议，共同研究有关政策，建立了月会议、旬通报、周联系和随时沟通的会商机制。石家庄市元氏县水利局联合税务部门共同制定下发了《元氏县打击非法取水专项行动实施方案》，对全县非法取水行为进行全面排查。水利局严格取水许可证审批发放，发现未经审批擅自取水的进行依法处罚，税务局按照试点工作的相关规定，对非法取水单位和个人加倍征收水资源税。联合执法以来，执法30余次，取得了显著成效。

强调部门协同是水资源税改革过程中的一项显著变化，各级水行政主管部门应端正认识、转变观念，以积极开放的态度强化部门间的沟通协作。一是明确职能划界，依据水资源税顶层设计方案，做好纳税人基础信息移交建档、征期水量核定等工作，并以水量核定书作为职能交接的纽带和划界点；二是尊重其他部门管理现状，为保障水资源税改革平稳过渡，应在尽量不破坏各参与部门已成型管理体系的基础上，在纳税人认定方案、管理时效设计以及信息共享流程等环节科学确定部门间的业务耦合点。

（五）政府推动是改革成功的关键

落实好各项改革部署，实施多项综合性措施，离不开方方面面的共同努力，离不开行之有效的工作推进机制。为了加强组织领导，省委、省政府将改革试点作为一项重要政治任务、生态工程，精心指导，专门成立了省水资源税改革试点工作领导小组，明确了各级各部门职责分工，亲自研究谋划、多次部署推动。各级水利、财政、税务等部门密切配合、齐抓共管，共同推动改革顺利向前。同时建立全程监控纠偏机制，全面跟踪改革进程，及时发现存在的问题，调整相关政策，在不断发现问题、纠正偏差、完善提高中将改革推向深入。

按照河北省水利厅通知，围场县水利局针对全县取用水户下发了《关于进

一步加强水资源管理的通知》，强化基础管理，组织对全县取用水情况开展了拉网式调查，对无证取水、不安装计量设施的取用水户及时下达整改通知，对符合取水条件的及时补办取水许可证，对企业倒闭或关停的持证取用水户进行注销，对逾期不补办证、不安装计量设施的非法取用水户及时移交给水政监察大队依法进行处罚。邯郸市成安县为扎实有效推进改革工作，县政府于 2016 年 7 月 7 日印发了《关于限时办理取水许可证的通知》，以推进取水许可证的办理，使改革工作更加规范。

（六）勇于创新是改革成功的动力

改革过程就是勇于破除惯性思维、路径依赖，不断创新思路、破解难题的过程。水资源税改革没有任何先例可参考，仅有充分发扬敢为天下先的进取精神，积极探索、锐意改革、勇于突破。河北省实现了“向改革要出路、以创新争一流”的工作效果，破解了源头管控、计量监控、征收管理中存在的一系列体制机制障碍。同时坚持边干边试，边总结边推广，逐步形成了一整套具有河北特色的水资源税改革模式，充分发挥了利用税收杠杆倒逼水资源的节约集约作用，为全国趟出了路子。

在改革过程中，探索出水利、税务、纳税人签订“三方协议”的形式。对于已实现在线计量监控且稳定运行的国控、省控和其他监测点，各级水利、税务部门可与取用水户共同签订《水资源税纳税人在线监控取用水量核定协议书》，约定三方责任、水量核定的程序和时限等有关事项。签订协议以后，水利部门可依据在线监控数据核定取用水量，并出具水利核定书，实现“互联网＋水量数据”的核定模式，提高工作效率。为服务水资源税改革试点工作，河北省水利厅于 2016 年 7 月组织了河北省水资源税取用水信息系统 V1.0 的研发工作，并于 8 月 1 日上线运行，在 2017 年 7 月对系统进行了二期升级，至此已经基本满足使用要求。整个系统具备纳税人基础信息管理、水量核定以及与电子水量核定书相关的功能，用水户在线申报纳税，水利部门可以依据纳税人申报数据在线监控数据，通过系统在线完成水量核定。用水户通过一部智能手机就可以完成每月的水量申报工作，大大简化了水量核定流程，实现了数据的共享。保定市水利部门注重制度建设，对已纳入管理的自备井登记建档，制定定期巡查制度，并制作安装自备井标识牌 200 余个，给表编上“证件号”，确保纳入管理的每个计量设施都有一个独立的编号，防止用水户虚报表底或随意改造水表；

同时还制定了自备井维护和应急启用制度，既有利于用水户对自备井的定期维护，又能确保用水户在紧急情况下有水可用。另外，进行分类分量按期核定取用水量。为减轻纳税人负担，减少企业“跑腿”次数，对用水量较小、月平均税额在1000元以下的纳税户采取按季度核定水量；对用水量较大、月平均税额在1000元以上的纳税户则采取按月申报缴纳水资源税，达到了双赢的效果。实际工作中，通过分类，保定市有34%的用水户为按季度申报，占有一定比重。

（七）严实作风是改革成功的保障

全省水利系统充分发扬严实作风，强化责任感、紧迫感和大局意识，克服没有经验、经费不足、人少车少、时间紧任务重等困难，努力把工作做深、做细、做好，以“踏石留印、抓铁有痕”的精神闯出一条路，切实保障了改革试点的平稳有序推进。

保障队伍稳定是改革过程的难点。水资源税改革后，水利部门在取用水户管理、水量核定等方面工作更重、责任更大，但与此同时，由于水资源费取消，水资源管理部门失去了原有最大的专项资金保障来源，加之基层水资源管理人员多为自收自支编制的客观情况，水资源管理机构特别是基层水资源管理队伍往往承受极大的人员和工作经费的双重负担。在改革过程中，各级水行政主管部门积极应对，强化与地方政府和财政部门的沟通，发挥财政部门牵头作用，出台配套政策，落实国家三部委提出的工作经费和人员安置“两个统筹”的要求，在费改税后财政收入明显增加的大背景下，通过将水资源管理工作列入部门常规预算的方式，来保障管理队伍和各项工作的长效稳定。

第八章

水资源税改革试点示范效应分析评价

水资源税改革在河北省实施效果明显，但在其他省区是否能够顺利推广，这就需要分析河北省的水资源税改革试点模式在其他省区的示范效应，通过设置不同的情景分析示范效应度，预测各个方面的推广效果，以此提出推广时需要完善的地方及建议。本章立足于水资源税改革的必要性及意义，分析评价试点示范效应，建立评价指标体系，确定评价标准，计算水资源税改革示范效应度；然后针对“河北模式”在河南、广东和新疆进行示范效应评价，并进行结果对比分析。

第一节　示 范 效 应 分 析

一、水资源税改革的必要性和意义

（一）水资源税改革的必要性

（1）从资源税税收角度看水资源税改革的必要性。我国资源税征税范围过窄，仅有自然矿石资源、原油、天然气等资源在法律层面强调了国家的所有权，忽略了国家对水资源的所有权以及政府机构对水资源的管理权，有可能会导致对水资源的破坏。目前，有越来越多的自然资源被纳入资源税征收范围，而水资源作为人类生存与经济发展的首要条件，是经济社会发展不可替代的基础支撑，水资源税并入资源税后，可扩大资源税的征收范围和税目。

（2）从水资源费征收弊端来看水资源税改革的必要性。水资源费由于没有统一规范，导致各地区差异很大，征收项目繁多。从实行多年的成效来看，水资源收费制度存在多种弊端，导致水资源费收取困难的现象屡见不鲜，从长远

看已不能满足经济社会可持续发展的需要。

（二）水资源税改革的现实意义

(1) 水资源税改革不增加生产、生活合理用水的负担。直接取用地表水的单位和个人基本由水资源费平移为水资源税。水资源税开征后，河北省水资源费标准降为零，对于取用地表水、地下水的单位和个人来说只是将原来的缴纳水资源费改为缴纳水资源税。但水资源税改革对高耗水行业起到了抑制作用。此次水资源税改革后，因为部分地区属于地下水超采区，企业使用每立方米的地下水大概需要交纳4元的税，这使得企业用水成本增加了一倍，倒逼企业下一步加大技改和生产工艺的提升，使用水量降下来，只有向节能化方向转型，才能减少企业成本。

(2) 水资源税改革有效堵住偷逃漏洞。以往征收水资源费虽然有名目，但实际上并不好征收，逃费现象严重。以前水资源费由水利部门收缴、财政部门管理、价格部门监督。因此，收取水资源费涉及多个部门，往往不好协调，难免各自从部门利益出发，造成责任缺失现象严重，影响水资源费的征收。同时，水资源费强制性与规范性较弱，容易使水资源的开采者与使用者忽视了节约用水的作用，也制约水资源的合理开发利用，导致地下水资源过度开采问题日益严重。实施水资源税改革，可以利用税收刚性手段，有效调节用水需求，推进水资源节约利用。

二、水资源税改革的示范效应

在上级部门的悉心指导和各级各部门的共同努力下，河北省水资源税改革试点成效逐步显现，初步实现了预期目标。试点模式初步形成，改革举措亮点纷呈；调控作用更好发挥，节水意识普遍增强；水源管控全面加强，用水结构显著优化；征管漏洞得以堵塞，水资源税收入明显增长；干部队伍得到锻炼，素质能力进一步提升。接下来在现行的水资源税改革政策基础上，分别从水资源管理强度、水资源管理能力、水资源管理态势三方面，分析研究河北省水资源税改革试点的示范效应。

（一）水资源管理强度

水资源税作为一种经济杠杆，通过费改税这一方式显著提高了水资源管理

的强度，具有刚性约束作用，在全国都具有示范效应。利用税收杠杆调节用水需求，倒逼企业转变生产方式，可有效促进水资源可持续利用，保障水安全。从试点来看，与征收水资源费时期相比，税收刚性作用发挥明显，抑制了地下水超采、促进了企业转型发展，居民生活、农业生产用水负担保持不变。

税收刚性作用充分发挥。水资源税收入与原水资源费收入相比增收明显，月均增收 11%。水资源税改革试点后，通过加强与水利部门配合，加大联合开展取水户核查和打击非法取水专项行动，加大征管力度，将更多的取水户纳入征管。水资源税纳税人从改革初期的 7800 户增长为 1.6 万户，增长一倍多。

加强地下水管理与保护，压减地下水开采。自水资源税改革以来，为扎实推进水资源税改革试点工作，强化依法用水管水意识，规范依法用水、管水行业，在全省范围内开展纳税人清查、打击非法取水、城市自备井关停等专项行动。对未经批准擅自取水、无证取水、无计量用水等违法取用水依法进行严肃处理；对公共供水管网范围内的自备井用户，限期接入城市供水管网，对符合关停条件的，坚决予以关停，公共供水管网覆盖范围内不再新批地下水取水许可。据统计，2018 年全省约有 1000 余户纳税人不再抽采地下水，转用地表水或自来水，各地共关停自备井关停城区自备井 5416 多眼。在多种节水压采措施的共同作用下，超采区地下水计税取水量同比下降 14.7%。

（二）水资源管理能力

通过水资源税改革，使得水资源的管理更加规范化、科学化、智能化，能够提高水资源管理的能力，对其他地区都有一定的借鉴意义。自改革试点工作启动以来，河北省立足于为全国试制度、趟路子，扎实做好征收管理工作，完善水资源税征管模式，与财政、水利等部门密切协作，完善政策体系，创新体制机制，加强税源管理与征管信息化平台的应用，强化基础取用水信息核查管理，加大收入运行、政策执行及涉税疑点信息监控力度，有效提升了水资源税管理水平。在实践中注重水资源税管理与水资源管理协同推进，积极探索以“税收共治”为主要特色的征管模式，得到财政部、税务总局、水利部和省委省政府领导的充分肯定，为全国下一步有序扩围提供了借鉴。

促使水资源管理进一步规范。水资源税改革试点中，税务部门与水利部门密切协作，联合对取用水户进行逐户核查，及时交接有效取用水户档案，建立管理档案，摸清了水资源税纳税人底数。对不规范取用水等问题，税务部门与水利部门共同研究解决方案，联合发布《关于规范取水许可做好水资源税征收管理的意见》等文件，强化了对违法取用水行为的整治力度，有效促进了水资源规范管理。水资源税改革试点实施以来，全省共补办取水许可证 450 余套，取水许可发证率提高到 95%以上；规模以上非农纳税人取水在线计量监控率达到 90%以上。截至 2019 年 6 月，全省累计 2.28 万户水资源税纳税人纳入税收管理中。

（三）水资源管理态势

水资源税改革在一定程度上促进了国家对各种取用水的控制，是促进水资源保护和合理利用的重要一步，顺应了水资源管理的发展趋势，具有重要的示范意义。水资源税改革使得取用水户纳税和节水意识明显提升。费改税前，由于水资源费属于行政类收费，缴费人缴费意识淡薄。水资源费改税后，取用水户纳税意识明显加强，同时纳税人节水意识也明显提高，受税率影响，取用水大户自觉调整用水结构，优先取用中水，用中水置换地下水用于生产，节约宝贵的地下水水资源，减少新水取水量，同时提高了企业的经济效益。

实现水资源费改税的平稳过渡后，征税对象依然是使用地表水和地下水的单位和个人，看似不变，但是在具体工作中却有较大不同。最明显的是强化了取水许可和建设项目水资源论证制度，纳税人纳税前必须申请领取取水许可证，做出建设项目水资源论证报告书（表），财政、税务、水利三个部门共同构建了“水量核准、纳税申报、税务征收、联合监管、信息共享”的管理模式，形成征税治水的强大合力，有效提高了用水效率。

三、河北省典型试点水资源税改革的示范效应

（一）元氏县率先实现水资源税全业务流程网上办理[1]

2016 年 7 月 1 日实施水资源税改革以来，元氏县紧紧抓住部门协作、联合监管、信息共享等关键环节，重点推进水资源远程实时监控系统建设，在全省率先实现了水资源税全业务流程网上办理。

1. 高位推进试点工作

元氏县成立了以县长任组长的试点领导小组，多次召开专题会议，研究

[1] 内容来源于《元氏县税改工作简报》(2017 年)。

协调解决试点改革中人、财、物等方面的保障事宜；制定了《元氏县水资源税改革试点工作方案》，规范水量核定、纳税申报、税收征管等工作，做到职责分工明确、责任落实到位、工作齐抓共管；县财政、水利、税务等部门建立了联席会议机制，召开10余次联席会议，共同研究解决试点中存在的问题。县水利局和税务局联合开展纳税人取用水信息移交核查，实施打击非法取水专项行动，全面排查并处罚非法取用水行为。全县共移交非农取用水户82户，关停自备井56眼，补办取水许可证27套，累计征收水资源税447万元。

2. 大力实施远程监控

元氏县投入财政资金100余万元，实施了元氏县水资源远程实时监控项目，根据国家水资源实时监控与管理有关技术要求，通过新建和整合原有在线计量监控设施，实现了取用水实时监控与数据传输。在河北省水资源税取用水信息管理系统二期上线运行前，元氏县委托技术支撑单位，按照二期建设方案的技术路线开发了临时管理平台，通过设置水利端、税务端、企业端和短信催缴等功能，实现水利部门远程实时动态水量监控与核定、企业取用水量确认、税务部门征税信息共享和税款催收的有机统一，保证了管理平台与监测点的水量监控和实时数据传输。

3. 签订水量核定协议书

为避免水量核定中可能出现的程序不清、责任不明以及推诿、扯皮等问题，元氏县水利局、税务局联合与纳税人逐一签订了《水资源税纳税人取用水量核定协议书》，约定水量核定的程序、时限和三方责任，确立了在线监控数据在核定水量中的有效地位。2017年元氏县82家非农水资源税纳税人全部与水利、税务部门签订了水量核定协议书，为水资源税及时、准确征收提供了坚实基础。

4. 网上办理业务流程

元氏县在具体税改工作中形成了一套科学、规范的管理流程。县水利局通过河北省水资源税取用水信息管理系统接收本县所有监测点实时传输数据，经核定后，将批准的水量核定书发送给县税务局和纳税人；县税务局接收批准的水量核定书后，系统自动给纳税人发送催报催缴短信；纳税人系统接收县水利局批准的水量核定书，确认无误后向县税务局申报纳税；每月15日县税务局将纳税申报信息导入水资源税管理系统中，水利、地税、纳税人实现了水资源税全业务流程网上办理以及涉税信息互联互通、信息共享。

（二）水资源监控能力建设“承德围场”模式成功落地❶

2017年河北省水利厅把承德围场县作为非农在线计量监控项目建设的典型试点，将“方案主导、统一标准、精准实施、规范管理”的计量监控建设思路融入到围场县的2017年度项目建设中，取得了较好效果，为全省水资源监控能力建设趟出了一条路子，提供了可复制、可推广的成功模式。

1. 强力推进项目建设

在承德市水利局的具体指导下，围场县水利局成立了以局长为组长，主管副局长为副组长的在线计量监控项目建设领导小组，强力推动项目建设实施。县水利局为水资源管理办公室增配多名专职人员，足额保障水资源管理各方面的经费。县水利、财政、税务等部门建立了联席会议机制，先后召开多次专题会议，共同研究解决项目建设中存在的问题。围场县2017年95处在线计量监控点任务已建设完成，监控点数据全部实现稳定上传，在线监控水量占比由原来的4%提高至80%以上。

2. 严格实施方案编制

为确保2017年度在线计量监控项目建设科学、规范，围场县委托省水资源研究与水利技术试验推广中心编制项目实施方案，按照“一点一案”要求，对每个计量点逐点进行现场勘查，准确掌握安装环境、水管管径、出水能力计量现状、监测设备保护等要素，提出科学、合理的设计方案。通过细化典型设计、设备选型和精准概算等措施，让实施方案成为非农在线计量监控项目建设的“说明书”，真正实现项目建设“可操作、可落地”。

3. 创新运行维护机制

围场县水利局和税务局联合印发了《关于加快取用水在线计量监控建设和水资源监控系统维护管理工作的通知》，制定了围场满族蒙古族自治县水资源监控系统运行维护管理制度。对具备在线计量监控条件的取用水户，县水利局、税务局联合与纳税人逐一签订了《水资源税纳税人取用水量核定协议书》，约定水量核定的程序、时限和三方责任，确立了在线监控数据在核定水量中的有效

❶ 内容来源于《水资源税改革试点工作简报》第50期（2018年）。

地位；对取水计量设施运行不正常或数据失准的按日最大取水能力核算取水量。同时两家单位在县电视台及微信公众号发布公告，公布了对破坏取用水计量监控设施、偷盗水资源和偷漏水资源税违法行为的举报电话，有效解决了水资源监控计量设施运维等问题。

第二节 示范效应评价指标与方法

一、评价指标体系构建

本书在评价指标体系建立原则的基础上，结合河北省水资源税改革整体效果，选取了税改适应、监控能力、管理水平、公众认知、纳税成效 5 个方面为准则层，每个准则层内选择若干个指标，最终选取了 20 个指标，构成了评价指标体系，指标体系分为目标层、准则层和指标层。

在税改适应方面，选择政策适应度、纳税人适应度、水资源现状适应度、经济社会发展适应度 4 个指标，从政策、纳税人、地区水资源情况以及经济社会发展情况四个不同方面，通过问卷调查获取第一手调查资料，对水资源税改革示范效应的税改适应进行全面的评价。

在监控能力方面，选择农业纳税人认定率、在线计量监控项目完成率、纳税人信息移交率、纳税人水量核定完成率 4 个指标，通过收集的统计资料对水资源税改革期间政府对水资源税改革整体运行情况的监控能力进行评价。

在管理水平方面，选择水资源税改革政策的执行度、税率及农业用水限额设置的合理性、各部门信息共享程度、取水许可证发放率 4 个指标，通过问卷调查和统计数据对管理水平进行评价。

在公众认知方面，选择水资源税改革政策知晓接受度、缴纳水资源税的便利程度、纳税人对水资源税改革满意度 3 个指标，通过发放问卷调查，收集公众对水资源税改革认知情况的资料，并进行评价。

在纳税成效方面，选择取水许可证内的税款缴纳占比、地下水开采量占比、地下水水资源税占比、对用水户税收负担影响程度、专家对水资源税改革满意度 5 个指标，通过问卷调查和统计数据，从不同方面体现水资源税改革期间的纳税成效并进行评价。

最终选择20个评价指标，构建了示范效应评价指标体系，见表8.1。

表8.1 水资源税改革示范效应评价指标体系

目标层	准则层	指标层	数据来源
水资源税改革示范效应	A（1）税改适应	B（1）政策适应度	问卷数据
		B（2）纳税人适应度	
		B（3）水资源现状适应度	
		B（4）经济社会发展适应度	
	A（2）监控能力	B（5）农业纳税人认定率	统计数据
		B（6）在线计量监控项目完成率	
		B（7）纳税人信息移交率	
		B（8）纳税人水量核定完成率	
	A（3）管理水平	B（9）水资源税改革政策的执行度	问卷数据
		B（10）税率及农业用水限额设置的合理性	
		B（11）各部门信息共享程度	
		B（12）取水许可证发放率	统计数据
	A（4）公众认知	B（13）水资源税改革政策知晓程度	问卷数据
		B（14）缴纳水资源税的便利程度	
		B（15）纳税人对水资源税改革满意度	
	A（5）纳税成效	B（16）取水许可证内的税款缴纳占比	统计数据
		B（17）地下水开采量占比	
		B（18）地下水水资源税占比	
		B（19）对用水户税收负担影响程度	问卷数据
		B（20）专家对水资源税改革满意度	

二、确定评价标准

本书根据河北省水资源税改革的实际情况，并参考统计资料和相关参考文献［37］，将各个指标分为5个等级，每个指标的得分范围为［0，1］。用$u=0$，0.3，0.6，0.8，1对应的5个节点来表示指标对应的特征值。在确定指标节点特征值时，将指标进行分类，主要分为正向指标和逆向指标，然后进行特征值的确定。正向指标即评价值 u 随着指标数值的增大而增大的指标，逆向指标即评价值 u 随着指标数值的增大而减小的指标，$u=0$，0.3，0.6，0.8，1 在正（逆）向指标中分别对应最差值（最优值）、较差值（较优值）、及格值、较优值（较差值）、最优值（最差值）。示范郊应评价指标特征值见表 8.2

表 8.2　示范效应评价指标特征值

准则层	指　标　层	最优值	较优值	及格值	较差值	最差值
A（1）税改适应	B（1）政策适应度	1	0.8	0.6	0.3	0
	B（2）纳税人适应度	1	0.8	0.6	0.3	0
	B（3）水资源现状适应度	1	0.8	0.6	0.3	0
	B（4）经济社会发展适应度	1	0.8	0.6	0.3	0
A（2）监控能力	B（5）农业纳税人认定率/%	100	80	60	30	0
	B（6）在线计量监控项目完成率/%	100	70	40	20	0
	B（7）纳税人信息移交率/%	100	80	60	30	0
	B（8）纳税人水量核定完成率/%	100	80	60	30	0
A（3）管理水平	B（9）水资源税改革政策的执行度	1	0.8	0.6	0.3	0
	B（10）税率及农业用水限额设置的合理性	1	0.8	0.6	0.3	0
	B（11）各部门信息共享程度	1	0.8	0.6	0.3	0
	B（12）取水许可证发放率/%	100	80	60	30	0
A（4）公众认知	B（13）水资源税改革政策知晓程度	1	0.8	0.6	0.3	0
	B（14）缴纳水资源税的便利程度	1	0.8	0.6	0.3	0
	B（15）纳税人对水资源税改革满意度	1	0.8	0.6	0.3	0
A（5）纳税成效	B（16）取水许可证内的税款缴纳占比/%	100	80	60	30	0
	B（17）地下水开采量占比/%	0	10	20	70	100
	B（18）地下水水资源税占比/%	0	30	60	80	100
	B（19）对用水户税收负担影响程度	1	0.8	0.6	0.3	0
	B（20）专家对水资源税改革满意度	1	0.8	0.6	0.3	0

(一) 税改适应指标

1. 政策适应度

该指标为正向指标，用来表征该地区进行水资源税改革时在政策方面的适应程度；政策适应度越大，说明该地区水资源税方面的政策越完备，越有利于进行水资源税改革。该指标数据根据调查问卷获得。

将该指标进行标准划分：政策完全满足水资源税改革的，定为最优值1；有较完善的政策保证水资源税改革的，定为较优值0.8；只有一些关键政策保证水资源税改革的，定为及格值0.6；缺少相关政策，无法保证水资源税改革的正常实施或无法启动水资源税改革的，定为较差值0.3；完全没有针对水资源税的相关政策，定为最差值0。

2. 纳税人适应度

该指标为正向指标，用来表征该地区进行水资源税改革时，纳税人对水资源税改革的适应程度，是集满意程度、了解程度、认可程度的综合；该指标越大，说明纳税人适应度越大，该地区越倾向于进行水资源税改革。该指标数据根据调查问卷获得。

将该指标进行标准划分：所有纳税人对水资源税改革十分了解且满意，定为最优值1；大多数纳税人对水资源税改革十分了解且满意，定为较优值0.8；部分纳税人对水资源税改革十分了解且满意，定为及格值0.6；少数纳税人对水资源税改革十分了解且满意，定为较差值0.3；极少数纳税人对水资源税改革十分了解且满意，定为最差值0。

3. 水资源现状适应度

该指标为正向指标，用来表征该地区的水资源现状对水资源税改革的适应程度；该指标越大，说明水资源现状适应度越大，则该地区越倾向于进行水资源税改革。该指标数据根据调查问卷获得。

根据该地区水资源现状对水资源税改革的迫切程度进行标准划分：在该地区水资源现状的基础上，亟须进行水资源税改革，定为最优值1；该地区水资源现状对水资源税改革的迫切程度较高，定为较优值0.8；该地区水资源现状对水资源税改革的迫切程度一般高，定为及格值0.6；该地区水资源现状对水资源税改革的迫切程度较低，定为较差值0.3；该地区水资源现状对水资源税改革的迫切程度极低，定为最差值0。

4. 经济社会发展适应度

该指标为正向指标，用来表征该地区的经济社会发展对水资源税改革的支撑程度；经济社会发展适应度越大，说明该地区经济越能支撑进行水资源税改革。该指标数据根据调查问卷获得。

根据该地区经济社会发展现状对水资源税改革的迫切程度进行标准划分：该地区经济社会发展非常能支撑水资源税改革，定为最优值1；该地区经济社会发展比较能支撑水资源税改革，定为较优值0.8；该地区经济社会发展不太能支撑水资源税改革，定为及格值0.6；该地区经济社会发展对水资源税改革支撑能力较低，定为较差值0.3；该地区经济社会发展对水资源税改革支撑能力非常低，定为最差值0。

（二）监控能力指标

1. 农业纳税人认定率

该指标为正向指标，表征费改税初期阶段，对农业水资源税纳税人的认定比例；该指标越大，代表统计到的农业纳税人认定率越高，在缴纳水资源税方面的监控越全面。该指标数据根据统计数据获得。

根据该地区农业纳税人认定率进行标准划分：参考河北省各市认定率情况，最高水平为100%，最低水平为60%，因此将理想水平100%定为最优值1，最差水平0%定为最差值0，河北最低水平60%定为及格值0.6；再根据各特征值及特征值之间的关系并确定其余特征值，其中将认定率80%定为较优值0.8；认定率30%定为较差值0.3。

2. 在线计量监控项目完成率

该指标为正向指标，用来表征政策执行的实际运行情况；该指标越大，代表监控设施的覆盖范围越广，监控能力越高。该指标数据根据统计数据获得。

参考《河北省水资源监控系统运行维护管理办法》及《河北省水利厅 河北省地方税务局关于共同做好水资源税纳税人取用水远程在线计量监控工作的通知》，全面提升在线监控计量设施覆盖率，最后达到全覆盖。同时参考河北省各市完成率情况，最高水平为100%，最低水平为45%，因此再根据地区在线计量监控覆盖率进行标准划分，在线计量监控覆盖率达100%，定为最优值1；在线计量监控覆盖率达70%，定为较优值0.8；在线计量监控覆盖率达40%，定为及格值 0.6；在线计量监控覆盖率达 20%，定为较差值 0.3；在线计量监控覆盖率 0，定为最差值 0。

3. 纳税人信息移交率

该指标为正向指标，用来表征水资源费改税期间纳税人的信息移交情况；用来表征对纳税人信息方面的监控能力；该指标越大，说明纳税人信息移交率越高，监控能力越好。该指标根据统计数据获得。

《规范取水许可做好水资源费征收管理的意见》要求全面提高在线水量监控能力。因此根据地区纳税人信息移交率进行标准划分：将理想最优水平 100%，定为最优值 1；纳税人信息移交率 80%，定为较优值 0.8；纳税人信息移交率 60%，定为及格值 0.6；纳税人信息移交率 30%，定为较差值 0.3，将理想最差水平 0%，定为最差值 0。

4. 纳税人水量核定完成率

该指标为正向指标，是指农业水资源税纳税人水量核定完成率，用来表征对农业纳税人取用水量的监控能力；该指标越大，说明纳税人水量核定完成率越高，水量监控方面能力越高。该指标根据统计数据获得。

根据该地区农业水资源税纳税人水量核定完成率进行标准划分：将理想最优水平 100%，定为最优值 1；理想最差水平 0%，定为最差值 0；再根据各特征值及特征值之间的关系确定其他特征值，最终水量核定完成率 80%，定为较优值 0.8；水量核定完成率 60%，定为及格值 0.6；水量核定完成率 30%，定为较差值 0.3。

（三）管理水平指标

1. 水资源税改革政策的执行度

该指标为正向指标，用来表征水资源税改革的相关政策在具体实施执行的效果；该指标越大，说明执行度越高，水资源税改革的管理水平越高。该指标数据根据调查问卷获得。

根据该地区水资源税改革政策的执行度进行标准划分：政策执行度非常好，定为最优值 1；政策执行度较好，定为较优值 0.8；政策执行度一般，定为及格值 0.6；政策执行度较差，定为较差值 0.3；政策执行度极差，定为最差值 0。

2. 税率及农业用水限额设置的合理性

该指标为正向指标，用来表征在制定水资源税税率及农业用水限额设置时的合理程度；该指标越大，说明政府制定的水资源税税率及农业用水限额越合理，反映出政府在这方面的管理水平越高。该指标数据根据调查问卷获得。

根据该地区水资源税税率及农业用水限额设置的合理性进行标准划分：税率及农业用水限额设置非常合理，定为最优值1，税率及农业用水限额设置比较合理，定为较优值0.8；税率及农业用水限额设置一般合理，定为及格值0.6；税率及农业用水限额设置不太合理，定为较差值0.3；税率及农业用水限额设置非常不合理，定为最差值0。

3. 各部门信息共享程度

该指标为正向指标，用来表征水资源税改革实施过程中各部门之间的密切配合程度；该指标越大，各部门信息共享程度越高，配合越密切，越有利于水资源税改革进行。该指标数据根据调查问卷获得。

根据该地区各部门信息共享程度进行标准划分：各部门信息共享程度非常高，定为最优值1；各部门信息共享程度比较高，定为较优值0.8；各部门信息共享程度一般高，定为及格值0.6；各部门信息共享程度较低，定为较差值0.3；各部门信息共享程度极低，定为最差值0。

4. 取水许可证发放率

该指标为正向指标，用来表征当地水资源管理者对在国家境内直接从江河、湖泊或地下水取水的单位和个人依法发放取水许可证书的比例；该指标越大，说明取水许可证发放率越高，依法办理取水许可证的单位越多，政府在水资源合理管控方面能力越强。该指标数据根据统计数据获得。

根据《取水许可制度管理办法》，并参考《河北省取水许可管理制度管理办法》，对所有满足取水要求的取水户应全部办理取水许可证。根据该地区取水许可证发放率进行标准划分：将理想最优水平100%定为最优值1，理想最差水平0%定为0，再根据各特征值及特征值之间的关系确定其他特征值。最终标准为：取水许可证发放率100%，定为最优值1；取水许可证发放率80%，定为较优值0.8；取水许可证发放率60%，定为及格值0.6；取水许可证发放率30%，定为较差值0.3；取水许可证发放率0，定为最差值0。

（四）公众认知指标

1. 水资源税改革政策知晓程度

该指标为正向指标，用来表征公众对水资源费改税政策的了解程度；该指标越大，表示公众对该政策越了解，越有利于政策在基层的实施。该指标数据根据调查问卷获得。

根据该地区公众对水资源费改税政策的了解程度进行标准划分：公众对水资源费改税政策非常了解，定为最优值1；公众对水资源费改税政策比较了解，定为较优值0.8；公众对水资源费改税政策一般了解，定为及格值0.6；公众对水资源费改税政策不太了解，定为较差值0.3；公众不了解水资源费改税政策，定为最差值0。

2. 缴纳水资源税的便利程度

该指标为正向指标，用来表征水资源税改革后，纳税人在缴纳水资源税与水资源税改革前相比的便利程度；该指标越大，表示水资源税改革后纳税人在缴纳水资源税时越便利，水资源税改革效果越好。该指标数据根据调查问卷获得。

根据该地区纳税人在缴纳水资源税的便利程度进行标准划分：纳税人在缴纳水资源税的过程非常便利，定为最优值1；纳税人在缴纳水资源税的过程比较便利，定为较优值0.8；纳税人在缴纳水资源税的过程一般便利，定为及格值0.6；纳税人在缴纳水资源税的过程不太便利，定为较差值0.3；纳税人在缴纳水资源税的过程非常不便利，定为最差值0。

3. 纳税人对水资源税改革满意度

该指标为正向指标，用来表征纳税人在缴纳水资源税的过程中对水资源税改革综合效果的满意程度；该指标越大，表示纳税人对水资源税改革政策及实施效果越满意。该指标数据根据调查问卷获得。

根据该地区纳税人对水资源税改革满意程度进行标准划分：纳税人对水资源税改革非常满意，定为最优值1；纳税人对水资源税改革比较满意，定为较优值0.8；纳税人对水资源税改革一般满意，定为及格值0.6；纳税人对水资源税改革不太满意，定为较差值0.3；纳税人对水资源税改革非常不满意，定为最差值0。

（五）纳税成效指标

1. 取水许可证内的税款缴纳占比

该指标为正向指标，指依法办理取水许可证的纳税人缴纳的水资源税占总体缴纳水资源税的比例，用来表征对依法进行取水的纳税人缴纳水资源税的程

度；该指标越大，说明规范取水纳税人越多，纳税成效越好。该指标数据根据统计数据获得。

根据该地区水资源税征收率进行标准划分：水资源税征收率100%，定为最优值1；水资源税征收率80%，定为较优值0.8；水资源税征收率60%，定为及格值；水资源税征收率30%，定为较差值0.3；水资源税征收率0，定为最差值0。

2. 地下水开采量占比

该指标为逆向指标，指地下水开采量占总供用水量的比例，用来表征水资源税改革以后对压采地下水效果影响；该指标越小，说明地下水开采量占比越小，压采地下水效果越明显。该指标数据根据统计数据获得。

根据国家的最严格水资源管理制度，并参考2016—2018年我国的地下水开采量占比三年平均为16.8%，各省份三年平均最高为63.5%，最低为0。根据各地区地下水开采量占比进行标准划分：将地下水开采量占比0，定为最优值1；将地下水开采量占比10%，定为较优值0.8；将地下水开采量占比20%，定为及格值0.6；将地下水开采量占比70%，定为较差值0.3；将地下水开采量占比100%，定为最差值0。

3. 地下水水资源税占比

该指标为逆向指标，指水资源税改革后税务部门征收的地下水水资源税占总体水资源税的比例，用来表征地下水水资源税的税收情况；该指标越大，说明使用地下水缴纳的税越多，地下水超采越严重。该指标数据根据统计数据获得。

根据各地区地下水水资源税占比进行标准划分：将地下水水资源税占比0，定为最优值1；地下水水资源税占比30%，定为较优值0.8；地下水水资源税占比60%，定为及格值0.6；地下水水资源税占比80%，定为较差值0.3；地下水水资源税占比100%，定为最差值0。

4. 对用水户税收负担影响程度

该指标为逆向指标，水资源税改革后，水资源税改革的其中一个重要原则就是合理负担；总体上不增加企业税费负担；该指标越大，表示征收的水资源税对用水户造成的经济负担越重，越不符合改革的要求，不利于改革的推进。该指标数据根据调查问卷获得。

根据该地区水资源税改革后对用水户缴纳税款的负担影响程度进行标准划分：对用水户税收负担几乎没影响，定为最优值 1，对用水户税收负担影响较小，定为较优值 0.8；对用水户税收负担影响一般，定为及格值 0.6；对用水户税收负担影响较大，定为较差值 0.3；对用水户税收负担影响非常大，定为最差值 0。

5. 专家对水资源税改革满意度

该指标为正向指标，用来表征不同方面的专家对水资源税改革实施效果的满意程度；该指标越大，表示专家对水资源税改革政策及实施效果越满意。该指标数据根据调查问卷获得。

根据该地区专家对水资源税改革满意程度进行标准划分：专家对水资源税改革非常满意，定为最优值 1；专家对水资源税改革比较满意，定为较优值 0.8；专家对水资源税改革一般满意，定为及格值 0.6；专家对水资源税改革不太满意，定为较差值 0.3；专家对水资源税改革非常不满意，定为最差值 0。

三、水资源税改革示范效应度计算

（一）水资源税改革示范效应度的概念

本书采用水资源税改革可推广程度来度量某个地区水资源税改革的整体效果及示范效应，即水资源税改革示范效应度（Demonstration Effect of Water Resources Tax Reform Degree），简称示范效应度（Demonstration Effect Degree，DED）。示范效应度作为目标层，由税改适应、监控能力、管理水平、公众认知、纳税成效 5 个准则层构成，每个准则层由各自准则层内的指标构成。

根据示范效应度（*DED*）的大小，为了便于定量对比，按照 0.2 的间距将示范效应度人为地划为 5 个等级，见表 8.3。

表 8.3　　示范效应度等级划分

示范效应度等级	*DED* 的取值范围
非常高	$0.8 \leqslant DED \leqslant 1$
较高	$0.6 \leqslant DED < 0.8$
中等	$0.4 \leqslant DED < 0.6$
较低	$0.2 \leqslant DED < 0.4$
非常低	$0 \leqslant DED < 0.2$

（二）确定权重

在模糊数学中，为了权衡各参考因子对系统的贡献大小，引进了权重的概念。由各因子权重组成的向量，称为权重模糊子集表示为 $\widetilde{A}=(a_1,a_2,\cdots,a_m)$，$0\leqslant a_i\leqslant 1$，$m$ 为参考因子个数。权重模糊子集 A 确定得恰当与否，直接影响计算结果的合理性。A 的确定方法有多种，常用的有德尔菲法（专家调查法）、变权法、判断矩阵分析法等。无论采用哪一种确定方法，都存在一定的人为性和任意性。为了减小这一缺陷带来的偏差，通过更仔细地调查和研究工作，得到可信度较高的权重。本书在示范效应效果的评价研究中，权重的确定选用以下方法：

1. 问卷调查法

把调查表发给精通专业的专家及了解水资源税改革政策的相关人员进行单个填写，收回后加以整理，形成正式意见。如果意见差距太大，可针对不同意见再进行征询，采用第二轮征询甚至第二、三轮征询；最后统计得到各个权重。这种方法的优势为可以依靠不同人员的丰富知识和宝贵经验，能够比较客观地反映实际情况。

2. 层次分析法

层次分析法是一种将定性和定量相结合来确定权重的决策分析方法，适用于既包含调查问卷数据又包含统计数据的指标权重的确定。层次分析法通过两两比较、计算矩阵最大特征值及其相应的特征向量，以确定各指标的权重，具体的计算过程如下：

（1）构造判断矩阵。在所有因素中任取两个因素进行对比，根据因素的重要程度，依照表 8.4 赋值，构造判断矩阵 $\mathbf{A}=(a_{ij})_{n\times n}$。

表 8.4　　构造判断矩阵

因素 i 比因素 j	量化值
同等重要	1
稍微重要	3
较强重要	5
强烈重要	7

续表

因素 i 比因素 j	量化值
极端重要	9
两相邻判断的中间值	2，4，6，8
因子 i 与 j 比较判断为 a_{ij}，则因子 j 与 i 比较为 $1/a_{ij}$	倒数

（2）计算权向量及特征值。对给定的判断矩阵 $\boldsymbol{A}=(a_{ij})_{n\times n}$，确定权向量 $\boldsymbol{W}=(w_1,w_2,\cdots,w_n)^{\mathrm{T}}$ 及最大特征值 λ_1，其中

$$w_i=\frac{1}{n}\sum_{i=1}^{n}\frac{a_{ij}}{\sum_{k=1}^{n}a_{kj}},i=1,2,\cdots,n \tag{8.1}$$

$$\lambda_1=\frac{1}{n}\sum_{i=1}^{n}\frac{\sum_{j=1}^{n}a_{ij}w_j}{w_{ij}} \tag{8.2}$$

（3）层次单排序及其一致性检验。对应于判断矩阵最大特征根 $\lambda_{\max}$ 的特征向量，经归一化（使向量中各元素之和等于 1）后记为 $\boldsymbol{W}$，$\boldsymbol{W}$ 的元素为同一层次因素对于上一层次因素某因素相对重要性的排序权值，这一过程称为层次单排序。能否确认层次单排序，需要进行一致性检验。一致性检验是指对 $\boldsymbol{A}$ 确定不一致的允许范围。其中，n 阶一致阵的唯一非零特征根为 n；n 阶矩阵 $\boldsymbol{A}$ 的最大特征根 $\lambda\geqslant n$，当且仅当 $\lambda=n$ 时，$\boldsymbol{A}$ 为一致矩阵。由于 λ 连续的依赖于 a_{ij}，则 λ 比 n 大的越多，$\boldsymbol{A}$ 的不一致性越严重。一致性指标用 CI 计算，CI 越小，说明一致性越大。用最大特征值对应的特征向量作为被比较因素对上层某因素影响程度的权向量，其不一致程度越大，引起的判断误差越大。因此可以用 $\lambda-n$ 数值的大小来衡量 $\boldsymbol{A}$ 的不一致程度。定义一致性指标为

$$CI=\frac{\lambda-n}{n-1} \tag{8.3}$$

$CI=0$，有完全的一致性；CI 接近于 0，有满意的一致性；CI 越大，不一致越严重。

为衡量 CI 的大小，引入随机一致性指标 RI，即

$$RI=\frac{CI_1+CI_2+\cdots+CI_n}{n} \tag{8.4}$$

其中，随机一致性指标 RI 和判断矩阵的阶数有关。一般情况下，矩阵阶数

越大，则出现随机一致性偏离的可能性也越大，其对应关系见表 8.5。

表 8.5　　随机一致性指标 **RI** 和判断矩阵阶数的对应关系

矩阵阶数	1	2	3	4	5	6	7	8	9	10
RI	0	0	0.58	0.90	1.12	1.24	1.32	1.41	1.45	1.49

考虑到一致性的偏离可能是由随机原因造成的，因此在检验判断矩阵是否具有满意的一致性时，还需将 CI 和随机一致性指标 RI 进行比较，得出检验系数 CR，公式为

$$CR = \frac{CI}{RI} \tag{8.5}$$

一般地，如果 $CR<0.1$ ，则认为该判断矩阵通过一致性检验，否则就不具有满意一致性。

（4）层次总排序及其一致性检验。计算某一层次所有因素对于最高层（总目标）相对重要性的权值，称为层次总排序。这一过程是从最高层次到最低层次依次进行的。

3. 熵权法

一般来说，若某个指标的信息熵越小，表明指标值的变异程度越大，提供的信息量越多，在综合评价中所能起到的作用也越大，其权重也就越大。相反，某个指标的信息熵越大，表明指标值的变异程度越小，提供的信息量也越少，在综合评价中所起到的作用也越小，其权重也就越小。熵权法确定权重步骤如下：

（1）首先对数据标准化、归一化处理，即

$$Y_{ij} = \frac{X_{ij} - \min(X_{ij})}{\max(X_{ij}) - \min(X_{ij})} \tag{8.6}$$

$$Z_{ij} = \frac{Y_{ij}}{\sum_{1}^{n} Y_{ij}} \tag{8.7}$$

（2）求指标信息熵为

$$E_j = -\ln n^{-1} \sum_{1}^{n} Z_{ij} \ln Z_{ij} \tag{8.8}$$

（3）确定权重为

$$W_j = \frac{1-E_j}{\sum(1-E_j)}, j=1,2,\cdots,n \tag{8.9}$$

式中 X_{ij}——各指标数据；

Y_{ij}——各指标标准化后的数据；

Z_{ij}——各指标归一化后的数据；

E_j——各指标的信息熵；

W_j——各指标权重。

4. 层次分析法和熵权法结合

层次分析法和熵权法的相互补充，不仅削弱了许多主观因素对层次分析法赋权的影响，同时也弱化了因样本观测值差异性较大导致客观赋权产生偏差的问题。综合主观性和客观性得到更为客观合理的指标权重，公式为

$$F_j=\frac{V_jW_j}{\sum V_jW_j} \tag{8.10}$$

式中 V_j、W_j——层次分析法与熵权法确定的指标权重。

最后得到组合权值 $\mathbf{A}^{\mathrm{T}}=(F_1,F_2,\cdots,F_n)$。

（三）示范效应度计算

根据不同地区的实际情况，依据评价标准对指标进行赋值；并根据权重确定方法确定各个指标权重，最后由各个指标与对应权重相乘，加和得到最终结果，即示范效应度，公式为

$$DED=\sum_{1}^{n}(F_j\cdot P_j) \tag{8.11}$$

式中 DED——示范效应度；

n——指标个数；

F_j——指标综合权重；

P_j——指标赋值得分。

第三节 “河北模式”在河北省水资源税改革试点区的示范效应评价

一、示范效应度计算过程

根据选定的20个评价指标体系进行评价，每个评价指标的数据均来自《河北省水资源公报》《河北省统计年鉴》和根据实地调研的问卷统计数据等，数据

基本符合实际。

依据上述计算方法，得出河北省及邯郸、邢台、石家庄、保定、衡水、沧州、廊坊、唐山、张家口、承德11个地市的指标数据特征值得分，见表8.6。

表8.6　河北省及各地市评价指标得分表

指　标	邯郸	邢台	石家庄	保定	衡水	沧州	廊坊	唐山	秦皇岛	张家口	承德	全省
B（1）政策适应度	0.82	0.82	0.83	0.79	0.83	0.79	0.79	0.75	0.75	0.83	0.83	0.80
B（2）纳税人适应度	0.78	0.78	0.76	0.82	0.76	0.82	0.73	0.79	0.79	0.77	0.77	0.77
B（3）水资源现状适应度	0.88	0.88	0.79	0.88	0.79	0.88	0.85	0.86	0.86	0.93	0.93	0.86
B（4）经济社会发展适应度	0.86	0.86	0.85	0.84	0.85	0.84	0.79	0.88	0.88	0.83	0.83	0.85
B（5）农业纳税人认定率	0.95	1.00	0.98	0.62	0.99	1.00	1.00	0.95	1.00	1.00	0.99	0.94
B（6）在线计量监控项目完成率	0.93	1.00	1.00	1.00	0.90	1.00	1.00	1.00	1.00	1.00	0.63	0.93
B（7）纳税人信息移交率	1.00	1.00	1.00	1.00	1.00	1.00	1.00	1.00	1.00	1.00	0.99	0.98
B（8）纳税人水量核定完成率	1.00	1.00	1.00	0.98	0.98	1.00	1.00	1.00	1.00	1.00	1.00	0.97
B（9）水资源税改革政策的执行度	0.82	0.82	0.86	0.83	0.86	0.83	0.83	0.84	0.84	0.80	0.80	0.83
B（10）税率及农业用水限额设置的合理性	0.76	0.76	0.69	0.75	0.69	0.75	0.75	0.70	0.70	0.68	0.68	0.73
B（11）各部门信息共享程度	0.83	0.83	0.75	0.88	0.75	0.88	0.88	0.82	0.82	0.79	0.79	0.80

续表

指　标	邯郸	邢台	石家庄	保定	衡水	沧州	廊坊	唐山	秦皇岛	张家口	承德	全省
B（12）取水许可证发放率	0.97	0.99	0.95	0.98	0.73	0.99	0.89	0.80	0.86	0.96	0.85	0.91
B（13）水资源税改革政策知晓接受度	0.86	0.86	0.83	0.83	0.83	0.83	0.83	0.78	0.78	0.86	0.86	0.83
B（14）缴纳水资源税的便利程度	0.83	0.83	0.84	0.83	0.84	0.83	0.83	0.78	0.78	0.86	0.86	0.82
B（15）纳税人对水资源税改革满意度	0.88	0.88	0.83	0.81	0.83	0.81	0.81	0.79	0.79	0.85	0.85	0.83
B（16）取水许可证内的税款缴纳占比	1.00	1.00	1.00	1.00	1.00	1.00	1.00	1.00	0.87	1.00	0.99	0.99
B（17）地下水开采量占比	0.65	0.43	0.74	0.75	0.57	0.96	0.38	0.52	0.81	0.15	0.25	0.57
B（18）地下水水资源税占比	0.36	0.10	0.24	0.27	0.34	0.51	0.14	0.22	0.66	0.02	0.13	0.25
B（19）对用水户税收负担影响程度	0.71	0.71	0.74	0.69	0.74	0.69	0.69	0.64	0.64	0.72	0.72	0.66
B（20）专家对水资源税改革满意度	0.72	0.72	0.77	0.78	0.77	0.78	0.78	0.77	0.77	0.81	0.81	0.75

在利用层次分析法确定示范效应评价指标时，主要采用专家评分法，根据各位专家对各指标在评价示范效应体系中重要程度的认知，采用9标度法，对同一层次的指标进行两两比较，构造判断矩阵，并通过一致性检验，最终确定准则层及指标的权重，同时结合熵权法，根据式（8.10）确定各个指标的最终权重，其结果见表8.7。

表 8.7 各指标权重计算结果

准则层	权重	指标层	层次分析法权重 V_j	熵权法权重 W_j	综合权重 F_j
A（1）税改适应	0.3795	B（1）政策适应度	0.1706	0.0571	0.1984
		B（2）纳税人适应度	0.0985	0.0399	0.0799
		B（3）水资源现状适应度	0.0648	0.0572	0.0754
		B（4）经济社会发展适应度	0.0456	0.0313	0.0291
A（2）监控能力	0.2198	B（5）农业纳税人认定率	0.0384	0.0229	0.0179
		B（6）在线计量监控项目完成率	0.0763	0.0240	0.0373
		B（7）纳税人信息移交率	0.0273	0.0259	0.0143
		B（8）纳税人水量核定完成率	0.0779	0.0341	0.0540
A（3）管理水平	0.1765	B（9）水资源税改革政策的执行度	0.0733	0.0637	0.0951
		B（10）税率及农业用水限额设置的合理性	0.0299	0.0990	0.0601
		B（11）各部门信息共享程度	0.0511	0.0686	0.0713
		B（12）取水许可证发放率	0.0222	0.0378	0.0171
A（4）公众认知	0.0813	B（13）水资源税改革政策知晓接受度	0.0399	0.0538	0.0436
		B（14）缴纳水资源税的便利程度	0.0161	0.0533	0.0174
		B（15）纳税人对水资源税改革满意度	0.0254	0.0815	0.0421
A（5）纳税成效	0.1429	B（16）取水许可证内的税款缴纳占比	0.0199	0.0232	0.0094
		B（17）地下水开采量占比	0.0477	0.0493	0.0478
		B（18）地下水水资源税占比	0.0361	0.0570	0.0419
		B（19）对用水户税收负担影响程度	0.0186	0.0629	0.0239
		B（20）专家对水资源税改革满意度	0.0206	0.0575	0.0240

根据表 8.6 中河北省及地市的评价指标得分情况，结合表 8.7 中各个指标的权重，最终计算得到河北省及各地市的示范效应度大小，并根据划定的示范效应度等级表，最终确定河北省及各地市的示范效应度等级，见表 8.8。并根据表 8.8，绘制了河北省及各地市水资源税改革示范效应度图，如图 8.1 所示。

表 8.8　　河北省及各地市示范效应度（*DED*）计算结果

城市	邯郸	邢台	石家庄	保定	衡水市	沧州	廊坊	唐山	秦皇岛	张家口	承德	全省
DED	0.814	0.800	0.802	0.809	0.790	0.837	0.781	0.777	0.810	0.776	0.769	0.790
等级	非常高	非常高	非常高	非常高	较高	非常高	较高	较高	非常高	较高	较高	较高

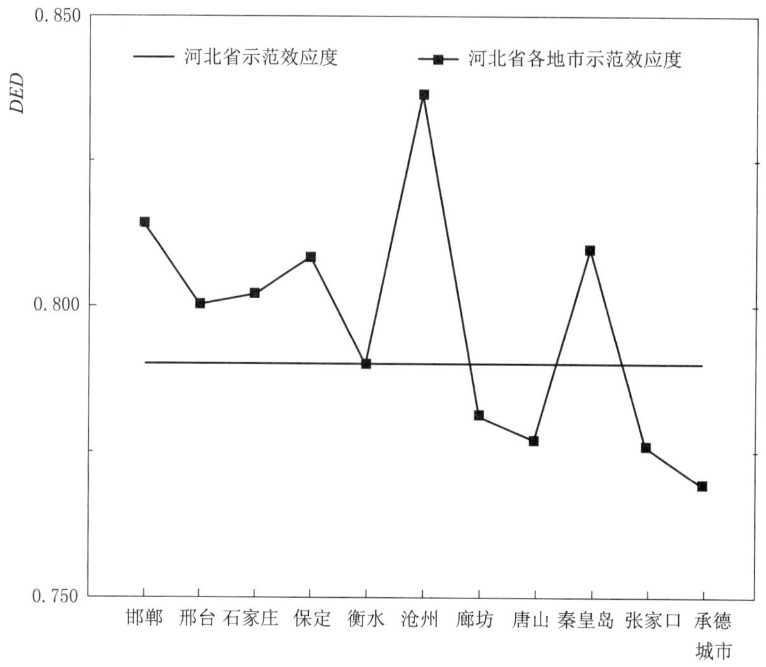

图 8.1　河北省及各地市水资源税改革示范效应度

二、示范效应评价的结果分析

根据表 8.8 可得，河北省整体示范效应度 *DED*＝0.790，示范效应度等级处于较高的水平，说明河北省在水资源税改革以来形成的示范效应较好，同时对水资源税改革起到了比较好的推进作用，为下一步对水资源税改革向全国推广起到了一定的示范作用。同时从河北省目前示范效应度和等级结果可以看出，河北省的水资源税改革仍有进一步需要提升的地方，如税率及农业用水限额设置的合理性指标，该指标得分较低，说明政府及相关部门在制定水资源税率和农业用水限额方面没有做到真正合理，间接影响了其他指标的得分，如地下水水资源税占比、对用水户税收负担影响程度等。不合理的税率对一般用水户造成较大的经济负担，不利于企业良性发展，对当地经济发展造成一定的影响；同时对那些地下水超采严重的用水户没能起到约束效果，导致超采户对节约地下水意识不足，造成浪费。针对税率及农业用水限额设置的合理性，需要根据水资源税改革的实际情况进一步进行修订和完善。同时在地下水开采方面，虽然水资源税改革政策在一定程度上有利于压采地下水，但目前河北省及各地市地下水开采量占总用水量比例仍然很高，需要政府采取一定手段，督促企业及农业降低地下水的开采，达到压采地下水的目的。整个河北省以及衡水、廊坊、唐山、张家口、承德等地的示范效应等级均处于较高水平，但示范效应等级有待进一步提升。邯郸、邢台、石家庄、保定、沧州、秦皇岛六个地市的示范效应度等级处于非常高水平，说明河北省这些城市在水资源税改革以来积极落实上级政策，推进水资源税的改革与落实，在河北省各地市间形成了良好的示范效应。

河北省及各地市水资源税改革示范效应度如图 8.1 所示。从图中可发现沧州市示范效应度最高，纳税人适应度、农业纳税人认定率、在线计量监控项目完成率、纳税人水量核定完成率、税率及农业用水限额设置的合理性、各部门信息共享程度、取水许可证发放率、专家对水资源税改革满意度等指标在河北省各地市间均处在前列。纳税人适应度较高说明水资源税改革过程中纳税人对水资源税改革了解、接纳程度较高，能够有效促进政策实施，促进水资源税改革的进一步落实；同时农业纳税人认定率、在线计量监控项目完成率、纳税人水量核定完成率较高说明沧州在监控能力方面做得较好，高水平的监控能力是水资源税改革的前提和基础，“河北模式”第一要务就是水利核定，而水利核定依靠的就是对用水户水量使用的监控，因此监控能力的较高水平在一定程度上使得沧州市综合水资源税改革示范效应较高。张家口市示范效应度最低，分析发现，纳税人适应度得分只有 0.77，说明张家口地区的纳税人对水资源税改革的了解、满意程度相对较低，一定程度上阻碍了水资源税改革的实施；水资源税改革政策的执行度得分为 0.80、税率及农业用水限额设置的合理性得分为 0.68，这两个指标体现的均为管理水平，相关部门人员的管理水平将直接决定政策制定合理性、政策实施的难易程度，因此张家口在管理水平方面还有待大幅度提高，间接导致张家口市整体水资源税改革示范效应度较低。廊坊、唐山、张家口、承德四个地市的示范效应度处于河北省平均示范效应度之下，示范效应有待进一步提升；而邯郸、邢台、石家庄、保定、沧州、秦皇岛六个地市的示范效应度均在河北省平均示范效应度之上，示范效应较好；衡水的示范效应度与河北省整体水平一致，处于中间水平。

第四节 “河北模式”在其他代表省份水资源税改革试点区的示范效应评价

一、示范效应评价思路概述

“河北模式”在河北省水资源税改革示范效应中已经取得了良好效果，为了使“河北模式”在全国进行推广，需要将“河北模式”下构建的示范效应评价指标体系在全国其他省份进行示范效应度评价，以期能够得出“河北模式”对其他省份示范效应程度的评价结果。

由于目前水资源税改革仍然在试点期间，以河北省为试点省份，并在天津、山西、内蒙古、山东、河南、四川、陕西、宁夏等 9 个省（自治区、直辖市）扩大水资源税改革试点，剩下省份并未开始开展水资源税改革工作。因此在评价“河北模式”对其他省份示范效应时，有关指标数据根据该地区目前的政府规划、经济社会发展水平、自然资源禀赋、基础设施建设等各个方面，假定该地区实施水资源税改革 3 年后可能会达到的效果进行评价。根据评价结果，可以提前预估不同省份在实行水资源税改革时遇到的阻碍，为下一步实施水资源税改革做好铺垫。此假设属于根据目前实际状况对未来的一种情景预判，若未来实际情况与预判的情景不一致，可以再根据实际情况进行重新计算。这仅仅是一种情景分析，预估是否准确，不影响结果。

根据我国地理位置的差异，选择有代表性的 3 个省级区，分别是：中部地区的代表河南省、南方的代表广东省、西部地区的代表新疆维吾尔自治区，分别对“河北模式”在这三个省级区的示范效应进行评价和分析。

河南省作为第二批水资源税改革试点省份，在 2017 年 12 月 1 日起实施水资源税改革。改革后取得了良好的效果，河南省以现行水资源费制度为基础，结合国家试点办法和省征管实际进行适当调整，实现收费制度向征税制度的平稳转换；同时以现行水资源费负担水平为基础，基本实现税费平移，不影响居民和一般工商业的正常生产生活用水负担；最后在国家规定幅度内适当提高超采区适用税额标准，对超计划（定额）取用水量在原税额基础上加倍征收，抑制地下水超采和不合理用水需求。通过系列政策和措施，水资源税改革效果基本体现。而广东省与新疆维吾尔自治区目前仍未实行水资源税改革，但根据国家印发的《关于全面推进资源税改革的通知》，要求在全国范围内进行推广。基于该地区目前政府规划、经济社会发展水平、自然资源禀赋、基础设施建设、教育水平等各个方面，对该地区实施水资源税3年后预计会达到的效果进行分析和评价，然后分析“河北模式”在该地区的示范效应。

先针对河南省目前水资源税改革运行情况，广东省及新疆维吾尔自治区实施水资源税3年预计会达到的效果进行预估，并依据构建的评价指标体系，对每个指标特征值得分进行赋值。

1. 政策适应度

在2017年12月1日起实施水资源税改革后，河南省先后发布了《河南省人民政府关于印发河南省水资源税改革试点实施办法的通知》《河南省水资源税征收管理办法》《河南省地方税务局河南省水利厅水资源税纳税人档案移交方案》等一系列法规，建立了相对完善的水资源税政策来支撑水资源税改革的实施，此项指标得分为0.82。参考广东省环保税有关政策，未来水资源税政策适应度将达到中等水平，预判广东省此项指标得分为0.73。同理，预判新疆此项指标得分为0.69。

2. 纳税人适应度

河南省实施水资源税后，通过访问和调查得知，用水户对费改税表示大力支持并积极配合水资源税的缴纳，纳税人对水资源税的适应度较高，此项指标得分为0.72。广东省处于沿海地区，教育水平较高，居民认知和适应新鲜事物能力较强，预判此项指标得分为0.65。新疆地处西部偏远地区，发展水平落后，当地居民对新鲜事物或政策接纳程度相对较慢，预判此项指标得分为0.62。

3. 水资源现状适应度

河南的多年平均水资源量413.4亿m^3（包括地下水和地表水），人均水资源量420m^3左右，相当全国平均水平的1/5和1/6，属于严重缺水省份，但实际缺水程度远逊于京津等华北地区，尚没有达到对生产生活以及生态环境产生严重影响的地步，此项指标得分为0.86。广东省多年平均水资源总量1830亿m^3，其中地表水资源量1820亿m^3，地下水资源量450亿m^3。除省内产水量外，还有来自珠江、韩江等上游从邻省入境水量 2361 亿 m^3。此外，还有温泉 300 多处，日总流量 9 万 t；饮用天然矿泉水 145 处，探明可采用储量全国第一；总体来看水资源情况较好，对水资源税改革的迫切程度较低，预判此项指标得分为 0.34。新疆属干旱内陆气候区，降水稀少、蒸发强烈，多年平均降水量 154.5mm。根据《全国水资源综合规划》成果，新疆多年平均降水总量 2544 亿 m^3，自产水资源量 832.7 亿 m^3，其中地表水 788.6 亿 m^3，地表水与地下水不重复量 44.1 亿 m^3。新疆人均水资源量 $4000m^3$，为全国人均的 2 倍；水资源丰富，且多为地表水，地下水超采情况较少，预判此项指标得分为 0.29。

4. 经济社会发展适应度

河南省总体经济水平在全国排名比较靠前，全年全省生产总值 48055.86 亿元，比上年增长 7.6%，全年财政总收入 5875.82 亿元，比上年增长 11.9%，经济发展趋势良好，在水资源税改革过程中，能够保证水资源税改革的正常实施，此项指标得分为 0.79。广东省经济发展居全国前列，保证在水利方面投资建设，能有效支撑水资源税改革的正常实施，预判此项指标得分为 0.83。新疆总体经济发展比较落后，预判此项指标得分为 0.35。

5. 农业纳税人认定率

河南作为农业大省，农业用水占总体用水量的比例较大，但农民大多是散户，而农村集中饮水工程，其经营规模需要核定；管理单位有县级水利部门、乡镇政府、村组，还有承包出去的，这也需要予以区别和认定，这一系列工作存在认定难、工作量大等困难，但河南省对此也进行了改革，一起加快这方面工作的进度，因此综合来看，实施 3 年后该项指标得分预计为 0.87。广东省目前农业发展缓慢，许多问题亟须解决，若要实施水资源税，对农业纳税人的认定将会有一定难度，预判此项指标得分为 0.73。新疆地广人稀，且多以畜牧业为主，农业户多为散户且较为分散，加上水利部门基层管理者人员不足等问题，导致农业纳税人认定率困难更大，预判此项指标得分为 0.46。

6. 在线计量监控项目完成率

河南省印发的《河南省水利厅办公室 关于进一步规范水资源论证和取水许可管理的通知》中，提到“年取水量地下水 5 万 m^3、地表水 20 万 m^3 以上以及限额以下的重点取用水户，设计灌溉面积 5 万亩以上灌区，应安装水量在线监测设施，并纳入省级水资源监控系统”，预计水资源税改革实施 3 年后，该指标得分为 0.86。参考《广东省信息基础设施建设三年行动计划（2018—2020年）》，水资源税改革 3 年后，在线监控计量项目完成将会达到良好水平，预判此项指标得分为 0.76。新疆由于技术发展落后，地区面积大，对计量监控设施的安装有一定难度，预判此项指标得分为 0.49。

7. 纳税人信息移交率

河南省实施水资源税改革后，发布《河南省地方税务局 河南省水利厅水资源税纳税人档案移交方案》，对移交范围、移交原则、内容和时限都做了严格的要求，由地方税务机关负责征收管理，基本满足由纳费人向纳税人的转换，加强信息移交，此项得分为 0.72。广东省技术发展水平靠前，信息共享方面较方便，在水资源税改革期间，信息移交率会处于较高水平，预判此项指标得分为 0.68。新疆在这方面有所欠缺，预判此项指标得分为 0.59。

8. 纳税人水量核定完成率

河南省结合国家试点办法和现行水资源费制度，一般情况下按照实际取用水量实行从量计征；此外，对城镇公共用水企业、农村人口生活用水的集中式饮水工程按照实际售水量计征，对水力发电和火力发电贯流式（不含循环式）冷却取用水按实际发电量计征，对采矿和工程建设疏干排水按照排水量计征，对纳税人使用水量基本能够核定准确，此项指标得分为 0.79。广东省地处沿海地区，且有多支河流，水源较多，核定起来有一定困难，预判此项指标得分为 0.69。新疆地广人稀，且多靠河流取水和自然降雨，基础设施建设不完善，监控不到位，导致水量核定有一定困难，预判此项指标得分为 0.53。

9. 水资源税改革政策的执行度

参考相关问卷和访谈及调查，河南省水资源税改革政策从省到市再到各个县级单位，积极做出举措，执行效果较好，此项指标得分为 0.78。广东省此项指标得分为 0.68。新疆此项指标得分为 0.52。

10. 税率及农业用水限额设置的合理性

在确定税率及用水限额时，按现行水资源费征收标准平移的原则，确定河南省地表水最低平均税额为 0.4 元/m^3，地下水最低平均税额为 1.5 元/m^3。同时，为发挥水资源税调控作用，要求按不同取用水性质实行差别税额，其中：对地下水超采地区取用地下水，按照非超采区税额的 2～3 倍确定；对超计划（定额）取用水，按照原税额标准的 2～3 倍征收；对特种行业从高征税，对超过规定限额的农业生产取用水、农业生活集中式饮水工程取用水等从低征税，这种确定方式基本合理。此项指标得分为0.77。参考广东省对环保税制定的税率，以及在改革初期需要不断地进行修订和完善，预判此项指标得分为0.70。新疆此项指标得分为0.56。

11. 各部门信息共享程度

水资源税改革后，河南省也参考河北省建立了水资源税信息管理系统，加大各部门信息共享程度，水资源税改革系统在未来得到进一步的优化和改善，此项指标得分为0.79。水资源税改革需要水利与财务部门的紧密配合才能达到良好的效果，广东省是经济大省，税务部门任务重，与水利部门配合可能存在一定的困难，导致在信息共享方面程度相对较低，预判此项指标得分为0.66。新疆各部门工作人员数量较少，且技术水平相对落后，在水资源税改革期间各部门的信息共享程度会比较低，预判此项指标得分为0.32。

12. 取水许可证发放率

河南省印发的《河南省水利厅办公室 关于进一步规范水资源论证和取水许可管理的通知》中关于规范取水许可档案和台账管理，明确各级水行政主管部门要定期组织开展取水许可档案和台账信息的核实工作，逐户逐条进行梳理，加快完善取水许可台账信息，因此此项指标得分为0.86。广东省对依法取水单位会发放取水许可证，但未监控到的就很难发放取水许可证，发放率不会很高，预判此项指标得分为0.64。新疆整体监控能力较弱，无法按照规范发放取水许可证，预判此项指标得分为0.34。

13. 水资源税改革政策知晓接受度

通过访问和调查得知，河南省大部分用水户对费改税有一定的了解，并对此表示支持，在未来水资源税改革的进一步实施和改善，会有更多用水户对此了解，此项指标得分为0.78。广东省此项指标得分为0.67。新疆此项指标得分为0.45。

14. 缴纳水资源税的便利程度

河南省通过建立水资源税信息管理系统使得缴纳水资源税更加方便，但该系统还在初期阶段，仍需要进一步改善，此项指标得分为0.73。广东省技术水平较高，纳税人知识水平高，在学习缴纳水资源税方面能力较强，预判此项指标得分为0.75。新疆在这方面能力较弱，预判此项指标得分为0.36。

15. 纳税人对水资源税改革满意度

通过访问和调查得知，河南省大部分用水户对水资源税基本满意，通过未来不断地改进与完善，会有更多纳税人对此满意，该指标得分为0.82。广东省此项指标得分为0.72。新疆此项指标得分为0.69。

16. 取水许可证内的税款缴纳占比

参考取水许可证发放情况，未来在河南省各级单位不同部门之间的紧密合作，规范依法取水、依法缴纳水资源税将得到大力改善，此项指标得分为0.84。根据水量核定情况和取水许可证发放情况，预判广东省和新疆的此项指标得分分别为0.77和0.68。

17. 地下水开采量占比

参考2016年河南省水资源公报，地下水开采量占比为52.63%，实施水资源税改革后，将有所降低，此项指标得分预计为0.45。参考2017年广东省水资源公报，地下水开采量占比为3.2%，实施水资源税改革后，将有所降低，此项指标得分预计为0.90。参考2016年新疆水资源公报，地下水开采量占比为20.97%，实施水资源税改革后，将有所降低，此项指标得分预计为0.57。

18. 地下水水资源税占比

依据地下水开采量占比，以及河南省水资源现状，按照该指标得分标准，此项指标得分为0.40。依据地下水开采量占比，以及广东省水资源现状，按照该指标得分标准，此项指标得分为0.82。依据地下水开采量占比，以及新疆水资源现状，按照该指标得分标准，此项指标得分为0.56。

19. 对用水户税收负担影响程度

根据问卷调查和访谈，以及河南省水资源税额标准和经济社会发展情况，确定该指标得分为0.70。预判广东省此项指标得分为0.66，新疆此项指标得分为0.46。

20. 专家对水资源税改革满意度

通过对高校专家的访谈，确定河南省该指标得分为0.78。预判广东省此项指标得分为0.72。新疆此项指标得分为0.66。

二、"河北模式"在河南的示范效应评价

（一）计算过程

根据河南省目前水资源税改革的实际情况及未来发展趋势，对20个评价指

标特征值进行赋值，并确定了每个评价指标的权重，由此计算出每个准则层的得分，见表 8.9。

根据表 8.9 中河南省指标得分及对应权重，计算得到“河北模式”在河南省的示范效应度，按照表中示范效应评价等级，得到河南省的评价示范效应等级，见表 8.10。

表 8.9　　河南省示范效应评价指标得分及对应权重

准则层	准则层得分	指标层	指标得分	指标权重
A（1）税改适应	0.3026	B（1）政策适应度	0.82	0.1706
		B（2）纳税人适应度	0.72	0.0985
		B（3）水资源现状适应度	0.86	0.0648
		B（4）经济社会发展适应度	0.79	0.0456
A（2）监控能力	0.1802	B（5）农业纳税人认定率	0.87	0.0384
		B（6）在线计量监控项目完成率	0.86	0.0763
		B（7）纳税人信息移交率	0.72	0.0273
		B（8）纳税人水量核定完成率	0.79	0.0779
A（3）管理水平	0.1397	B（9）水资源税改革政策的执行度	0.78	0.0733
		B（10）税率及农业用水限额设置的合理性	0.77	0.0299
		B（11）各部门信息共享程度	0.79	0.0511
		B（12）取水许可证发放率	0.86	0.0222
A（4）公众认知	0.0637	B（13）水资源税改革政策知晓程度	0.78	0.0399
		B（14）缴纳水资源税的便利程度	0.73	0.0161
		B（15）纳税人对水资源税改革满意度	0.82	0.0254
A（5）纳税成效	0.0817	B（16）取水许可证内的税款缴纳占比	0.84	0.0199
		B（17）地下水开采量占比	0.45	0.0477
		B（18）地下水水资源税占比	0.40	0.0361
		B（19）对用水户税收负担影响程度	0.70	0.0186
		B（20）专家对水资源税改革满意度	0.78	0.0206

表 8.10 "河北模式"在河南省的示范效应度及等级表

省份	河南省
示范效应度（*DED*）	0.768
示范效应度等级	较高

（二）结果分析

根据表 8.10 可知，"河北模式"在河南省示范效应度为 0.768，示范效应等级为较高水平。其主要原因是河南省与河北省为临近省份，水资源现状与经济社会发展水平相近，都是缺水省份，且都是农业大省，对地下水开采强度较高，因此对水资源税改革的迫切程度均较高。并且河南省作为第二批试点省份，多次组织政府部门人员去河北省调研学习，在水资源税改革方面有一定的经验且目前已经取得了一定的效果。整体来看，"河北模式"在河南省示范效应效果较好。

从评价指标来看，河南省各项指标均处于中等偏上水平，尤其是政策适应度、纳税人适应度、水资源性现状适应度、在线计量监控项目完成率、纳税人水量核定完成率、水资源税改革政策的执行度等所占权重较大指标得分较高。其中农业纳税人认定率指标得分最高，为 0.87，说明河南省作为农业大省，在农业方面投入精力较多且取得了较好的效果，但仍然有继续提升的空间。从准则层面分析，水资源税改革适应得分最高，一方面是因为水资源税改革适应程度所占权重较大，另一方面因为其准则层内的 4 个指标得分均较高；而监控能力、管理水平的综合得分处于中等水平，一方面因为其所占权重不太高，另一方面因为每个准则层内的指标得分处于中等水平；公众认知、纳税成效得分最低，一方面因为准则层所占权重较低；另一方面，其准则层内的指标得分较低，如地下水开采量占比、地下水水资源税占比得分分别为 0.45 和 0.40，远低于其他指标得分，导致纳税成效的得分较低。

三、"河北模式"在广东的示范效应评价

（一）计算过程

根据广东省目前的水资源禀赋现状、经济社会发展情况、教育水平等综合

情况，对水资源税改革3年后达到的效果进行预估，得到20个评价指标特征值，并确定了每个评价指标的权重，由此计算出每个准则层的得分，见表8.11。

根据表8.11中广东省指标得分及对应权重，计算得到“河北模式”在广东省的示范效应度，按照表中示范效应评价等级，得到广东省的评价示范效应等级，见表8.12。

表8.11 广东省示范效应评价指标得分及对应权重

准则层	准则层得分	指标层	指标得分	指标权重
A（1）税改适应	0.2484	B（1）政策适应度	0.73	0.1706
		B（2）纳税人适应度	0.65	0.0985
		B（3）水资源现状适应度	0.34	0.0648
		B（4）经济社会发展适应度	0.83	0.0456
A（2）监控能力	0.1583	B（5）农业纳税人认定率	0.73	0.0384
		B（6）在线计量监控项目完成率	0.76	0.0763
		B（7）纳税人信息移交率	0.68	0.0273
		B（8）纳税人水量核定完成率	0.69	0.0779
A（3）管理水平	0.1187	B（9）水资源税改革政策的执行度	0.68	0.0733
		B（10）税率及农业用水限额设置的合理性	0.70	0.0299
		B（11）各部门信息共享程度	0.66	0.0511
		B（12）取水许可证发放率	0.64	0.0222
A（4）公众认知	0.0571	B（13）水资源税改革政策知晓程度	0.67	0.0399
		B（14）缴纳水资源税的便利程度	0.75	0.0161
		B（15）纳税人对水资源税改革满意度	0.72	0.0254
A（5）纳税成效	0.1150	B（16）取水许可证内的税款缴纳占比	0.77	0.0199
		B（17）地下水开采量占比	0.90	0.0477
		B（18）地下水水资源税占比	0.82	0.0361
		B（19）对用水户税收负担影响程度	0.66	0.0186
		B（20）专家对水资源税改革满意度	0.72	0.0206

表 8.12 "河北模式"在广东省的示范效应度及等级表

省份	广东省
示范效应度(*DED*)	0.698
示范效应度等级	较高

(二)结果分析

由表 8.12 可知,"河北模式"在广东省示范效应度为 0.698,示范效应等级为较高水平,其主要原因是在某些方面水资源税实施不到位或对水资源税改革的不适应。从指标层面来看,水资源现状适应度得分只有 0.34,得分较低主要是因为广东省地处南方沿海地区,并不缺水,对水资源税改革的迫切程度较低,且广东省经济发展水平快,在一定程度上弱化了对水资源保护的重视程度;广东省经济社会发展适应度得分为 0.83,得分高主要是因为广东省属于经济发达地区,经济水平在全国前列,其雄厚的资金能够有效支撑水资源税改革过程的顺利实施,且能够保证基层工作人员的工资问题,保证管理人员工作积极性,也能有效促进水资源税改革的顺利实施。除此之外,地下水开采量占比、地下水水资源税占比两个指标得分分别为 0.90 和 0.82,得分较高主要是由于广东省地下水资源量开采合理,且地表水资源量能够基本满足用水需求,对地下水需求较小,一定程度上保护了地下水。水资源税改革的目的之一是压采地下水,因此在这方面的指标得分较低。其余指标都处于中等水平。整体来看,广东省作为南方的代表省份,对水资源税改革的进一步实施还需要不断完善。

四、"河北模式"在新疆的示范效应评价

(一)计算过程

根据新疆维吾尔自治区目前的水资源禀赋现状、经济社会发展情况、教育水平等综合情况,对水资源税改革 3 年后达到的效果进行预估,得到 20 个评价指标特征值得分,并确定了每个评价指标的权重,由此计算出每个准则层的得分,见表 8.13。

根据表 8.13 中新疆维吾尔自治区指标得分及对应权重,计算得到"河北模

式”在新疆维吾尔自治区的示范效应度，按照表中示范效应评价等级，得到新疆维吾尔自治区的评价示范效应等级，见表8.14。

表8.13　　新疆维吾尔自治区示范效应评价指标得分及对应权重

准则层	准则层得分	指　标　层	指标得分	指标权重
A（1）税改适应	0.2135	B（1）政策适应度	0.69	0.1706
		B（2）纳税人适应度	0.62	0.0985
		B（3）水资源现状适应度	0.29	0.0648
		B（4）经济社会发展适应度	0.35	0.0456
A（2）监控能力	0.1124	B（5）农业纳税人认定率	0.46	0.0384
		B（6）在线计量监控项目完成率	0.49	0.0763
		B（7）纳税人信息移交率	0.59	0.0273
		B（8）纳税人水量核定完成率	0.53	0.0779
A（3）管理水平	0.0788	B（9）水资源税改革政策的执行度	0.52	0.0733
		B（10）税率及农业用水限额设置的合理性	0.56	0.0299
		B（11）各部门信息共享程度	0.32	0.0511
		B（12）取水许可证发放率	0.34	0.0222
A（4）公众认知	0.0413	B（13）水资源税改革政策知晓程度	0.45	0.0399
		B（14）缴纳水资源税的便利程度	0.36	0.0161
		B（15）纳税人对水资源税改革满意度	0.69	0.0254
A（5）纳税成效	0.0831	B（16）取水许可证内的税款缴纳占比（%）	0.68	0.0199
		B（17）地下水开采量占比	0.57	0.0477
		B（18）地下水水资源税占比	0.56	0.0361
		B（19）对用水户税收负担影响程度	0.46	0.0186
		B（20）专家对水资源税改革满意度	0.66	0.0206

表8.14　　“河北模式”在新疆维吾尔自治区的示范效应度及等级表

自治区	新疆
示范效应度（*DED*）	0.529
示范效应度等级	中等

（二）结果分析

由表 8.14 可知，“河北模式”在新疆示范效应度为 0.529，示范效应等级为中等水平，其主要原因是新疆整体水平都比较低，地处西部偏远地区，无论是税改适应、监控能力、管理水平、公众认知、纳税成效方面都较弱，导致实行水资源税改革会有很多的困难和阻力。

从指标来看，水资源现状适应度得分最低，仅为 0.29，其主要原因为：新疆人均水资源量 4000m^3，为全国人均水平的 2 倍；水资源丰富，且多为地表水，地下水超采情况较少，新疆整体水资源现状对水资源税改革的迫切程度并没有那么高。除此之外，经济社会发展适应度得分也低，仅为 0.35，主要是因为新疆地处西部偏远地区，经济发展水平落后，而水资源税改革前期工作中，需要当地政府投入大量的资金来保证水资源税改革基础设施建设、人员工资等经费的正常支出，而新疆目前经济发展水平不足以支撑水资源税改革在全省范围内顺利进行。同时，因为新疆基础设施建设并不完备，技术水平相对落后，导致监控能力相对较低，影响水资源税改革的正常运行；新疆地理位置偏远，导致在人才培养方面相对落后，政府管理人员的管理水平会因此大打折扣，在管理时出现一些问题，如各部门信息共享程度较低、取水许可证发放率较低等问题。整体来看，新疆作为西部代表，对水资源税改革的进一步实施还需要政府加大重视和投资，并针对实际情况进行改进和完善，因此“河北模式”在新疆的示范效应效果不太好。

五、“河北模式”在河北、河南、广东、新疆的示范效应对比分析

（一）总体结果对比

由表 8.12～表 8.14 分别得到河南、广东和新疆的示范效应度和示范效应等级，见表 8.15。

表 8.15　“河北模式”在河南、广东和新疆的示范效应度和示范效应等级对比表

省（自治区）	河南	广东	新疆
示范效应度（*DED*）	0.768	0.698	0.529
示范效应度等级	较高	较高	中等

由表 8.15 可知，“河北模式”在河南和广东的示范效应度等级均为较高水平，但河南的示范效应度要比在广东的示范效应度高，因为河南地理位置与河北相似，其水资源禀赋条件也相近，都为比较缺水的省份，且都为农业大省，对地下水资源开采比较严重，因此“河北模式”的水资源税改革在河南具有很好的示范效应。而“河北模式”在广东示范效应度稍低，是因为广东地处南方沿海地区，其水资源禀赋条件较好，且广东作为经济比较发达的地区，农业种植相对较少，且广东地表水能够基本满足当地企业的用水需求，对地下水需求量相对较低，因此虽然“河北模式”在广东的示范效应等级为较高，但示范效应度偏低，说明“河北模式”在广东省应用时仍存在一些需要改进的地方。“河北模式”在新疆的示范效应等级为中等水平，其主要原因是新疆与河南、广东相比，无论是在水资源条件方面，还是经济社会发展水平、教育水平等都存在一定的差距；且新疆作为自治区，在水资源税改革的政策制定和执行方面可能会存在需要改进和完善的地方。因此综合来看，“河北模式”在新疆的水资源税改革示范效应等级远低于河南省和广东省。

（二）分指标对比

由表 8.12～表 8.14 可得到河南、广东、新疆的示范效应准则层及各指标得分，整理后，得到河南、广东、新疆的示范效应准则层及各指标得分对比表，见表 8.16。

表 8.16 “河北模式”在河南、广东和新疆的示范效应准则层及各指标得分对比表

准则层	准则层得分			指标层	指标得分		
	河南	广东	新疆		河南	广东	新疆
A（1）	0.3026	0.2484	0.2135	B（1）	0.82	0.73	0.69
				B（2）	0.72	0.65	0.62
				B（3）	0.86	0.34	0.29
				B（4）	0.79	0.83	0.35
A（2）	0.1802	0.1583	0.1124	B（5）	0.87	0.73	0.46
				B（6）	0.86	0.76	0.49
				B（7）	0.72	0.68	0.59
				B（8）	0.79	0.69	0.53

续表

准则层	准则层得分			指标层	指标得分		
	河南	广东	新疆		河南	广东	新疆
A (3)	0.1397	0.1187	0.0788	B (9)	0.78	0.68	0.52
				B (10)	0.77	0.70	0.56
				B (11)	0.79	0.66	0.32
				B (12)	0.86	0.64	0.34
A (4)	0.0637	0.0571	0.0413	B (13)	0.78	0.67	0.45
				B (14)	0.73	0.75	0.36
				B (15)	0.82	0.72	0.69
A (5)	0.0817	0.1150	0.0831	B (16)	0.84	0.77	0.68
				B (17)	0.45	0.90	0.57
				B (18)	0.40	0.82	0.56
				B (19)	0.70	0.66	0.46
				B (20)	0.78	0.72	0.66

由表8.16可知，从准则层分析，河南省示范效应从税改适应、监控水平、管理水平、公众认知层面都比广东、新疆得分高，说明河南省在这四个方面采取措施落实得比较到位，水资源税改革效果较好；而在纳税成效方面，广东省得分较高，主要是广东地下水开采量较低，相对应的地下水资源税缴纳较低，不依赖于地下水资源税来增加财政收入，充分体现水资源税改革其目的“在于水而不在税”。从各个指标来看，大部分指标得分都差不多，其中B（3）水资源现状适应度得分相差较大，河南为0.86，而广东和新疆仅为0.34和0.29，其主要原因就是广东与新疆的水资源禀赋条件与河南情况不太一致，对水资源税改革的迫切程度没有那么高，因此导致在这方面得分相对较低。B（4）经济社会发展适应度得分相差较大，河南、广东为0.79和0.83，新疆仅为0.35，其主要原因就是河南与广东经济社会发展水平远高于新疆，能够支撑水资源税改革的正常实施，而新疆落后的经济发展水平，在水资源税改革初期会遇到很大的阻碍，导致水资源税改革在各个方面无法顺利实施，因此得分较低。B（11）各部门信息共享程度得分差异较大，河南、广东为0.79和0.66，新疆仅

为0.32，其主要原因是河南和广东政府部门的管理水平优于新疆的管理水平；造成这方面的原因有多方面，一方面是河南和广东经济发达，资金充裕，能够保证基层和政府管理人员工作积极性，另一方面，河南与广东信息技术水平较高，能够建立相对完善的部门间的沟通交流机制，有效提高管理人员的管理水平并加强各部门的信息交流程度，而新疆在这些方面目前还达不到较高水平，因此得分相对较低。B（12）取水许可证发放率差异较大，也是河南与广东得分较高，分别为0.86和0.64，而新疆为0.34，其主要原因也是经济、信息技术水平差异导致的基层管理人员在工作实施时难度较大，导致新疆在这方面得分较低；B（14）缴纳水资源税的便利程度也是如此。

（三）对“河北模式”推广示范的建议

针对“河北模式”在广东、新疆的示范效应评价结果分析，广东和新疆还存在需要改进和完善的地方。针对广东，经济社会发展水平和水资源禀赋条件是优势，但也应该按照政策要求节约用水、合理开发利用水资源，重视水资源税改革的各项工作，确保改革过程中的资金保障；在监控能力和管理水平方面还可以进一步提升，可以加强对水利项目的重视，加快水利基础设施的建设，同时依靠其发达的信息技术水平，建设高水平水资源用水监控设备以及相应的取用水信息管理系统，建立信息档案，加快信息移交和纳税人的水量核定工作，提高监控能力和各部门的信息共享程度；同时加快培养水利方面的人才，引进高水平水利专业工作者，提高基层管理人员的业务能力，提高整体管理水平；由于广东水资源丰富，公众节水意识也强，再加上税收的经济杠杆作用，建议税率和农业用水限额的设置可适当放宽，不增加居民及一般企业的负担；另外，加强取用水管理，规范取水许可审批手续，提高取水许可证发放率，利用自身优势不断增加缴纳水资源税的便利程度，有助于水资源税改革的顺利实施及发挥应有的效益。

针对新疆这一偏远地区，制定完备的水资源税改革政策是前提，对水资源税改革进行广泛宣传是基础。虽然其经济社会发展程度比较落后，但在政策方面可以提高，一方面要贯彻落实中央政策，针对新疆实际情况做出相应变化，制定出能够真正符合新疆水资源税改革的税改政策，促进水资源税的顺利实施；同时，加大在水利方面的投资建设，培养水利专业人才，从监控能力和管理水平方面提高新疆整体水平；针对水资源税改革的基础性工作，如纳税人认定、计量设施的安装、水量核定以及信息移交，都可分区分片推选负责人管理，以便提高办事效率；税率及农业用水限额设置方面，新疆可在河北划定的基础上，根据当地实际情况，适当降低税额标准，以促进当地经济社会的发展。除此之外，还要加强宣传与培训，提高纳税人认知水平，加深对水资源税改革的了解，从而实现从被动交税向主动交税的根本转变；通过开设缴税绿色通道以及网上缴税等方式以提高纳税人缴纳水资源税的便利程度，提高纳税人对水资源税改革的满意度，有助于水资源税改革的顺利实施。

第九章

“河北模式”的全国推广

经过实践的检验，具有河北特色的水资源税改革“河北模式”逐渐形成，具有一定的指导价值。从河北省水资源税改革工作中总结出可供全国借鉴的宝贵经验，在全国进行推广是整个改革的关键一步。由于地区不同，各方面条件可能不同，需根据河北省改革实施情况，提出改革推广的条件，这样才能因地制宜，发挥各地区的优势，同时也给出改革模式的推广途径。本章首先对“河北模式”全国推广进行概述，然后梳理全国可借鉴的水资源税改革经验，提出“河北模式”的推广条件及推广途径，最后展望水资源税改革的发展前景。

第一节 “河北模式”全国推广概述

目前，根据河北省水资源税改革试点工作情况，将“河北模式”总结概述为水利核准、纳税申报、税务征收、联合监管、信息共享五部分内容，可作为试点期的典型模式。根据三年改革所得到的经验以及实地调研收集到的成效，将正常运行后的水资源税改革模式调整为纳税申报、税务征收、水利稽查、联合监管、信息共享五部分内容。“河北模式”作为改革的一项总结性成果，明确其思路、模式、方法等对水资源税改革的未来发展及进行全国推广都具有十分重要的意义。

在水资源税改革初期，河北省作为改革的唯一试点，先试先行，为改革探索出一条出路。纵观其改革的全过程，对其可供全国借鉴的水资源税改革经验概括为提前做好顶层设计、制定差别税额标准、加强舆论宣传与培训、搭建信息共享平台、建立水价补偿机制、建立多部门协作机制、形成一套改革模式。

根据对河北省水资源税改革试点示范效应的评价，整个河北省的示范效应

度为 0.79，处于较高水平等级，认定为“可以推广”。作为一项新的国家决策，水资源税改革涉及范围广泛，目前单从河北省的试点工作来看，效果显著，但对于其他省份并不一定都适用。特别是试点改革过程中出现了一些问题，得出的经验告诉我们，做好水资源税改革工作，必须有充分的前期准备工作，即满足一定的地区“推广条件”。具体包括自然条件应基本符合要求、政策体系的建立应基本完善、基础设施的建设应基本到位、做好水资源税改革的保障工作。水资源税改革与国家其他的政策制度相同，具有多种多样的推广途径。应该做到丰富形式，多管齐下，如定期召开专题研讨会、出版专著和发表论文、出台国家标准性文件、举办会议做学术交流、网络宣传和技术培训。水资源税改革试点模式全国推广概括图如图 9.1 所示。

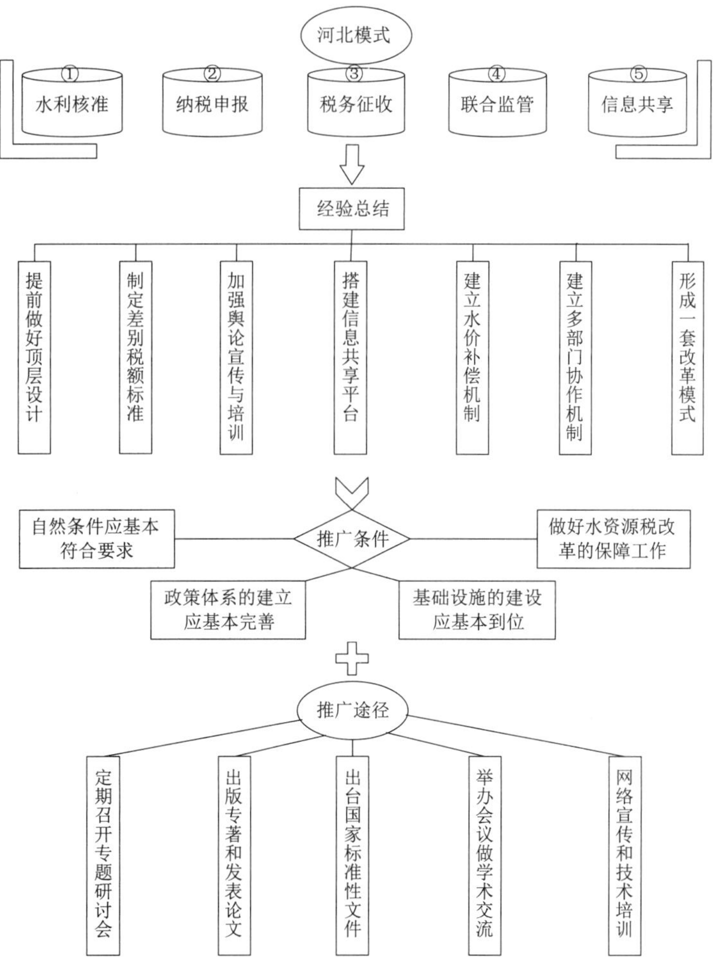

图 9.1　水资源税改革试点模式全国推广概括图

第二节 全国可借鉴的水资源税改革经验

河北省水资源税改革已实施三年多，在实践中不断探索出一条适合自己的改革之路，同时也积累了很多宝贵的经验。其中，也有其他不同条件省份可以借鉴的改革经验，应重点注意以下三方面：

（1）确保取用水户总体用水负担不变。“税费平移”是费改税排在首位的基本原则。水资源税要实现“三不变”，即改革后城镇公共供水企业负担不变、居民正常生活用水负担不变、工农业正常生产用水负担不变。也就是说维持水资源费缴纳义务人、征收对象、计征依据等基本要素不变，对居民和一般工商业税额标准基本保持不变，不增加正常生产生活用水负担，实现收费制度向征税制度的平稳转换。

（2）采取差别征税政策，缓解地下水超采现象，促进合理利用地表水，促进积极使用再生水等非常规水。在“三不变”的同时实现“三提高”，即提高超采区取用地下水税负、提高高耗水和特种行业用水税负、提高超计划取用水的税负，对超采区取用地下水、超计划用水加倍征税，在超采区取用地下水的高耗水企业负担将有所增加。同时，对高尔夫、洗车、洗浴等特种行业从高征税，其税负也会有所增加。通过差别税率，实现促进水资源节约和合理开发利用的总目标。

（3）各地因地制宜制定相关政策。根据各地水资源禀赋、取用水类型以及经济社会发展水平不同的状况，地区间的水资源费征收标准差异较大，不仅各省之间的水资源费征收标准差距大，而且同一取用水源的水资源费征收标准也存在差异，同一省内不同地区间的水资源费征收标准也不同。因此，在统一税收政策的基础上，应适当赋予地方政府确定具体税额等管理权，使各地因地制宜制定相关政策，调动地方积极性。

（一）提前做好顶层设计

改革之初，要将顶层制度安排、总体方案设计作为重中之重，对改革进行深入细致的统筹规划，突出问题和结果导向，搭建政策体系，细分推进步骤，明确关键抓手，完善配套措施，确保改革的顺利推进。自改革试点工作启动以来，河北省各级领导高度重视，亲自研究谋划、部署各项工作。《水资源税改革试点暂行办法》发布后，河北水利、财政、税务等部门积极协作，研究论证改革方案，制定规范公平、调控合理的水资源税改革试点政策。相继出台的《河北省水资源税改革试点工作指导意见》和《河北省水资源税改革试点实施办法》等，从水资源税试点的改革目标、指导原则等方面，对改革试点各项工作进行了细化。为保证试点顺利启动和实施，河北省还制定了一系列配套文件，形成以“1＋15”政策体系和56个规范性文件为主的水资源税政策制度体系。

（二）制定差别税额标准

按照国家要求，结合河北省水资源实际情况，确定了水资源税税额标准制定原则：一是清费立税，将原来收取的水资源费降为零，改征水资源税，避免重复征收加重企业负担；二是税收调节，按照鼓励使用再生水，合理使用地表水，抑制使用地下水的原则设定税额标准。地下水高于地表水，超采区高于非超采区，管网覆盖内高于管网覆盖外，对特种行业从高制定税额标准，对超限额农业生产用水从低制定税额标准。如严重超采区工商业取用水单位的税额标准最高为6元/m^3，是原水资源费的3倍；特种行业取用水最高税额标准达80元/m^3，是原水资源费的40倍。

（三）加强舆论宣传与培训

水资源税改革涉及多方利益的重新调整，关系千家万户的生产生活，能否凝聚社会共识、赢得公众支持，直接影响改革的顺利推进。改革中，坚持把广泛宣传引导作为一项重要工作贯穿始终，各级水利、财政、税务等部门通过电视、广播、网络等多种媒体开展了多渠道、多层次宣传活动，强化舆论引导，深化改革共识，争取广泛的理解和支持，调动社会各界支持节水、参与节水的积极性、主动性，为改革推进创优环境，破解阻力。可出台相应的宣传方案，对实施水资源税试点改革的重要意义以及改革的具体内容、具体措施、实际成效进行广泛宣传，坚持传统与现代媒体的有机结合，在各大新闻媒体中，通过消息、图表、动画等多种形式对改革的政策、措施等多方面进行深入解读；也可依托税务网站、税企QQ群、微信公众平台、办税大厅显示屏等媒介，及时发布水资源税税收政策、申报流程，在征收大厅设置水资源税纳税咨询专岗，开展政策解读，拓展宣传深度和广度，加强业务培训。

（四）搭建信息共享平台

水资源税的征收必须以企业准确的取用水量为前提。为促使企业主动申报、按时申报、准确申报，河北省财政、地税、水利部门共同研究制定水资源税征管信息共享利用规程，完善信息使用和管理机制，积极探索申报信息与取水量信息网控系统联网。开发运行水资源税征管信息传递平台，加强取用水信息在线传递，不断完善水资源税监控系统，鼓励企业安装在线监控设施，实时掌握用水户动态取用水信息。目前，河北省对年取水量1万m^3以上的2438家非农取用水户和年取水量10万立方米以上的118家非农取用水户实现了在线计量监控，在全国居于领先水平。实现在线自动监测地下水取水口4655个，地表水取水口61个。农业用水逐步提高计量设施安装率，并确保正常运行。具备在线传输能力的，尽快实现数据上传；无计量设施的，采取以电折水方式计量。

（五）建立水价补偿机制

为保障居民正常生活用水负担不增加，城镇公共供水企业税额标准由水资源费平移而来，但税收的刚性作用仍导致这些企业税负加重。为确保试点顺利推进，河北省建立了水价补偿机制。在要求企业使用引江水的基础上（与使用地下水相比，大幅增加企业成本），允许企业采用一次听证，分步实施的方式，在3～5年内将水价逐步调整到位。调整期建立水价补偿机制，对城镇公共供水企业给予定向补助。考虑地方财力有限，难以拿出大量资金补贴供水企业，河北省政府在清理涉企收费的大环境下，及时调整了针对房地产开发商收取的城市基础设施配套费征收标准。

（六）建立多部门协作机制

改革中要高度重视水利、财政、税务等相关部门的配合，充分厘清各自职责，建立部门联席会议机制以及月会议、旬通报、周联系和随时沟通的会商机制，形成强大合力。水资源税改革工作开展以后，河北省各级水利局和税务局多次召开联席会议，共同详细研讨改革工作推进方案，联合部署了取用水户接收、下户联合核查、取用水量信息共享等工作，做到了资源共享，相互配合，使水资源税改革有序进行。水利部门可以会同税务部门联合执法，打击非法取水行为。强调部门协同是水资源税改革过程中的一项显著变化，各级水行政主管部门应端正认识、转变观念，以积极开放的态度强化部门间的沟通协作。一是明确职能划界，依据水资源税顶层设计方案，做好纳税人基础信息移交建档、征期水量核定等工作，并以水量核定书作为职能交接的纽带和划界点；二是尊重其他部门管理现状，为保障水资源税改革平稳过渡，应在尽量不破坏各参与部门已成型管理体系的基础上，在纳税人认定方案、管理时效设计以及信息共享流程等环节科学确定部门间的业务耦合点。

（七）形成一套改革模式

水资源费改税，征收主体由水利部门转变为税务部门，但是水资源的基础管理和水量核定工作仍由水利部门承担；因此，水资源税的征管必须由税务和水利两个部门密切配合，联合完成。河北省税务、水利部门从试点准备期就采取了共同调研、共同培训、共同办公的工作方式。水资源税开征前，两部门共同对全省取用水情况开展拉网式调查，摸清取用水户底数，逐户确认信息，做好征管信息交接工作。开征后，共同核查比对纳税人登记信息和取用水信息，保障了水资源税征收的真实、准确和完整，逐步形成了“水利核准、纳税申报、税务征收、联合监管、信息共享”的二十字改革模式。

第三节 “河北模式”的推广条件

一、自然条件应基本符合要求

河北省作为水资源税改革的试点省份，其中一个重要原因就是河北省水资源禀赋差，地下水超采严重；而进行水资源税改革的目的就是抑制地下水超采，促进节约用水，实现水资源优化配置。因此，河北省的水资源税改革模式与经验更加适用于和河北省水资源条件差别不大的地区。当然，并不是说其他地区不适合水资源税改革，因为从另一个角度考虑，水资源税改革也是为了完善税制结构、强化水资源管理的手段，是国家精细化、规范化、科学化管理的一种发展趋势。

从建立的示范效应评价指标体系角度分析，自然条件的满足主要从水资源现状适应度和地下水开采量占比等指标方面考虑。其中，水资源现状适应度是用来表征该地区的水资源现状对水资源税改革的适应程度；该指标越大，说明水资源现状适应度越大，则该地区越倾向于进行水资源税改革。通过标准划分，将该地区水资源现状对水资源税改革的迫切程度一般高定为及格值，而在推广前必须满足这一及格值，才能有助于改革的顺利实施。另外，地下水开采量占比是指地下水开采量占总供、用水量的比例，用来表征水资源现状中对地下水的开采情况；该指标越小，说明地下水开采量占比越小。因此通过标准划分，将地下水开采量占比全国平均水平20%，定为及格值，而在推广前尽量能够满足这一及格值，才能有助于改革的顺利实施。

二、政策体系的建立应基本完善

河北省的水资源税改革之所以能够顺利开展，并取得一定的成效，逐步形成了改革的“河北模式”，其关键是做好了顶层设计，统筹规划，形成了以“1＋15”政策体系和56个规范性文件为主的水资源税政策制度体系。建立完善的改革制度体系是整个工作顺利开展的前提，起引领作用。针对水资源税改革，应分别从改革的实施办法、征收管理、水量核定、应急管理、信息共享，以及运行维护、经费保障等方面制定相应的规章制度，细化操作流程，这样才能保证在改革实施时，各项工作能够有法可依，按部就班地执行。

从建立的示范效应评价指标体系角度分析，政策体系的建立主要涉及政策适应度这一关键指标。政策适应度用来表征该地区进行水资源税改革时在政策方面的适应程度；政策适应度越大，说明该地区水资源税方面的政策越完备，越利于进行水资源税改革。通过标准划分，将只有一些关键政策保证水资源税改革的正常实施定为及格值，而在推广前必须满足这一及格值，才能有助于改革的平稳顺利推进。

三、基础设施的建设应基本到位

基础设施的建设包括信息化平台的搭建以及监控计量设施的安装与维护。水资源税改革是一项涉及民生的大工程，需要投入大量资金，并给予高科技的技术支撑。基础设施的建设是进行规范化管理的基本要求，只有确保基础设施建设到位，才能切实做到加强管理，提高管理水平。通过对试点工作的深入分析可以看出，水资源税改革在初期遇到各种问题归根到底就是因为基础设施的建设比较滞后，跟不上改革发展的步调。在改革初期也出现了做得比较好的地区，如元氏县和围场县，其中一个重要的原因就是他们在水资源税改革之前就已经开始大量普及计量设施的安装，注重对监控设备的建设与维护，为水资源税改革的正式实施铺平了道路。

从建立的示范效应评价指标体系角度分析，基础设施的建设主要涉及在线计量监控项目完成率和各部门信息共享程度等关键指标。在线计量监控项目完成率用来表征针对水资源税改革的基础设施的前期准备情况；该指标越大，代表监控设施的覆盖越广，监控能力越高，越有利于水资源税改革的顺利实施。通过标准划分将在线计量监控覆盖率达到40%定为及格值，而在推广前必须满足这一及格值，才能有助于改革的不断发展。另外，各部门信息共享程度用来表征针对水资源税改革的信息系统前期准备情况，即水资源税改革涉及部门之间的密切配合程度，该指标越大，各部门信息共享程度越高，配合越密切，越有利于水资源税改革进行。通过标准划分将各部门信息共享程度一般高定为及格值，而在推广前必须满足这一及格值，才能有助于改革的顺利推进。

四、做好水资源税改革的保障工作

水利部门参与水利核准的人员工资和办公经费需要有明确规定。一方面，可探讨适度增加水资源管理事业单位编制，确保人员工资有保障；另一方面，“取之于税、用之于水”，考虑将征收所得水资源税通过相关项目或其他方式返还到水资源管理中，做到专款专用。在农业纳税人管理中，若采用以电折水的方法，则其法律地位需要明确。从法律层面应界定其科学性和实用性，规范电力部门和水利部门协作机制，对以电折水的全过程做出详细规定，这样才能确保在实际执行时有法可依，推动改革的顺利实施。另外，在线监控运行维护的职能定位和管理经费需要明确。需要明确规定在线监控的运行维护由谁负责，以及经费来源，这是确保后期管理规范的关键。做好分工，明确每一项职责所在，才有助于提高监控能力，促进可持续发展。

从建立的示范效应评价指标体系角度分析，水资源税改革保障工作主要涉及经济社会发展适应度、取水许可证发放率和水资源税改革政策知晓程度等关键指标。其中，经济社会发展适应度用来表征该地区的经济社会发展对水资源税改革的支撑程度；经济社会发展适应度越大，说明该地区经济越能支撑进行水资源税改革。通过标准划分将该地区经济社会发展比较能支撑水资源税改革定为较优值0.8，而在推广前必须满足这一较优值，才能有助于改革的顺利推进。取水许可证发放率用来表征当地水资源管理者对在国家境内直接从江河、湖泊或地下水取水的单位和个人依法发放取水许可证书的比例；该指标越大，说明取水许可证发放率越高，依法办理取水许可证的单位越多，政府在水资源合理管控方面能力越强。通过标准划分将取水许可证发放率60%定为及格值，而在推广前必须满足这一及格值，才能有助于改革的顺利推进。水资源税改革政策知晓程度用来表征公众对水资源税改革政策的熟悉程度；该指标越大，表示公众对该政策越熟悉，越有利于政策在基层的实施与开展。通过标准划分将公众对水资源税改革政策一般了解定为及格值，而在推广前必须满足这一及格值，才能有助于改革的顺利实施。

第四节 “河北模式”的推广途径

一、水资源税改革模式推广思路

（一）因地制宜

水资源税改革试点范围的选择要充分考虑各地区用水情况、水资源总量和构成情况、水资源区域分布、地下水埋深情况等。对于人均水资源量极少的极度缺水区以及水资源总量受季节变动影响较大、时空分布不均、与工农业生产布局极不匹配的特殊地区，可以优先推广水资源税改革。

（二）优化税制

水资源税的试点改革，设计好税收制度是关键。在扩大试点的过程中，应在总结河北省水资源税改革试点经验做法及问题的基础上，结合各地实际情况，继续完善和优化税收制度，合理税负。在水资源税税额标准设计时，应在综合考虑各地水资源状况、现行征收标准、经济发展水平、产业发展结构、社会承受能力以及南水北调受水区等因素基础上，分行业、分地下水超采类型等进一步确定税额标准。其中，优化税额标准分类依据，是建立科学合理的水资源税税额标准的核心。

（三）体制建设

加强水资源管理的体制机制建设，既是水资源税改革成功的保障，也是水资源税改革的重要目标。扩大水资源税改革试点，必须加强水资源管理体制机制建设。水资源税的改革，还需联合国家住建部、发展改革委、国土资源部、农业农村部等相关部门就改革中可能遇到的问题及解决办法统筹规划，并出台相关制度文件规范各试点地区统一执行。

二、水资源税改革模式推广途径

从可推广的角度出发，按照经济效益、环境效益、生态效益和社会效益等多目标全方位地分析总结水资源税改革的示范效应，推广时坚持传统与现代媒体有机结合。采用专题研讨、专著出版、会议交流、推广培训以及网络宣传等多方式进行推广，具体如下：①召开“河北模式”专题研讨会，提高知名度；②出版“河北模式”相关的专著，如《水资源税改革“河北模式”》，还可以国家标准等形式研究出台《农业生产用水限额编制导则》等指导性文件，增强理论支撑，利于推广；③积极举办品牌会议进行学术技术交流；④积极开展线下推广和技术培训，形成专业的推广技术团队；⑤网上以公告、短视频等形式进行专题宣传。

加强舆论宣传和业务培训。在各大报刊开设专版，在电视台进行定期播报，依托税务网站、税企 QQ 群、微信公众平台、办税大厅显示屏等媒介，及时发布水资源税税收政策、申报流程，在征收大厅设置水资源税纳税咨询专岗，开展政策解读，拓展宣传深度和广度。建立全员立体培训网络，对税务人员、水行政主管部门和纳税人分类开展培训和辅导，发放《致水资源税纳税人的一封信》对水资源税进行广泛普及。同时，宣传的内容也要体现水资源税改革以来的工作特色以及取得的显著成效。

第五节　水资源税改革发展前景

目前，水资源税改革本身的制度机制体系已经初步完成，并形成了可复制可推广的经验模式。从对水资源税改革的综合效果评价来看，综合得分为0.79，改革效果良好。总体来看河北省大部分地市改革效果属于良好水平，在一定程度上说明了改革的成效，但 0.79 与最好的状态“1”还存在较大的差距，随着改革的不断深化，也出现了一些新情况新问题。例如，城镇公共供水企业水资源税价格传导机制问题、基层水资源管理人员划定和经费保障问题、农业生产用水以电折水系数测算问题、水资源税收入分成问题等，还需要进一步研究，及时调整解决。

下一步，要继续认真贯彻党中央、国务院决策部署，按照省委、省政府工作要求，切实抓好试点后续工作，不断把改革向纵深推进，以优异成绩迎接我国的美好未来。未来工作中，首先，要完善试点推广模式。立足水资源税改革于 2017 年 12 月 1 日扩大试点的实际，进一步完善政策、补齐短板、梳理经验、总结论证，为全国推进改革提供借鉴。其次，充分发挥政策导向作用。调查分析试点政策运行情况，组织开展“回头看”，积极引导企业转换用水方式，鼓励使用免征水资源税的中水和税额标准较低的地表水，发挥政策正向引导作用。最后，重视深化水资源税及配套改革。落实水价调整、水价补偿等机制，确保城镇供水平稳运行；科学制定农业用水以电折水系数，加强农业水资源税征收管理，促进农业节水发展。

目前水资源税改革正处于试点阶段，针对试点工作中发现的问题，中央和地方政府均应制定出相应的配套政策。如在征税依据上，对于用水计量困难情况，除采用取水量征收水资源税外，可以根据实际情况以其他方式计算税额，为地方制定配套政策提供依据。在征收模式上，明确用水户自主申报，税务按照申报用水量收税，水利部门对用水户申报的用水量进行监查，对发现的用水量不实问题，再按照相关政策规定进行处理。针对城市管网公共供水，各地应制定征收办法，明确城市居民及其他管网用水户不作为水资源税纳税人，其用水费用仍以自来水公司取水环节征税。

第十章

结论与建议

第一节 结　论

本书在广泛查阅国内外有关水资源税改革研究现状的基础上，进行了一次河北省内大范围的现场调研。通过对大量资料的整理，分析了河北省自然地理、经济社会、河湖水系、水资源开发利用等现状，并从水资源税改革法律依据、政策支撑以及水价改革、水资源费演进等角度概括了河北省水资源税改革的历程。结合实地调研和资料收集情况，采用多种方法对河北省水资源税改革实施效果进行全面评价，对试点的典型案例进行深入分析。根据评价结果和实地调研中遇到的问题，总结整个改革中存在的问题并提出相应的解决方案。基于以上工作，凝练形成河北省水资源税改革试点的“河北模式”，并对其进行内涵解读、总结试点经验；从水资源管理能力、水资源管理强度、水资源管理态势等方面，分析评价改革示范效应。最后，对进行水资源税改革的全国推广条件及途径做了简要说明。本书结论如下：

(1) 河北省水资源税改革成效显著。第一，节水效果明显。通过税收杠杆作用，设置差别税额标准，促使企业节水意识普遍增强，主动加大节水设备的投资，提高水资源利用率。第二，用水结构进一步优化，有效抑制了地下水开采。通过税额标准的设置，提高地下水使用成本，倒逼企业调整用水结构，优先使用非常规水源以及地表水，有效减少了地下水的开采。第三，水资源管理水平进一步提高。通过各项配套基础设施的建设，提高了对取用水量的监控能力，也提高了信息共享程度，促进了水资源的精细化、科学化管理。

（2）河北省水资源税改革实施中也存在一定的问题，通过专家咨询以及深入分析，给出了相应的解决思路。农业水资源税改革方面主要的问题为：农业水资源税征管成本过高，计量监控设施覆盖率不高。非农业水资源税改革方面主要的问题为：城镇公共供水企业纳税问题，特种行业分类仍需进一步完善。水资源税改革政策体系方面主要的问题为：水资源税税额标准复杂且不合理，税收优惠政策中无减税和补助措施，水资源税改革配套政策还不够完善，政策中地热、矿泉水归属有待调整。水资源税改革监督管理方面主要的问题为：水资源税的征管模式有待调整，水资源税管理的各项费用有待落实，取水许可的办理流程过于复杂。信息系统与基础设施建设方面主要的问题为：信息平台建设有待进一步完善，基础设施建设有待进一步加强。

（3）河北省水资源税改革具有典型特色和宝贵经验。对河北省三年来的水资源税改革试点工作进行总结，提炼挖掘出试点期的改革模式，即“河北模式”，可简要概括为“水利核准、纳税申报、税务征收、联合监管、信息共享”。水资源税改革“河北模式”是一个能够基本反映河北省水资源税改革大体脉络和典型工作特色的一般性、可操作性的工作模式，是水资源税改革试点取得的成果。通过改革实践也获得了许多有益的经验和启示，如顶层设计是改革成功的前提、创优环境是改革成功的基础、征管信息化是改革成功的条件、多部门协作是改革成功的核心、推动有力是改革成功的关键、勇于创新是改革成功的动力、严实作风是改革成功的保障。

（4）河北省水资源税改革试点示范效应明显，具有推广价值。对河北省水资源税改革示范效应进行分析评价，从评价结果可以看出，河北省整体的示范效应较好，具有一定的推广价值。但由于改革时间只有三年，作为模式和经验并不是对所有地区都适用，在推广时要满足推广条件，才能更好地将改革工作顺利向前推进。根据水资源税改革在河北省试点的实施情况，总结出河北省水资源税改革模式推广的条件，主要包括政策体系的建立应基本完善、基础设施的建设应基本到位、做好水资源税改革的保障工作。最后，总结了河北省水资源税改革模式的推广思路与推广途径。

（5）水资源税改革作为我国的一项重大决策部署，未来有广阔的发展空间。从实地调研以及效果评价中可以看出，河北省积极响应国家号召，推进各项工作，短短三年内已经取得了显著的效果，可以说试点工作非常成功，可以在全

国大范围推广。另外，水资源税改革是一项大工程，涉及多方面的工作，目前做得还不够细致，不够完善，如果在今后能够做得更加深入细致，改革将会更加成功，取得的效果会更好。

第二节 建 议

一、细化配套政策

目前水资源税改革正处于试点阶段，针对试点工作中发现的问题，中央和地方政府均应制定出相应的配套政策。如在征税依据上，对于用水计量困难的情况，除采用取水量征收水资源税外，可以根据实际情况以其他方式计算税额，为地方政府制定配套政策提供依据。在征收模式上，明确用水户自主申报，税务按照申报用水量收税，水利部门对用水户申报的用水量核查，对发现的用水量不实问题，再按照相关政策规定进行处理。针对城市管网公共供水，各地应制定征收办法，明确城市居民及其他管网用水户不是水资源税纳税人，应规定以自来水公司取水环节征税。

二、明确水资源税使用方向

水资源节约保护是征收水资源税的主要目的，虽然税收收入纳入地方财政，但针对水资源税改革后基层水利单位经费不足问题，上层应制定指导意见，把水资源税作为目的税，明确将一定比例的税收用于水资源节约保护项目及基层水利单位补贴，保证水资源税改革试点的顺利实施。

三、提倡农业轻税政策

要兼顾农业发展、水资源保护和农民承受力三者利益。征收农业水资源税要本着轻税惠农的原则，兼顾农业发展、农民生产积极性和水资源可持续利用三者的利益。首先，对农业灌溉、养殖和畜牧业用水给予较大程度的税收优惠，在制定农业用水限额上，以农民用水现状为依据，兼顾农民生产积极性和水资源节约保护；同时对节约用水制定配套的奖励激励政策，提高农民节约用水意识，鼓励农民合理用水。其次，完善用水计量设施，乡镇企业不能计入农业用水范围，单独计量用水，依法缴纳水资源税，引导乡镇企业优化用水结构，促进水资源节约保护。最后，在征税环节上，鉴于我国很多地方农民居住分散和文化程度偏低的现状，建议纳税人以乡镇或村为单位按月或季节报税，以便于计量校核，提高征缴率，解决农民不能自主报税的问题。

四、扎实试点工作，稳步探索改革

水资源税改革试点在水资源节约保护及管理能力上都取得了显著成效，但在改革实施中也遇到了诸多问题和困难，需要试点地区不断探索，制定出相应的配套政策。因此，水资源税改革不宜急于在全国范围铺开，应在目前范围内继续进行试点工作，给予试点地区充足的时间，做好扎实的基础性工作，总结试点经验，并适时从上层层面出台相应的配套政策，为水资源税推广提供基础保障。

附录A　河北省水资源税改革试点评价社会调查问卷

A1　城镇公共供水企业调查问卷

1. 您是否知晓水资源税改革政策（　　）

A. 非常了解　　B. 比较了解
C. 一般了解　　D. 不知道

2. 您是否了解水资源税的征收标准（　　）

A. 不了解　　B. 了解本行业适用的征收标准
C. 了解所有行业的征收标准　　D. 准备学习相关知识

3. 您是否支持税改试点政策的实行（　　）

A. 支持　　B. 不支持
C. 无所谓　　D. 不清楚

4. 与水资源税改革（2016年7月1日）前相比，贵单位用水量的变化（　　），取水成本的变化（　　）

A. 明显减少　　B. 基本不变
C. 有所增加　　D. 不清楚

5. 您认为水资源税税负如何（　　）

A. 税负太重　　B. 税负略有上升
C. 税负基本没有感觉　　D. 税负变轻

6. 水资源税改革前贵单位是否有节水措施及设备（　　），水资源税改革后是否新增节水措施及设备（　　）

A. 有　　B. 无

7. 贵单位实施节水措施的原因主要为（　　）

A. 节能减排政策要求
B. 水资源税改革试点实施后用水成本增加
C. 水资源税改革试点实施后节水意识增强
D. 企业自主行为，未受政策影响

8. 请您为“水资源税缴纳过程与之前相比便利程度”打分（　　）

A. 非常便利 100～80 分　　B. 比较便利 79～60 分

C. 不便利 59～30 分　　D. 非常不便利 29～0 分

9. 请您为“水资源税改革政策执行程度”打分（　　）

A. 非常好 100～80 分　　B. 比较好 79～60 分

C. 不好 59～30 分　　D. 非常不好 29～0 分

10. 请您为“对水资源税改革制度与之前相比满意程度”打分（　　）

A. 非常满意 100～80 分　　B. 比较满意 79～60 分

C. 不满意 59～30 分　　D. 非常不满意 29～0 分

11. （可多选）您认为水资源税改革带来的影响主要有（　　）

A. 提高企业节约用水、保护水资源的意识

B. 促进企业采取先进技术，减少用水、降低漏损

C. 加重企业负担，影响企业经营发展

D. 调整用水结构，少用地下水

A2 农业调查问卷

1. 您或您所在单位属于哪类农业用水户（　　）

   A. 种植业　　B. 畜牧业

   C. 林业　　D. 水产养殖业

2. 您是否知晓水资源税改革政策（　　）

   A. 非常了解　　B. 比较了解

   C. 一般了解　　D. 不知道

3. 您是否了解水资源税的征收标准（　　）

   A. 不了解　　B. 了解本行业适用的征收标准

   C. 了解所有行业的征收标准　　D. 准备学习相关知识

4. 您是否支持水资源税改革试点政策的实行（　　）

   A. 支持　　B. 不支持

   C. 无所谓　　D. 不清楚

5. 与水资源税改革（2016 年 7 月 1 日）前相比，您或您所在单位用水量的变化（　　），取水成本的变化（　　）

   A. 明显减少　　B. 基本不变

   C. 有所增加　　D. 不清楚

6. 您认为水资源税税负如何（　　）

   A. 税负太重　　B. 税负略有上升

   C. 税负基本没有感觉　　D. 税负变轻

7. 水资源税改革前您或您所在单位是否有节水措施及设备（　　），水资源税改革后是否新增节水措施及设备（　　）

   A. 有　　B. 无

8. 您或您所在单位实施节水措施的原因主要为（　　）

   A. 节能减排政策要求

   B. 水资源税改革试点实施后用水成本增加

   C. 水资源税改革试点实施后节水意识增强

   D. 属于自主行为，未受政策影响

9. 请您为“水资源税缴纳过程与之前相比便利程度”打分（　　）

A. 非常便利 100～80 分　　B. 比较便利 79～60 分

C. 不便利 59～30 分　　D. 非常不便利 29～0 分

10. 请您为“水资源税改革政策执行程度”打分（　　）

A. 非常好 100～80 分　　B. 比较好 79～60 分

C. 不好 59～30 分　　D. 非常不好 29～0 分

11. 请您为“对农业用水限额设置满意程度”打分（　　）

A. 非常满意 100～80 分　　B. 比较满意 79～60 分

C. 不满意 59～30 分　　D. 非常不满意 29～0 分

12. 请您为“对水资源税改革制度与之前相比满意程度”打分（　　）

A. 非常满意 100～80 分　　B. 比较满意 79～60 分

C. 不满意 59～30 分　　D. 非常不满意 29～0 分

A3 工商业、特种行业调查问卷

1. 贵单位所属行业类型（　　）

A. 工商业　　B. 特种行业

2. 您是否知晓水资源税改革政策（　　）

A. 非常了解　　B. 比较了解

C. 一般了解　　D. 不知道

3. 您是否了解水资源税的征收标准（　　）

A. 不了解　　B. 了解本行业适用的征收标准

C. 了解所有行业的征收标准　　D. 准备学习相关知识

4. 您是否支持水资源税改革试点政策的实行（　　）

A. 支持　　B. 不支持

C. 无所谓　　D. 不清楚

5. 与水资源税改革（2016 年 7 月 1 日）前相比，贵单位用水量的变化（　　），取水成本的变化（　　）

A. 明显减少　　B. 基本不变

C. 有所增加　　D. 不清楚

6. 您认为水资源税税负如何（　　）

A. 税负太重　　B. 税负略有上升

C. 税负基本没有感觉　　D. 税负变轻

7. 水资源税改革前贵单位是否有节水措施及设备（　　），水资源税改革后是否新增节水措施及设备（　　）

A. 有　　B. 无

8. 贵单位实施节水措施的原因主要为（　　）

A. 节能减排政策要求

B. 水资源税改革试点实施后用水成本增加

C. 水资源税改革试点实施后节水意识增强

D. 属于自主行为，未受政策影响

9. 水资源税改革对贵单位生产经营的影响如何（　　）

A. 成本增加，影响企业正常生产经营

B. 基本没有影响

C. 成本降低，企业正常运转

D. 不清楚

10. 请您为“水资源税缴纳过程与之前相比便利程度”打分（　　）

A. 非常便利 100～80 分　　B. 比较便利 79～60 分

C. 不便利 59～30 分　　D. 非常不便利 29～0 分

11. 请您为“水资源税改革政策执行程度”打分（　　）

A. 非常好 100～80 分　　B. 比较好 79～60 分

C. 不好 59～30 分　　D. 非常不好 29～0 分

12. 请您为“对水资源税改革制度与之前相比满意程度”打分（　　）

A. 非常满意 100～80 分　　B. 比较满意 79～60 分

C. 不满意 59～30 分　　D. 非常不满意 29～0 分

A4　高校与科研单位调查问卷

1. 您是否知晓水资源税改革政策（　　）

   A. 非常了解　　B. 比较了解

   C. 一般了解　　D. 不知道

2. 您是否了解水资源税的征收标准（　　）

   A. 不了解　　B. 了解本行业适用的征收标准

   C. 了解所有行业的征收标准　　D. 准备学习相关知识

3. 您是否支持水资源税改革试点政策的实行（　　）

   A. 支持　　B. 不支持

   C. 无所谓　　D. 不清楚

4. 您认为在水资源税改革实施过程中主要存在的问题（　　）

   A. 行业对水税不重视　　B. 水资源税征收体制尚不完善

   C. 行政部门效率低　　D. 多为探索，管理部门缺少经验

5. 您认为水资源税税负如何（　　）

   A. 税负太重　　B. 税负略有上升

   C. 税负基本没有感觉　　D. 税负变轻

6. 您认为水资源税改革对河北省的取水成本有何影响（　　）

   A. 成本减少　　B. 成本基本持平

   C. 成本较少增加　　D. 成本增加过多

7. 您认为实施节水措施的原因主要为（　　）

   A. 节能减排政策要求

   B. 水资源税改革试点实施后用水成本增加

   C. 水资源税改革试点实施后节水意识增强

   D. 属于自主行为，未受政策影响

8. （可多选）您认为水资源税改革可能带来的影响主要有（　　）

   A. 升级设备，减少用水量　　B. 改造技术，提高重复用水率

   C. 调整用水结构，少用地下水　　D. 减少用水，更换其他生产类型

9. 请您为“水资源税缴纳过程与之前相比便利程度”打分（　　）

A. 非常便利 100～80 分　　B. 比较便利 79～60 分

C. 不便利 59～30 分　　D. 非常不便利 29～0 分

10. 请您为“水资源税改革政策执行程度”打分（　　）

A. 非常好 100～80 分　　B. 比较好 79～60 分

C. 不好 59～30 分　　D. 非常不好 29～0 分

11. 请您为“对农业用水限额设置满意程度”打分（　　）

A. 非常满意 100～80 分　　B. 比较满意 79～60 分

C. 不满意 59～30 分　　D. 非常不满意 29～0 分

12. 请您为“对水资源税改革制度与之前相比满意程度”打分（　　）

A. 非常满意 100～80 分　　B. 比较满意 79～60 分

C. 不满意 59～30 分　　D. 非常不满意 29～0 分

A5 政府部门调查问卷

1. 您认为在水资源税改革实施过程中主要存在的问题（　　）

   A. 行业对水税不重视　　B. 水资源税征收体制尚不完善

   C. 行政部门效率低　　D. 多为探索，管理部门缺少经验

2. 请问水资源税缴税的主要行业类型是（　　）

   A. 公共供水企业　　B. 农业

   C. 工商业　　D. 特种行业（洗车、洗浴等）

3. 请您为“水资源税缴纳过程与之前相比便利程度”打分（　　）

   A. 非常便利 100～80 分　　B. 比较便利 79～60 分

   C. 不便利 59～30 分　　D. 非常不便利 29～0 分

4. 请您为“水资源税改革政策执行程度”打分（　　）

   A. 非常好 100～80 分　　B. 比较好 79～60 分

   C. 不好 59～30 分　　D. 非常不好 29～0 分

5. 请您为“水利部门与其他部门的信息共享程度”打分（　　）

   A. 非常高 100～80 分　　B. 比较高 79～60 分

   C. 不高 59～30 分　　D. 非常不高 29～0 分

6. 请您为“水资源税改革政策适应程度”打分（　　）

   A. 非常高 100～80 分　　B. 比较高 79～60 分

   C. 不高 59～30 分　　D. 非常不高 29～0 分

7. 请您为“对水资源税改革制度与之前相比满意程度”打分（　　）

   A. 非常满意 100～80 分　　B. 比较满意 79～60 分

   C. 不满意 59～30 分　　D. 非常不满意 29～0 分

8. 请您简要谈谈水资源税改革本部门的主要压力以及在与其他部门配合协作、交接等执行过程中的困难和建议，以及需要完善的地方。

9. 请您简要谈谈水资源税在农业用水方面目前的实施进程，以及未来实际执行过程中可能遇到的问题、带来的影响等。

附录B　针对政府部门的访谈提纲

一、河北省地方税务局

1. 请您简要谈谈对于水资源税征收对象即企业与个人纳税申报管理的区别。

2. 请您简要谈谈水资源税税源登记，纳税人申报、缴纳的流程以及需报送的材料、期限等。

3. 请您简要谈谈关于水资源税改革的下一步工作计划。

二、河北省水利厅

1. 请您简要谈谈纳税人实际取用水量的具体审核部门，审核的主要内容、标准和方式以及全省计量设施的安装情况。

2. 请您简要谈谈实际取用水量涉及的合理损耗率17%、县级城市及以下15%的确定依据。

3. 请您简要谈谈农业生产取用水限额的确定依据。

4. 请您简要谈谈关于水资源税改革的下一步工作计划。

三、各市县税务部门

1. 请您简要谈谈2016年7月1日至2018年水资源税征收总体情况，以及影响水资源税征收变化的因素有哪些。

2. 请您简要谈谈水资源税征收过程中的保障情况，包括与水利部门信息共享、联合监管方面的主要职责；需要改进及完善之处。

3. 请您简要谈谈试点改革中遇到的问题及对应原因。

4. 请您简要谈谈本区域水资源税改革下一步的工作计划。

四、各市县水利部门

1. 请您简要谈谈改革试点过程中，纳税单位、征收范围、税率、税负等方面发生的变化，以及计税依据、取水量、计量标准是如何测算，在实际执行过程与标准不同的方面有哪些。

2. 请您简要谈谈摸底排查实施情况及遇到的问题。

3. 请您简要谈谈取水许可规范方面存在的问题，包括取水许可证的办理流程及办理情况（包括无证取水情况）。

4. 请您简要谈谈在用水量核定工作中存在哪些技术细节问题，包括地下水开采信息化检测设施情况；各行业用水计量设施的安装情况等。

5. 请您简要谈谈水资源税征收过程中的保障情况，包括与税务部门信息共享、联合监管方面的主要职责；需要改进及完善之处。

附录C 实地调研照片

图 1　赴河北省水利厅召开专题座谈会（2019 年 7 月 22 日）

图 2　赴河北省水资源税推广中心进行学术交流和资料收集（2019 年 7 月 22 日）

图 3　赴元氏县水利局召开座谈会（2019 年 7 月 23 日）

图4 赴华电水务元氏有限公司听取专家意见（2019年7月23日）

图5 赴远征禾木药业有限公司对用水情况进行调研（2019年7月23日）

图6 赴河北富美农业科技有限公司种植现场调研农业用水情况（2019年7月23日）

图7　赴河北富美农业科技有限公司召开座谈会（2019年7月23日）

图8　赴邯郸市水利局召开座谈会（2019年7月24日）

图9　赴成安县第二自来水公司召开座谈会（2019年7月24日）

图10 赴金泰色装材料股份有限公司进行调研（2019年7月24日）

图11 观看成安县辛义乡耳营村取水设施情况（2019年7月24日）

图12 赴承德市水利局召开座谈会（2019年8月12日）

图 13　赴围场县水利局召开座谈会（2019 年 8 月 12 日）

图 14　赴承德富龙现代农业发展有限公司进行调研（2019 年 8 月 13 日）

图 15　赴唐山市水利局召开座谈会（2019 年 8 月 14 日）

图 16　赴唐山港陆钢铁有限公司召开座谈会（2019 年 8 月 14 日）

图 17　赴遵化市自来水公司召开座谈会（2019 年 8 月 14 日）

图 18　赴保定市水利局召开座谈会（2019 年 8 月 15 日）

图19　赴生力（保定）啤酒有限公司召开座谈会（2019年8月15日）

图20　赴定兴县自来水公司召开座谈会（2019年8月15日）

附录D 重要文件及通知

D1 河北省人民政府关于印发河北省水资源税改革试点实施办法的通知

（冀政发〔2016〕34号）

各市（含定州、辛集市）人民政府，各县（市、区）人民政府，省政府各部门：

现将《河北省水资源税改革试点实施办法》印发给你们，请结合本地本部门实际认真贯彻执行。

河北省人民政府

2016年7月1日

河北省水资源税改革试点实施办法

第一条 为促进水资源节约、保护和合理利用，加强取用水管理，根据《财政部国家税务总局关于全面推进资源税改革的通知》（财税〔2016〕53号）和《财政部国家税务总局水利部关于印发水资源税改革试点暂行办法的通知》（财税〔2016〕55号）精神，结合本省实际，制定本办法。

第二条 本办法适用于本省试点征收水资源税。

第三条 利用取水工程或设施直接从河流、湖泊（含水库）和地下取用水资源的单位和个人（除本办法第八条规定的情形外），为水资源税纳税人。

纳税人应按《中华人民共和国水法》《取水许可和水资源费征收管理条例》等规定申领取水许可证。

本办法所称取水工程或设施，是指闸、坝、渠道、人工河道、虹吸管、水泵、水井以及水电站等。

第四条 水资源税的征收对象为地表水和地下水。

地表水是陆地表面上动态和静态水的总称，包括河流、湖泊（含水库）等

水资源。

地下水是埋藏在地表以下各种形式的水资源。

第五条 水资源税实行从量计征。

应纳税额计算公式：应纳税额=适用税额标准×实际取用水量。

城镇公共供水企业实际取用水量=实际取水量×（1－合理损耗率）。

各市（含定州、辛集市）合理损耗率为17%，县级城市及以下合理损耗率为15%。

水力发电（含抽水蓄能发电）取用水和火力发电贯流式冷却取用水水资源税应按照实际发电量计征。

应纳税额计算公式：应纳税额=适用税额标准×实际发电量。

第六条 水资源税分别按照地表水和地下水分行业确定税额标准。在地下水超采区取用地下水、特种行业取用水，适用较高的税额标准；农业生产超限额取用水和主要供农村人口生活用水的集中式饮水工程取用水、企业回收利用的采矿排水（疏干排水）和水源热泵回用水，适用较低的税额标准。

取用水行业可分为：农业、工商业、城镇公共供水、特种行业、其他。

农业生产取用水包括种植业、畜牧业、水产养殖业、林业取用水。

特种行业取用水包括洗车、洗浴、高尔夫球场、滑雪场取用水。

第七条 农业生产取用水量超过农业生产取用水限额的，超过部分（不含购买水权部分）由取用水单位和个人缴纳水资源税。

农业生产取用水限额标准由省水利厅会同有关部门另行制定。

第八条 下列取用水不征收水资源税：

（一）农村集体经济组织及其成员从本集体经济组织的水塘、水库中取用水的；

（二）家庭生活和零星散养、圈养畜禽饮用等少量取用水的；

（三）为保障矿井等地下工程施工安全和生产安全必须进行临时应急取（排）用水的；

（四）为消除对公共安全或者公共利益的危害临时应急取用水的；

（五）为农业抗旱和维护生态与环境须临时应急取用水的；

（六）水源热泵系统利用封闭型回灌技术回灌的水；油田生产中开采的原油混合液经分离净化后回注的水。

第九条 下列取用水免征水资源税：

（一）规定限额内的农业生产取用水；

（二）取用污水处理回用水、再生水、雨水、地下咸水、微咸水、淡化海水等非常规水源；

（三）财政部、国家税务总局规定的其他减税和免税情形。

第十条 水资源税由地方税务机关负责征收。

第十一条 水资源税的纳税义务发生时间为纳税人取用水资源的当日。

第十二条 纳税人向其所在地主管税务机关申报缴纳水资源税。

按照国务院或其授权部门批准的跨省（区、市）水量分配方案调度的水资源，由调入区域所在地主管税务机关征收水资源税。

第十三条 水资源税按季或者按月征收，由主管税务机关根据实际情况确定，不能按固定期限计算纳税的，可以按次申报纳税。

第十四条 纳税人应依照国家技术标准安装计量设施，并如实向水行政主管部门和主管税务机关提供与取用水有关的资料。

无计量设施以及计量设施不合格或者运行不正常的，由水行政主管部门按日最大取水能力核定取水量，主管税务机关依此计征水资源税。

第十五条 纳税人应按水行政主管部门批准的计划取用水。主管税务机关应监控纳税人水资源税申报情况。纳税人（水力发电、城镇公共供水企业取用水除外）当年累计取用水量超过水行政主管部门批准年度取用水计划的部分，主管税务机关应按下列规定征收水资源税：

（一）对取用水量超过计划百分之二十（含）以下的，超过部分按水资源税税额标准的 2 倍征收；

（二）对取用水量超过计划百分之二十至百分之四十（含）的，超过部分按水资源税税额标准的 2.5 倍征收；

（三）对取用水量超过计划百分之四十以上的，超过部分按水资源税税额标准的 3 倍征收。

第十六条 纳税人在获得取水许可证或取水许可信息变更后的 15 个工作日内向主管税务机关提交取水许可证复印件。主管税务机关应将取水许可证中的取水单位和个人的名称（姓名）、取水期限、取水量和取水用途、水源类型、取水地点、取水许可审批机关等信息录入《水资源税税源登记表》。

第十七条 水行政主管部门应协助主管税务机关按照“水利核准、纳税申报、地税征收、联合监管、信息共享”原则做好水资源税征收管理工作。

纳税人应按规定向水行政主管部门申报年度取用水计划，经水行政主管部门批准后，由纳税人报送主管税务机关。

水行政主管部门每个申报期获得取用水信息后，向纳税人认定下发实际取用水量凭证。纳税人向主管税务机关申报纳税时，应一并提交水行政主管部门认定的申报期实际取用水量凭证。主管税务机关应按核定的取用水量征收水资源税，并定期对纳税人相关申报信息与水行政主管部门核准的取用水量信息进行分析比对。

第十八条 未经水行政主管部门批准擅自取用水的单位和个人，按照《中华人民共和国水法》和《中华人民共和国税收征管法》规定执行。

第十九条 水行政主管部门和主管税务机关应建立健全信息共享机制。水行政主管部门向主管税务机关定期提供取用水单位和个人取水许可情况、实际取用水量、超计划取用水量、非法取水处罚等信息，并协助主管税务机关审核纳税人实际取水的申报信息；主管税务机关向水行政主管部门定期提供水资源税申报缴纳等信息。

水资源税征管过程中发现的问题，由主管税务机关和水行政主管部门联合核查。

第二十条 水资源税按 65：35 的比例在省与市（含定州、辛集市）、省财政直管县（市）之间进行分配。各市与非省财政直管县（市、区）之间的分成比例由各市自行确定。

南水北调基金缴纳期结束后，重新确定水资源税分成比例。

第二十一条 水资源税开征后，水资源费标准降为零。

第二十二条 水资源税的征收管理，依照《中华人民共和国税收征收管理法》《河北省税收征管保障办法》及本办法的规定执行。具体征收管理办法由省地税局、省水利厅、省住房城乡建设厅联合研究制定。

第二十三条 水资源税改革试点期间，水行政主管部门相关经费支出由同级财政预算统筹安排和保障。对原有水资源费征管人员，由当地政府统筹做好安排。

第二十四条 本办法自 2016 年 7 月 1 日起施行。

D2　河北省人民政府办公厅关于印发河北省水资源税改革试点工作指导意见的通知

（冀政发〔2016〕89 号）

各市（含定州、辛集市）人民政府，各县（市、区）人民政府，省政府有关部门：

《河北省水资源税改革试点工作指导意见》已经省政府同意，现印发给你们，请结合本地本部门实际，认真贯彻落实。

河北省人民政府办公厅

2016 年 6 月 8 日

河北省水资源税改革试点工作指导意见

为贯彻落实党中央、国务院关于在河北省实施水资源税改革试点的部署，按照《财政部　国家税务总局关于全面推进资源税改革的通知》（财税〔2016〕53 号）和《财政部　国家税务总局水利部关于印发〈水资源税改革试点暂行办法〉的通知》（财税〔2016〕55 号）及《河北省水资源税改革试点实施办法》要求，结合我省实际，提出如下指导意见：

一、改革目标

全面贯彻落实党的十八届三中全会关于深化财税体制改革的重要决定，认真落实习近平总书记系列讲话精神，通过实施水资源税改革，优化税制，建立规范公平、调控合理、征管高效的水资源税制度；用税收杠杆调节用水需求，引导和鼓励节约利用地表水资源，抑制地下水超采，有效加强水资源保护，促进水资源可持续利用和经济发展方式转变；确保我省水资源税改革试点顺利实施，为全国推广水资源费改税改革提供可复制、可推广的先进经验和制度体系。

二、指导原则

（一）中央指导，地方主办。水资源税改革试点工作涉及面广，政策性强，我省作为全国唯一试点省份，在中央统一部署下严格进行，省级制定指导意见，市、县（市、区）制定实施方案，明确部门职责，积极配合，认真做好各项工作。

（二）科学谋划，精心组织。站在战略和全局的高度，深刻认识推进水资源税改革试点的重要性和紧迫性，周密安排，切实把这项工作抓紧抓实抓好。

（三）有的放矢，务实管用。坚持问题导向，对水资源税改革试点后可能出现的各种问题进行深入分析，剖析原因，充分预判可能出现的问题，做好预案，防范水资源税征管风险，积极稳妥地推进试点。

（四）依法办事，平稳过渡。严格按照法律、法规及规范性文件规定，加强行政执法，做到文明执法，依法征收，应收尽收。根据轻重缓急，排出改革推进时序，分步实施，确保改革平稳过渡。

三、重点任务

（一）强化基础管理，做好准备工作。

1. 摸清底数、源头管理。组织对全省取用水情况开展一次拉网式摸底调查，彻底摸清取用水户底数；对未经许可擅自取水和未安装计量设施取水的用户开展一次全面清查和治理，核实水源类型、许可水量、取水设施等信息。进一步加强源头管控，规范纳税人取水许可管理，严格取水许可手续审批，全面落实用水总量和用水效率控制制度。按照拉网式调查成果，及时更新台账信息，建好基础台账，确保登记信息真实、准确，为全面征收水资源税打下坚实基础。制定《河北省规范取水许可做好水资源税征收管理的意见》。（省水利厅牵头，省住房城乡建设厅、省农业厅、省地税局配合）

2. 限额管理、规范计量。严格限用地下水，在南水北调受水区，城镇自来水使用南水北调水，提高公共供水能力，关停自备井，严禁使用地下水，遏制非法取水和偷逃水资源税行为。编制《河北省南水北调受水区自备井关停工作方案》。（省水利厅负责）

对农业用水实行限额管理，核定农业用水定额，推广符合实际、简便易行的农业灌溉取用水计量设施。制定《河北省农业用水限额标准及水量核定工作办法》，在此基础上，另行编制《河北省农业用水以电折水计量实施细则》。（省水利厅牵头，省农业厅、省质监局、省电力公司、冀北电力公司配合）

加强工业、公共供水企业取用水监督管理，按照不同情形制定具体的水量核定办法，确保为工业、公共供水企业水资源税征收提供准确、可靠的水量依据。制定《河北省工业生活取用水量核定工作办法》。（省水利厅牵头，省住房城乡建设厅、省农业厅、省质监局、省电力公司、冀北电力公司配合）

（二）强化征收管理，做好风险预案。

1. 加强征管、依法收缴。地税部门与水利部门联合确认纳税人信息，并按期做好交接工作，及时为试点纳税人办理税务登记、优惠政策备案等工作，确保数据信息完整准确。统筹做好综合征管、电子申报、税库银等横向联网工作，调试征管系统，确保信息系统和设备平稳运行。对各级水资源税征收机关开展试点政策和征管办法的全员培训，加强纳税人政策辅导，确保试点纳税人明政策、懂计量、会申报。制定《河北省水资源税征收管理办法》。（省地税局牵头，省水利厅、省财政厅、省住房城乡建设厅配合）

2. 建立机制、防范风险。规范稽查，强化税源监控、纳税评估、税务稽查等环节信息比对、传递和利用工作，将各类风险点及时提交税务稽查部门，地税、水利部门根据工作规范，联合实施专项稽查和检查，确保水资源税依法征收，足额入库。分类制定应对预案措施，建立应急工作机制，明确工作机构及其职责权限范围，防范并高效处理各类突发事件。制定《河北省水资源税征管应急预案》。（省地税局牵头，省水利厅配合）

（三）强化信息管理，做好信息支撑。

1. 监控运行、数据分析。加强运行管理，完善对水量、水位、水质、河流界断面“四网一平台”系统运行管理，切实加大对地下水、地表水的动态监控力度，为水资源税征管提供可靠的数据信息保障。积极拓展试点纳税人涉税信息采集渠道，夯实涉税数据资料基础，加强涉税数据的综合分析，编制比对预警指标，查找征管漏洞和薄弱环节。制定《河北省水资源监控系统运行管理办法》。（省水利厅牵头，省地税局、省质监局、省财政厅配合）

2. 信息支撑、共享共用。及时更新信息，地税部门负责根据水利部门移交的取用水许可登记信息，进行试点纳税人户籍登记、税目税率认定、优惠政策

备案、缴税登记台账等工作，确保地税部门与水利部门双方台账信息一致、同步更新。各级财政、水利、地税部门建立涉税信息共享、对称反馈机制，完善水资源税征管信息的传递共享、监控预警、分析利用和相互制约、校对纠正机制。制定《河北省水资源税征管信息共享利用规程》。（省地税局牵头，省水利厅、省财政厅配合）

（四）密切关注舆情、营造良好氛围。

强化政策解读和宣传力度，通过网络、新闻媒体、纳税服务热线等各种媒介，宣传开展水资源税改革试点的重要意义，加强政策解读，回应社会关切，稳定社会预期，积极营造良好的改革氛围和舆论环境。制定《河北省水资源税试点改革政策宣传方案》。（省委宣传部牵头，省财政厅、省水利厅、省地税局、省农业厅、省国土资源厅、省住房城乡建设厅配合）

（五）积极跟踪动态、及时分析评估。

各级各有关部门要关注改革舆情，跟踪运行动态，收集和掌控纳税人反映的各种问题，形成情况专报、问题专报、临时专报，及时向省水资源税改革试点工作领导小组专题报告。凡在操作层面可解决的，尽快研究出台相关配套政策措施，及时解决试点问题。属于政策层面的，要及时向省政府、财政部、国家税务总局和水利部反映，争取国家支持。及时评估政策效果。分析水资源税试点改革对我省的全面影响，评估试点改革对水资源治理效果，测算水资源税收入变化情况，测算试点纳税人水资源税税负情况，评估税负承载能力。制定《河北省水资源税政策评估和运行情况专报制度》。（省财政厅牵头，省水利厅、省地税局、省发展改革委、省住房城乡建设厅、省国土资源厅配合）

各部门要结合法律、法规及管理办法，根据工作实际研究制定试点过程中适用的管理办法和措施，形成制度体系，用制度保障重点工作落实。各牵头部门要抓紧谋划、专题研究、认真制定有关配套专件，按程序批准印发，并报送省水资源税试点工作领导小组办公室备案。

四、组织保障

（一）成立领导机构。成立省水资源税试点工作领导小组，领导小组办公室设在省财政厅。各市、县（市、区）政府也要成立相应领导机构。通过省、市、县三级联动，切实加强对改革试点工作的统筹协调和业务指导，为改革试点运行提供组织保障，确保水资源费改税改革工作平稳、有序进行。

（二）明确部门职责。省财政厅负责牵头组织协调试点工作；测算分析改革对财政收入的影响情况；研究制定相关配套政策；分析实施后各期财政收入变动情况；跟踪反馈实施后工作动态等。省水利厅负责提供地表水、地下水、超采区等水资源及原水资源费信息；整理出试点企业和个人的缴费登记信息；开展分户调查工作，确保登记信息的真实、准确、全面；移交纳税人信息等。省地税局负责开展业务培训，接收纳税人征管信息；制定征管措施；培训税务人员和纳税人；制定应急措施等。省发展改革委、省住房城乡建设厅、省国土资源厅、省农业厅、省质监局、省电力公司、冀北电力公司等配合做好试点工作。

（三）加强协调配合。各级各有关部门要在中央统一部署和省水资源税试点工作领导小组的统一领导下，加强协调配合，形成工作合力，高标准、高质量地做好试点工作。各成员单位之间要建立健全沟通协调机制和信息通报机制，定期会商工作进展情况。财政部门要充分发挥统筹协调作用，衔接好领导小组和各成员单位的工作。水利、地税、发展改革、国土资源、住房城乡建设、农业、质监等有关部门要按照各自工作职责，把工作做细做好，确保缴费人顺利交接，征管及时到位，费税平稳转换。

（四）强化执法问责。各级各有关部门要坚持依法行政，规范执法行为，提高水资源税征管效率和质量。各级要充分利用咨询热线和举报热线，公安、司法、检察等部门要加大协税护税力度，严格水资源税文明执法，依法查处擅自打井、强行取水、应缴不缴、抵触执法等各类行为，维护公平统一的市场秩序。把水资源税改革试点工作纳入各级政府对有关部门的考核内容，将制度建设情况作为部门综合考核评价的重要指标，并对不作为、乱作为、执法不力、违法不究的单位和个人严格问责。

各地各有关部门要提高认识，把思想和行动统一到党中央、国务院的决策部署上来，切实增强责任感、紧迫感和大局意识，积极主动作为，扎实推进各项工作，确保改革平稳有效实施。

D3 水资源税改革试点工作进展情况通报

按照《河北省水资源税改革试点工作指导意见》及相关文件要求，省水利厅组织开展政策配套、信息移交、宣传培训等工作，积极推进水资源税改革。

一、制定配套政策

一是牵头制定印发《河北省工业生活取用水量核定工作办法》《河北省规范取水许可做好水资源税征管理的意见》《关于进一步明确水资源税纳税人取用水信息移交范围的紧急通知》《关于做好水资源税纳税人清查工作的通知》等政策文件。

二是配合省财政厅、地方税务局、住房和城乡建设厅等部门制定印发《河北省水资源税征收管理办法（试行）》《关于做好水资源税纳税人取用水信息移交工作的通知》《关于做好全面清理水和矿产资源收费工作的通知》等政策文件。

二、组织信息移交与核查

积极组织开展水资源税纳税人信息移交与核查工作，向地税部门做好移交工作，确保第一个征税期水资源税如期开征。目前，实现移交非农取用水户18490户，移交率96.80%；联合入户核查14419户，核查率75.48%。

三、开发信息管理系统

组织开发了“河北省水资源税取用水信息管理系统V1.0”，可以初步实现各市县网上填报水资源税取用水户基础信息和水量月报信息，为规范管理水资源税纳税人取用水打好基础。

四、组织动员培训

省水利厅会同省地税局召开“水资源税改革试点工作推进视频会议”，解读水资源税改革相关政策并安排部署取用水信息移交工作。省水利厅举办两期信息管理系统填报培训班，共培训市县技术人员200余人；召开全省水资源税改革试点工作培训视频会议，对相关政策做进一步解读，梳理试点工作中存在的问题并进行集中解答，安排部署纳税人取用水信息移交、核查和清查工作。

五、开展调研督导

省水利厅与省地税局联合在霸州市组织召开水资源税改革试点工作座谈会，听取了水资源税改革试点工作进展情况汇报，分析试点工作中存在的问题，提出下一步工作计划和建议。省水利厅先后派组深入石家庄市晋州市，廊坊市文安县、大城县、固安县，邢台市沙河市、清河县、广宗县、临西县等县（市），听取当地水务局、地税局有关工作开展情况的介绍，分析梳理近期工作中存在的问题，有针对性地提出意见建议，督导试点工作进度。

六、加强宣传报道

一是重要信息即时发布，8月1日，石家庄市现场核发了全国首张《河北省水资源税纳税人取用水量核定书》，省水利厅副巡视员张宝全将核定书亲自交到纳税人手中，此信息即时发布于河北水利网；二是在河北水利网开设“大力推进全省水资源税改革试点工作”专题；三是编印《河北省水资源税改革试点工作文件汇编》下发各市县贯彻落实；四是实行了通报制度，定期对取用水信息移交与核查、水资源税纳税人信息录入等工作情况进行通报。

D4　关于印发《河北省城镇自备井关停技术要求》的通知

（冀水资〔2016〕104号）

各市（含定州、辛集市）水务（水利）局：

按照《河北省人民政府办公厅关于印发河北省地下水超采综合治理试点方案（2016年度）的通知》要求，我厅组织编制完成了《河北省自备井关停技术要求》，现印发给你们，请参照执行。

河北省水利厅

2016年8月30日

D5 关于公布河北省农业用水以电折水系数测算成果的通知

（冀政发〔2017〕92号）

各市（含定州、辛集市）、县（市、区）水务（水利）局：

根据河北省水利厅等五部门《关于印发〈河北省农业用水限额及水量核定工作办法（试行）〉和〈河北省农业用水以电折水计量实施细则（试行）〉的通知》（冀水资〔2017〕19号）要求，我厅委托省水利技术试验推广中心等技术支撑单位，完成了农业用水以电折水系数的测算工作，并通过了专家审查。经研究，现将以电折水系数测算成果予以公布，并就有关事项通知如下：

一、以电折水系数的测算

农业用水以电折水是以河北省水资源三级分区为基础，综合考虑水文地质条件、地下水主要开采层位等因素，对选取的全省典型机井进行量测，经计算分析量测数据，形成浅层水和深层水以电折水系数测算成果。本通知公布的测算成果包括各县（市、区）域内的以电折水系数平均值和区间范围值。

二、以电折水系数选定程序

各设区市水行政主管部门应当组织指导所辖各县（市、区）水务（水利）局，做好以电折水系数的选定工作，并对各县（市、区）的选定意见进行审查、批准，报省水利厅备案，同时抄送同级地税机关。市水务（水利）局在审查批准选定值时，应当统筹相邻县（市、区）之间的数据关系。定州、辛集市水务（水利）局选定的以电折水系数，报省水利厅审查批准。各项工作应在9月底前完成。

三、以电折水系数选定要求

各县（市、区）水务（水利）局，要根据本通知公布的以电折水系数测算成果，结合本地实际，选定所辖乡（镇、办事处）浅层水和深层水的以电折水系数。具体选定工作应考虑下列因素：

（一）对于县（市、区）所辖区域内水文地质条件差异不大，以电折水系数测算值相近，可以选择本通知公布的以电折水系数平均值，作为全县统一的以电折水系数。

（二）对于县（市、区）所辖区域内水文地质条件差异较大，以电折水系数测算值相差悬殊，公布的以电折水系数平均值不能满足实际工作需要的，在县（市、区）以电折水系数区间范围值内，结合已有相关资料，分乡（镇、办事处）合理确定以电折水系数，但所确定的各乡（镇、办事处）以电折水系数的全县平均值，要与本通知公布的以电折水系数平均值相当，偏差应控制在本通知公布的以电折水系数平均值上下5%范围内。

（三）县（市、区）水务（水利）局认为以电折水系数需复测的，应按照县级实测、市级监督、省级指导的原则，采取加密量测的方法，在量测的以电折水系数区间值范围内选定以电折水系数；也可采取逐井测定方式，确定各井以电折水系数。新增的成果须经市级复核和省级认定。

河北省水利厅

2017年8月21日

D6 关于印发《河北省工业生活取用水量核定工作办法》的通知

（冀水资〔2016〕90号）

各市（含定州、辛集市）、县（市、区）水务（水利）局、地方税务局、质量技术监督局（市场监管部门）：

为规范我省工业生活取用水量核定工作，根据《河北省人民政府办公厅关于印发河北省水资源税改革试点工作指导意见的通知》（冀政办字〔2016〕89号）精神，我们制定了《河北省工业生活取用水量核定工作办法》，现予印发，请结合实际认真贯彻执行。

河北省水利厅

河北省地方税务局

河北省质量技术监督局

2016年7月26日

河北省工业生活取用水量核定工作办法

第一条 为规范工业生活取用水量核定工作，扎实推进我省水资源税改革试点，根据《水资源税改革试点暂行办法》《河北省水资源税改革试点实施办法》和《河北省水资源税改革试点工作指导意见》，结合实际，制定本办法。

第二条 本办法适用于本省水资源税改革试点期间，设区市、县级水行政主管部门对工业生活取用水户进行的取用水量核定工作。

本办法所称工业生活取用水户（以下简称取用水户）是指利用取水工程或者设施直接从江河、湖泊（含水库）和地下取用水资源，用于工商业、城镇公共供水、特种行业和除农业以外的水资源税纳税人。

本办法所称取用水量核定是指水行政主管部门对取用水户实际取用水量进行的核准认定工作。

第三条 取用水户取水口所在地的设区市、县级水行政主管部门负责取用水量核定工作。

取用水量应当按照水源类型和用水行业类型分别核定。

第四条 取用水户应当在纳税期期满之日起5日内携带能够证实纳税期取用水量的计量设施图片、视频等资料，向取水口所在地水行政主管部门申报取用水量。水行政主管部门应对取用水户报送的相关材料进行核实，有异议的进行现场核查。

水行政主管部门应当在接到取用水户申报之日起5日内完成取用水量核定，并向取用水户核发《河北省水资源税纳税人取用水量核定书》。取用水户持《河北省水资源税纳税人取用水量核定书》向地方税务部门申报纳税。

第五条 取用水户应当依据国家技术标准安装经检定合格的取水计量设施，负责日常维护和申请周期检定，确保运行正常和计量数据准确可靠。

第六条 纳入省级水资源实时监控系统的，水行政主管部门按照在线计量监控数据核定实际取用水量，并适时进行现场核验。

第七条 安装IC卡智能水表的，水行政主管部门根据实际需求，为IC卡取用水户预存不少于一个纳税期的取用水量额度，并按照计量设施核定实际取用水量。

第八条 取水计量设施运行不正常或数据失准的，取用水户应报告水行政主管部门，并及时修复或者更换。取水计量设施运行不正常期间，按照日最大取水能力计算取水量。

第九条 未安装取水计量设施的，水行政主管部门应当责令限期安装，并按照日最大取水能力计算取用水量。

第十条 因取用水户逾期未申报取用水量、不配合水量核定等原因，造成水行政主管部门无法按期核定取用水量的，水行政主管部门按照日最大取水能力计算取用水量，填写《河北省水资源税纳税人取用水量核定书》，并告知纳税人到地方税务机关申报纳税。

第十一条 水行政主管部门应当与地方税务机关建立健全信息共享机制，定期向地方税务机关提供纳税人取用水信息；地方税务机关应当定期向水行政主管部门提供水资源税申报和缴纳等信息。

第十二条 本办法自2016年8月1日起施行。

D7　关于印发《河北省水资源税征管信息共享利用规程》的通知

（冀地税发〔2016〕92 号）

各市（含定州、辛集市）地方税务局、财政局、水务（水利）局：

为建立水资源税征管信息的传递共享机制，适应现代税收征管改革的需要，根据《河北省人民政府办公厅关于印发河北省水资源税改革试点工作指导意见的通知》（冀政办字〔2016〕89 号）精神，制定了《河北省水资源税征管信息共享利用规程》，现予印发，请认真贯彻执行。

河北省地方税务局
河北省财政厅
河北省水利厅
2016 年 8 月 31 日

河北省水资源税征管信息共享利用规程

第一条　为适应现代税收征管改革的需要，加强对水资源税纳税人信息管理，防止国家税款流失，根据《河北省水资源税改革试点实施办法》和《河北省税收征管保障办法》的有关规定，结合我省税收征管工作实际，制定本办法。

第二条　本规程适用于水资源税征收管理中所涉及的纳税人信息交接管理、取水许可信息管理、年度取用水计划信息管理、取用水信息管理、纳税申报信息管理、信息比对与清查、信息传递平台管理、信息管理责任等事项，其他事项按照相关规定执行。

第三条　财政、地税和水行政主管部门应当加强水资源税征收管理信息系统的现代化建设，建立健全信息共享机制，研究探索综合治税平台、地税部门水资源税信息传递平台和水行政主管部门水资源税取用水信息管理系统信息融合、共享共用机制。

第四条 征管信息管理原则

（一）服从和服务于经济体制改革和现代税收征管改革需要的原则；

（二）全面推进依法治税，保证国家税款应收尽收的原则；

（三）强化信息管理，最大限度地减少漏征、漏管户的原则；

（四）涉税信息共享共用、对称反馈的原则。

第五条 纳税人信息交接管理

纳税人取用水信息移交工作应按照“属地移交、县级核实、省市备案”的原则实施，即由县级地税、水行政主管部门、住建部门共同联合实施信息移交及核查确认工作，省、市级地税、水行政主管部门对移交信息逐级备案管理。

移交信息包括：取用水户基础信息、取用水信息、管网覆盖情况（由城市供水主管部门确定）、地下水超采情况等。

信息接收后，地税部门与水行政主管部门组成核查组，联合开展涉税信息入户核查工作。

各级地税、水行政主管部门应本着“一次入户，各事通办”的原则，对确认的纳税人逐户联合采集其相关涉税信息，并同时开展税收政策宣传、税种认定及纳税信息核查工作，对尚未办理税务登记的纳税人还应同时为其办理税务登记手续。

第六条 取水许可信息管理

凡在河北省范围内的水资源税纳税人，均应依照《河北省水资源税征收管理办法（试行）》的规定，自取得取水许可证或取水许可信息变更后15个工作日内，向主管税务机关提交取水许可证复印件，填报《河北省水资源税税源登记表》。主管税务机关应在3个工作日内将税源登记信息录入征管系统。

水行政主管部门应在核发取水许可证后10个工作日内，将许可信息通过交换平台传递给纳税人所在地主管税务机关。

第七条 年度取用水计划信息管理

纳税人应在每年12月31日前按照规定向水行政主管部门申报下一年度取水计划建议，水行政主管部门在每年1月31日前向纳税人下达当年取水计划。纳税人应在获得取水计划后15个工作日内报送主管税务机关备案，主管税务机关应在3个工作日内将取水计划信息录入《河北省水资源税税源登记表》。

第八条 取用水信息管理

纳税人应当在纳税期期满之日起5日内携带能够证实纳税期取用水量的计量设施图片、视频等资料，向取水口所在地水行政主管部门申报取用水量。水行政主管部门应当对纳税人报送的相关资料进行核实，有异议的进行现场核查。

水行政主管部门应当在接到取用水户申报之日起5日内完成取用水量核定，并向纳税人核发《河北省水资源税纳税人取用水量核定书》。纳税人持《河北省水资源税纳税人取用水量核定书》向地方税务部门申报纳税。

每月（季）结束后15日内，水行政主管部门将取用水信息录入到信息交换平台传递给地税部门。

第九条 纳税申报信息管理

纳税人办理纳税申报时须报送水行政主管部门核发的《河北省水资源税纳税人取用水量核定书》，并按照核定的实际取水量计算缴纳水资源税。

申报期结束后，地税部门应将纳税人的申报信息与水行政主管部门传递的取水信息进行比对，并将比对出的疑点信息进行核查。

水行政主管部门定期向纳税人所在地主管税务机关提供纳税人取水许可情况、实际取用水量、超计划取用水量、非法取水处罚等信息，并协助主管税务机关审核纳税人实际取水的申报信息。

地税部门通过信息交换平台向水行政主管部门提供水资源税纳税申报等信息。

第十条 信息比对与清查

地税部门和水行政主管部门要加强日常管理，通过信息比对发现征管中存在的问题，每年开展一次纳税人信息清理检查工作，对清查出的漏管户，应按属地管理原则和管理权限，办理相关的税务事项。

地税部门定期将水资源税征管信息报送财政部门，由财政部门通过综合治税平台进行信息比对，疑点数据反馈至地税、水行政主管等部门处理。

第十一条 信息传递平台管理

河北省地方税务局负责水资源税信息传递平台的开发与维护，与水行政主管部门水资源税取用水信息管理系统实现对接，制作相应的操作手册。

信息传递平台应采用数字证书登录方式，对数据传输进行加密处理以保证数据的安全。

信息传递平台应具备取水许可信息、取水计量表信息、取水量信息的录入

及相关查询比对功能。

水行政主管部门负责水资源税信息传递平台数据的录入，要指定专人负责，明确岗位责任，及时、准确录入涉税信息，充分发挥信息传递平台数据共享、监控预警、分析利用和相互制约、校对纠正的作用。

第十二条 信息管理责任

地方税务机关、水行政主管部门及其工作人员，有下列行为之一的，按照《河北省税收征管保障办法》的规定，由其上级行政机关或者监察机关责令改正；情节严重的，对直接负责的主管人员和其他直接责任人员依法给予行政处分；构成犯罪的，依法追究刑事责任：

（一）将获取的涉税信息和数据公开或用于与税收征管无关事项的；

（二）未按规定传递纳税申报、取水许可、实际取用水量、超计划取用水量、非法取水处罚等信息的。

D8 河北省财政厅 河北省水利厅 关于统筹做好水资源管理相关经费保障工作的通知

（冀财税〔2019〕9号）

各市（含定州、辛集市）、省财政直管县财政局、水务（水利）局：

为推进我省水资源税改革试点工作顺利实施，加强基层水资源管理队伍建设，切实做好水资源管理工作及人员经费的安排和保障工作，按照《河北省水资源税改革试点实施办法》（冀政发〔2016〕34号）要求，现将有关事项通知如下：

一、高度重视经费保障工作

水资源税改革试点以前，水资源费作为专项收入，按照有关规定主要用于水资源管理、节约和保护等方面工作。费改税后，市、县水资源管理工作失去了主要经费来源，部分市、县管理工作及人员经费得不到保障。水资源税改革对水利部门取水许可监管、用水计划管理、取水计量监测、取用水量核定等基础性工作提出了更高的要求，并且增加了农业用水计量核定等任务。水资源管理工作及人员经费保障，直接关系到水资源税改革试点工作的顺利推进。各市、县（市、区）要站在改革发展全局的高度，深刻认识经费保障工作的重要性和紧迫性，统筹安排和保障好水资源税改革工作和人员经费，切实把这项工作抓紧抓实抓好，确保改革试点平稳有序推进。

二、全面落实两个统筹

省政府《河北省水资源税改革试点实施办法》（冀政发〔2016〕34号）规定："水资源税改革试点期间，水行政主管部门相关经费支出由同级财政预算统筹安排和保障，对原有水资源费征管人员，由当地政府统筹做好安排"。各市、县（市、区）要抓紧制定工作方案，研究提出具体意见，全面落实两个"统筹"。按照国家和省政府要求，在安排年度预算时，应充分考虑和保障水资源管理工作及人员经费。各级水利部门要结合实际工作和管理队伍基本情况，提出科学合理的资金需求；财政部门要统筹安排，加大对水资源管理队伍建设和水资源管理工作支持力度，确保水资源税改革试点顺利实施。

三、加强水资源管理队伍建设

国家实施最严格水资源管理制度以来，水资源管理除取水许可、计划用水等日常工作以外，还要承担“三条红线”指标控制、水资源承载能力监测预警、水资源消耗总量和强度双控、水资源用途管制、水流产权确权、水功能区监督管理等工作，日益增加的工作任务切实需要一支业务能力强、综合素质高的水资源管理队伍。各市、县（市、区）要通过调整机构、优化编制等举措，加强水资源管理队伍建设，提升水资源监控能力，完善水资源信息自动化、网络化管理，确保水资源监督管理水平符合最严格水资源管理制度和水资源税改革的需求。

四、按时报送经费保障落实情况

各地要在做好经费保障工作的基础上，认真总结经验，坚持问题导向，对出现的各种问题进行充分预判，深入分析、剖析原因，切实做好预案制定和风险防范工作。要全面总结经费保障及相关工作落实情况，省财政厅、省水利厅将择时开展督导检查。

河北省财政厅

河北省水利厅

2017 年 2 月 23 日

D9 关于做好农业生产超限额用水水资源税征收工作的通知

（冀水资〔2018〕7 号）

各市（含定州、辛集市）水务（水利）局、财政局、地税局：

根据《水资源税改革试点暂行办法》《河北省水资源税改革试点实施办法》和《河北省农业用水限额及水量核定工作办法（试行）》等文件要求，我省从 2017 年 1 月 1 日起对超限额的农业生产取用水征收水资源税，按年申报缴纳。为做好首个征期农业水资源税征收工作，现就有关事项通知如下：

一、各市县要在当地政府、水资源税改革领导小组的领导下，及时沟通协调，深入研究解决改革中遇到的问题，有序推进农业生产超限额用水水资源税征收工作。

二、各市县水资源税改革有关部门，要根据职责分工，细划工作任务，明确工作目标、时限，搞好协调配合。各市县财政部门作为水资源税改革试点牵头单位，要做好协调指导，水利部门要准确及时完成水量核定，地税部门要做好超限额农业用水水资源税征收，供电公司要按时提供纳税人农业生产取用水用电量，其他有关部门同时做好相关工作。

三、各级供电公司要按照水利部门移交的农灌用电电力终端计量设施情况，按时向同级水利部门提供各纳税人逐月用电量资料。依据取水计量设施核定水量的，纳税人应当在规定时间，向当地县级水利部门提交 2017 年度取用水量相关资料。

四、各级水利部门要在 2018 年 2 月底前，完成 2017 年度取用水量核定，对超出用水限额的纳税人核发《河北省水资源税纳税人取用水量核定书》（农业）（以下简称《核定书》），并抄送同级地方税务部门。

五、各市县有关部门要做好政策解读和宣传引导，确保政策顺利落实，要督促纳税人在 3 月份征期（3 月 1 日至 3 月 15 日），持《核定书》向所在地的地方税务部门申报纳税。

六、各级地方税务部门要提前谋划、精心准备，做好征前各项工作，确保在 3 月 15 日前，顺利完成首个征期农业生产超限额用水水资源税征收。

七、各市县要做好农业水资源税工作总结，内容包含农业水资源税政策落实、组织开展、经验亮点、存在问题、工作建议等，并于 4 月底前联合报送省水利厅、财政厅、地税局。

河北省水利厅

河北省财政厅

河北省地税局

2018 年 1 月 22 日

参 考 文 献

[1] 邱峰. 开征水资源税的探索（上）——中国应对水资源问题之策 [J]. 节能与环保，2013（3）：50-52.

[2] 左其亭. 建立健全水权制度和水价机制 [N]. 中国水利报，2015-11-12（006）.

[3] 耿香利. 河北省水资源税改革试点的意义及面临的问题 [J]. 经济论坛，2016（8）：7-9.

[4] 李晶，张震，叶楠. 水资源税试点：水资源保护的税收观察 [J]. 中国财政，2016（13）：19-20.

[5] 黄燕芬，李怡达. 资源税扩围改革研究——以水资源税为例 [J]. 价格理论与实践，2016（6）：18-22.

[6] 李晶，叶楠. 水资源征税：依据、经验与影响 [J]. 税务研究，2016（5）：54-57.

[7] 黄沁. 浅谈水资源费改税 [J]. 时代金融，2016（18）：275，281.

[8] 王冠军，戴向前，王志强. 水资源税改革是一项重要制度创新——析《水资源税改革试点暂行办法》[J]. 中国水利，2016（19）：45-46.

[9] 张珂. 由河北省试点谈我国水资源费改税 [J]. 纳税，2017（17）：19.

[10] 王晓洁，郭宁，杨梦. 水资源费改税试点：成效、问题及建议 [J]. 税务研究，2017（8）：43-47.

[11] 虞玉诚，梁宁，那英军. 我国水资源税改革现状分析及对策建议 [J]. 水利发展研究，2018，18（12）：31-33.

[12] 胡词敏. 对水资源税计征模式的思考 [J]. 河北企业，2018（9）：91-92.

[13] 孙悦. 水资源税改革的绿色效应分析——以河北省为例 [J]. 纳税，2019，13（5）：3-4.

[14] 戴向前，廖四辉，周飞，刘啸. 关于水资源税改革对水资源管理影响的思考 [J]. 水利发展研究，2019，19（5）：4-5，51.

[15] 李新东，史明，王岚. 对水资源税改革推广工作的思考 [J]. 水利发展研究，2017，17（10）：45-48.

[16] 邢伟. 水资源税推广面临的问题与对策 [J]. 水利技术监督，2018（5）：8-9，57.

[17] 彭羽. 我国西部地区水资源税改革研析 [J]. 税务研究，2018（6）：49-53.

[18] 张宁. 水资源税扩围研究——基于河北省的试点经验 [J]. 当代经济，2018 (9)：58-61.

[19] 陈依囡. 关于扩大水资源税改革试点的影响与思考 [J]. 纳税，2018 (1)：33.

[20] 高亢. 山西省水资源税改革的探索与实践 [J]. 山西水利，2018，34 (12)：12-13,19.

[21] 解惠尧，王昱棠，孟令涛. 临沂市水资源税改革试点工作实践与思考 [J]. 山东水利，2019 (9)：29-30.

[22] 李淑霞，马如国，陈丹. 宁夏水资源税征收政策有效性分析 [J]. 水利发展研究，2019，19 (9)：22-24.

[23] 郭月梅，邓静茹，苗松. "1+9" 试点后全面实施水资源税的探讨 [J]. 税务研究，2019 (9)：68-72.

[24] 倪娟，王帆，唐国平. 水资源税试点地区经验及全面推广对策研究 [J]. 税务研究，2019 (7)：33-38.

[25] 董延军，张渊，张辉，吴海宽，李杰. 贵州省水资源费改税面临问题及对策研究 [J]. 中国水利，2019 (8)：59-62.

[26] 赵阳. 试析水资源税推广面临的问题与对策 [J]. 财会学习，2019 (8)：155，157.

[27] M. Dinesh Kumar. Chapter 5 - A Critique of Mihir Shah Committee Report on Water Reforms in India [M]. Water Policy Science and Politics，2018：83-97.

[28] Nicholas Kilimani，Jan van Heerden，Heinrich Bohlmann. Water taxation and the double dividend hypothesis [J]. Water Resources and Economics，2015 (10)：68-91.

[29] Abraham Mehari，Barbara Van Koppen，Matthew Mc Cartney，Bruce Lankford. Unchartered innovation Local reforms of national formal water management in the Mkoji sub - catchment，Tanzania [J]. Physics and Chemistry of the Earth，2009，(34)：299-308.

[30] Jon Stern，Jonathan Mirrlees-Black. A framework for valuing water in England and Wales [J]. Utilities Policy，2012，(23)：13-30.

[31] Charles S. Sokile，Barbara van Koppen. Local water rights and local water user entities：the unsung heroines of water resource management in Tanzania [J]. Utilities Policy，2004，(29)：1349-1356.

[32] Andrea Guerrini，María Molinos-Senante，Giulia Romano. Italian regulatory reform and water utility performance：An impact analysis [J]. Utilities Policy，2018：52.

[33] Claudia Granados，Fabio Sánchez. Water Reforms，Decentralization and Child Mortality in Colombia，1990—2005 [J]. World Development，2014，53.

[34] Antonio Massarutto，Paolo Ermano. Drowned in an inch of water：How poor regulation has weakened the Italian water reform [J]. Utilities Policy，2013，20-31.

[35] 左其亭，窦明，马军霞，水资源学教程 [M]. 北京：中国水利水电出版社，2008.

[36] 方国华，谈为雄，陆桂华，陈永奇，袁汝华，毛春梅. 论水资源费的性质和构成 [J].

河海大学学报（自然科学版），2000（6）：1-5.

[37] 水利部水资源管理中心，河北省水利厅. 河北省水资源税税额标准评估与优化报告 [R]. 2018.

[38] 水资源税改革试点课题研究组. 水资源税改革试点探索与实践：以河北为例 [M]. 北京：经济科学出版社，2017.

[39] 河北省统计局，国家统计局河北调查总队. 河北省2018年国民经济和社会发展统计公报 [R/OL].（2019-02-28）[2020-3-22]. http://www.hetj.gov.cn/hetj/tjgbtg/101548813276747.html.

[40] 河北省人民政府办公厅. 关于提高城市国际化建设水平的实施方案：（2018）-91号 [A/OL].（2018-10-30）[2020-03-22]. http://info.hebei.gov.cn//eportal/ui?pageld=6778557&articleKey=6831332&columnld=329982/.

[41] 河北省水利厅. 河北省水资源公报 [R]. 2018.

[42] 陈少克，王银迪. 水资源税的性质与我国水资源税制的发展与完善 [J]. 税务与经济，2018（4）.

[43] 左其亭. 资源节约型社会评价：指标·方法·应用 [M]. 北京：科学出版社，2009.

[44] 刘森，左其亭，吴滨滨，郭中磊. 水资源税改革"河北模式"的形成及内涵 [J]. 中国水利，2019（20）：54-57.